CHINA CENTER FOR URBAN DEVELOPMENT
中国城市和小城镇改革发展中心

|智库丛书|

中国县域
高质量发展透视
（2023）

ZHONGGUO XIANYU
GAOZHILIANG FAZHAN TOUSHI
(2023)

荣西武　赵军洁◎等　著

中国计划出版社
·北　京·

图书在版编目（CIP）数据

中国县域高质量发展透视. 2023 / 荣西武等著. --
北京：中国计划出版社，2023.11
ISBN 978-7-5182-1559-1

Ⅰ. ①中… Ⅱ. ①荣… Ⅲ. ①县级经济—区域经济发展—研究—中国—2023 Ⅳ. ①F127

中国国家版本馆CIP数据核字（2023）第208393号

审图号：GS京（2023）1982号
策划编辑：朱　冰（zhubingbj@126.com）
责任编辑：高　明　　封面设计：韩可斌
责任校对：王　巍　　责任印制：李　晨

中国计划出版社出版发行
网址：www. jhpress. com
地址：北京市西城区木樨地北里甲11号国宏大厦C座3层
邮政编码：100038　电话：（010）63906433（发行部）
北京厚诚则铭印刷科技有限公司印刷

787mm×1092mm　1/16　17.75印张　240千字
2023年11月第1版　2023年11月第1次印刷

定价：76.00元

本书指导组和撰写组成员

指导组组长：高国力

指导组副组长：刘　强　赵　坤

撰写组成员：（按姓氏笔画排序）

王　聪　毛学峰　史东辉　巩蓉蓉　刘　晨

苏东杰　李　宇　李　婷　李贝贝　张宁慧

张晓旭　张新民　陈　铭　赵军洁　荣西武

修林涛　顾惠芳　郭　巍　通振远　傅方圆

甄伟娜　雷海丽

前　言

习近平总书记多次强调，“县一级处在承上启下的关键环节，是发展经济、保障民生、维护稳定、促进国家长治久安的重要基础”。县域是推进城乡融合发展的基本单元，县域经济是国民经济的基础单元，是推动经济社会发展的重要力量，高质量发展是以中国式现代化全面推进中华民族伟大复兴的本质要求，实现县域现代化，才能为实现中国式现代化打下坚实基础。在加快构建以国内大循环为主体、以国内国际双循环相互促进的新发展格局进程中，因地制宜补齐县域高质量发展短板弱项，构建以县城为枢纽、以小城镇为节点的县域经济体系，将为实施扩大内需战略、协同推进新型城镇化和乡村振兴提供有力支撑，对我国建设统一的国内大市场、构建新发展格局、推进中国式现代化建设具有重要意义。

近年来，在以习近平同志为核心的党中央坚强领导下，我国县域经济的地位不断凸显、规模不断壮大、结构不断优化、效益不断提升，已经进入总量和质量提升并重的关键时期，亟需摸清县域发展底数、精准施策。《中国县域高质量发展透视（2023）》以我国全部县和县级市为样本，以2021年度县域经济社会发展的35项主要指标（其中经济、财政等指标为2022年度）为依据，对我国县域高质量发展情况进行了综合测度和全景透视，并基于问题导向和目标导向，提出了促进县域高质量发展的相关建议，以期为我国不同区域、不同类型县域发展找准坐标、明确方向，为我国出台县域发展相关文件提供决策参考。

本书分为八章：第一章系统梳理了党的十八大以来，我国县域高质量发展取得的主要成就；第二章主要从经济富裕度、科技支撑度、环境优美度、县城宜居度、城乡融合度五个维度，对县域高质量发展情况进行测度，并根据各县市综合得分情况，将县域高质量发展水平划分为引领发展、稳步发展和追赶发展三种类型；第三章从人口变动、经济增长、产业发展、县域城镇化、生态环境、公共服务、县城建设、财政收支八个方面，从全国、区域、省份三个视角对我国县域高质量发展情况进行了全景透视；第四章重点构建了大城市周边县、专业功能县、农产品主产区县、重点生态功能区县、陆地边境县和人口减少县的分类标准和不同类型县市清单，并从人口变动、经济增长和产业发展维度，对六类县发展情况进行透视和比较；第五章从重点战略区域视角，对京津冀、长江经济带、长三角、黄河流域等重点战略区域的县域经济增长、产业发展和人口变动特征进行了分析和比较；第六章则是基于前文分析和透视结论，从县域定位、发展驱动力、区域协调发展、县域和国家重点战略关系以及不同区域、不用类型县域发展情况等视角，梳理归纳出影响县域高质量发展的六大关键问题；第七章重点从人口变动、经济发展、公共服务、绿色低碳、县城建设、城乡融合等方面，对我国县域高质量发展进行了趋势判断和远景展望；第八章主要是基于县域在我国国民经济和社会发展中的地位、面临的突出问题，提出推进我国县域高质量发展的举措和政策建议。

本书的特色和亮点可以概括为“三全两性”：一是全样本，相比现有以200个、400个等不同数量县级行政单元为样本的县域发展研究成果，本书以我国1 866[①] 个县级行政单元为样本，用35项县域发展主要指标进行考量，

① 截至2022年底，全国共有县级行政区划单位2 843个，去除977个市辖区后，共有县级行政单元1 866个。

对县域发展现状刻画更加客观、更加真实、更加完整。二是全视角，本书既从经济富裕度等五个维度对县域高质量发展进行了综合测度，又从人口变动等八个方面对县域高质量发展情况进行了全景分析，对县域发展特征刻画更加生动、更加立体。三是全尺度，本书从全国、四大经济区域、重点战略区域（京津冀、长江经济带、黄河流域、长三角）、省份、类别五个尺度，将县域发展与全国总体情况、区域、类别、省份情况进行了透视比较，便于不同区域、不同县域个体找准位置、找到差距。四是政策性，在测度指标、透视维度和纵横向比较尺度选择上，本书既充分贯彻了新发展理念，也充分衔接了党中央、国务院正在着力推进的县城建设、城乡融合发展和区域重大战略等决策部署，能够更好地服务于国家所需、发展所求。五是实用性，立足于全景透视发现的问题和症结，围绕更好推动县域高质量发展，本书从县域高质量发展能力提升、内生发展动力培育、发展要素保障、特殊类型县域发展、强弱县“结对帮扶”五个方面，提出了“三个计划”“两个行动”，为不同层面、不同区域、不同类型县域政府及有关部门提供了携手推进县域高质量发展的思路和启示。

本书由中国城市和小城镇改革发展中心（以下简称中心）高国力主任总策划，中心城市战略部荣西武主任总负责，中心城市战略部城乡融合室赵军洁主任具体执行。中国人民大学农业农村发展学院毛学峰教授团队，中国科学院地理科学与资源研究所李宇教授团队，中心城市战略部雷海丽、修林涛、郭巍、傅方圆、张新民、顾惠芳、张晓旭、刘晨、通振远，以及墨尔本大学苏东杰同学、北京交通大学王聪同学、首都经贸大学彭欣同学、中国农业大学朱绘霖同学等共同参与了本书的内容讨论、数据整理和撰写工作。具体分工如下：前言由荣西武、赵军洁完成，第一章由荣西武、修林涛完成，第二章由荣西武、赵军洁完成，第三章由赵军洁、荣西武、雷海丽、郭巍、傅方圆、张新民完成，第四章由荣西武、赵军洁、李宇团队完成，第五章由荣西武、赵军洁、毛学峰团队完成，第六章由毛学峰团队、荣西武、赵军洁完成，第七章由荣西武、赵军洁、雷海丽、郭巍完成，第八章由荣西武、赵军洁完成。感谢各位同仁夜以继日的辛勤付出，才能看到今天这本书的成稿。

衷心感谢中心高国力主任给予《中国县域高质量发展透视（2023）》研究工作的把舵定向、大力支持、悉心指导以及鼓励与肯定，帮助我们克服研究中的困难，避开研究中的误区，确保了研究工作的顺利开展和完成。感谢中心刘强副主任、赵坤副主任对研究工作大力支持、理解和帮助，使我们能够有更多精力、更安心地投身于研究工作。感谢科技部农村科技司一级调研员、处长王敬华同志，感谢中心办公室于兴丽主任、李德芬副主任，政策研究部鲍家伟主任，国际合作部白玮副主任，规划设计部闵希莹主任、许景权副主任，智慧低碳部吴斌副主任，城市网络部蒋阿简主任、张惠强副主任，金融文体部魏劭琨副主任，国土交通规划部潘昭宇主任、总规划师王有为等同事和朋友给予的帮助。因时间仓促，还有些为本书出版默默付出的朋友名字未能在此提及，在此一并致谢。

本书仅仅是个开始，书中还存在很多缺憾之处，比如县域高质量发展阶段的划分还不尽合理、粤港澳大湾区县域未纳入分析，科技创新、城乡融合、对外开放部分着墨较少或未独立成篇，等等，唯有寄望今后再接再厉，向广大读者朋友和决策部门奉献系列高质量的县域研究专著。

因为时间、能力所限，书中难免有错漏和表述不当之处，敬请读者不吝指教，是为至盼。

作者

2023 年 9 月

观点摘要

截至2022年底，我国有1 866个县（含1301个县、394个县级市、117个自治县、49个旗、3个自治旗、1个特区、1个林区）。县域人口总量占全国的半壁江山、县域经济总量占全国近40%，县域在新型城镇化建设、实施乡村振兴战略、打赢脱贫攻坚战进程中，地位和作用举足轻重。但也要看到，县域发展总体滞后于全国水平，按常住人口计算，2022年县域人均GDP仅为全国平均水平的73.0%。我国高质量发展的基础在县域、短板在县域、潜力也在县域，各个层面需要给予县域更多关注。为便于读者快速了解本书全貌，特将本书主要发现和核心观点摘编如下。

一、综合评价全国县域高质量发展

《中国县域高质量发展透视（2023）》基于县域高质量发展内涵要求，以新发展理念为指导，以质量和效率提升为导向，构建了涵盖经济富裕度、科技支撑度、环境优美度、县城宜居度、城乡融合度五个维度共计35项指标的县域高质量发展评价体系。根据县域高质量发展评价结果，将全国县域分为引领发展型、稳步发展型、追赶发展型三种类型。

总体看，引领发展型县域有181个，主要位于城市群和都市圈中心城市周边，其中东部地区县域占60.8%以上，中部、西部地区县域分别占18.2%、19.3%，东北地区占1.7%；稳步发展型县域有1 088个，75%位于中部和西部地区；追赶发展型县域有544个，50%以上位于西部地区。

分省份看，江苏、浙江、福建和山东的县域多处于领先发展方阵，内蒙古、安徽、江西、河南、湖北、湖南、广东、广西、海南、重庆、四川、贵州、云南、陕西和青海的县域多处于稳步发展方阵，河北、山西、辽宁、吉林、黑龙江、西藏、甘肃、宁夏和新疆的县域多处于追赶发展方阵。

分维度看，经济富裕度领先的县域主要分布在江苏、浙江、山东、福建等省份；科技支撑度领先的县域主要分布在江苏、浙江、福建、湖南等省份；环境优美度领先的县域主要分布在江西、广东等省份；县城宜居度领先的县域主要分布在广东、江西等省份；城乡融合度领先的县域主要分布在浙江、江苏、福建等省份。

二、全景透视县域高质量发展

（一）人口变动

从人口规模看，我国县域总人口7.40亿人，占全国总人口的“半壁江山”，但县域人口总量和平均规模均持续减少；从人口分布看，县域常住人口呈现“东密西疏”的特征，91个“百万级”人口大县近九成位于东部沿海的发达地区，106个人口不足5万人的“袖珍县”，几乎都位于地广人稀的西部地区；从人口流动看，2/3县域的常住人口在持续减少，东北地区县域人口全面减少，都市圈县域对人口流入有明显吸引力；从人口结构看，2020年全国县域65岁及以上老龄人口占比为14.8%，高于全国13.5%的平均水平，且老龄化速度较全国更快。同时，县域劳动年龄人口呈明显萎缩态势，受教育程度显著提升，但明显低于全国平均水平。

（二）经济增长

从经济总量看，2022 年我国县域 GDP 达到 46.29 万亿元，占全国 GDP 近四成，总量呈稳步增长态势，但占全国 GDP 的比重持续下降。从经济强县看，“千亿县”持续扩围，增加至 53 个，昆山、江阴、张家港继续领跑。从区域发展看，南北差距不断拉大，东西差距不断缩小，东北持续走低，“省强县强”特征明显。

（三）产业发展

从产业结构看，县域产业结构整体呈“三二一”格局，第三产业地位日益突出，东部地区产业结构相对稳定，东北地区第二产业对县域经济的贡献大幅下降至 23%；从农业看，县域是保障国家粮食安全的“压舱石”，第一产业增加值占全国的比重超 3/4，且呈持续快速增长态势，西部地区县域农业发展相对较快；从工业看，县域工业是保障全国工业稳定的基本盘，全国近五成规模以上工业企业分布在县域，第二产业增加值占全国的比重超四成，但呈明显下降态势；从服务业看，第三产业增加值占全国的比重超三成，县域消费占全国消费增额三成以上，但呈明显下降态势；县域科技创新水平远低于全国平均水平，县域人均研发投入仅为全国的 37.58%。

（四）县域城镇化

从城镇化水平看，2010—2020 年，我国县域城镇化率由 34.2% 提升至

48.7%，年均提高 1.45 个百分点，略快于同期全国城镇化率平均增幅（1.39 个百分点），整体呈现加速态势，但城镇化率比全国水平低近 15 个百分点。从人口承接载体看，县城成为就近城镇化的重要载体，2021 年县域内超 1/3 人口集聚在县城，2021 年全国新增 1226 万城镇人口，其中 43.2% 在县城。从区域发展来看，中部和西部地区县域城镇化推进最快，成为县域城镇化的主战场，东北地区推进最慢。

（五）绿色发展

在生产方面，县域能源消费呈现出能耗水平较低但效率不高的特征，部分县域农业、工业生产方式较为落后，面源污染、工业污染问题较为突出。在生态方面，县域生态环境总体水平优于全国，生态环境质量改善速度慢于全国，但整体呈稳中向好态势。在生活方面，县域生活垃圾、污水处理能力相对较弱，区域间生活垃圾、污水治理和再生水利用水平差异明显，东部地区县域相对较好，其次是中部和西部地区，东部地区较弱。

（六）县城建设

在建成区规模方面，我国县城建成区规模持续快速增长，2021 年县城每万常住人口建成区面积为 133.2 公顷，东北地区人均建成区面积明显超过全国县城平均水平。在环境设施方面，县城环境基础设施配置水平和处理能力大幅提升，绿化水平不断提高，但仍与城市有一定差距。在市政设施方面，县城交通设施实现长足发展，18 个省份实现县县通高速，市政管网增长较快，西部和东北地区县城市政设施建设相对滞后。在产业设施方面，县城工业用地和商业服务业设施用地总体均有增长，物流仓储用地规模明显下降。

（七）财政收支

在财政收入方面，2022 年县域一般公共预算收入约 2.8 万亿元，为全国一般公共预算收入的 14% 左右，但增速略有下滑，超三成县域一般公共预算收入负增长，多集中于西部地区。在财政支出方面，县域一般公共预算支出维持较高增速，2022 年达到 8.3 万亿元，约为全国一般公共预算支出的 1/3，相比 2021 年增长 6.45%，略高于 6.1% 的同期全国增幅，东北和中部地区一般公共预算支出压力颇大。在财政自给率方面，近年来县域财政压力持续增加，财政自给率不足 40%，超六成县市低于 30%，主要集中在东北和西部地区。在政府债务方面，县域政府债务余额持续快速增长，且以一般债为主，从样本分析看，相当部分县市政府债务率已超安全警戒线。

（八）民生福祉

在居民收入方面，2022 年县域城乡居民人均可支配收入为 30 892 元，是全国平均水平的 83.8%，但城乡居民收入差距持续缩小，且明显优于全国水平。在基础教育方面，县域中小学生数量占全国一半以上，四大经济区域学生数量均有下降，东北地区下降尤为明显，基础教育资源呈现由乡村向城区集中的态势。在医疗卫生方面，县域医疗资源保障能力持续提升，但仍明显低于全国平均水平，东部县域医疗资源供给水平相对不高。在养老托育方面，县域老龄化程度高于全国，但养老床位数不增反降，县域托育需求高于全国平均需求水平，东北地区县域托育需求相对较小。

三、分类型透视县域高质量发展

（一）大城市周边县

全国大城市周边县共计 420 个，主要分布在胡焕庸线以东地区，环绕在直辖市、计划单列市、省会城市等大城市周边。在人口变动方面，大城市周边县常住人口规模占全国县域人口总数的三成，且持续增长，中部地区人口增长较快。在城镇化方面，2021 年大城市周边县城镇化率达到 52.5%，明显高于全国县域平均水平，超三成人口集聚在县城，西部地区县域城镇化推进较快。在经济发展方面，大城市周边县 GDP 占全国县域 GDP 近四成，人均 GDP 略低于全国平均水平，发展速度低于全国及全国县域平均水平，西部地区发展相对较快。在产业发展方面，大城市周边县产业结构呈现“二三一”格局，第二产业发展较快，第一产业和第三产业发展缓慢。

（二）专业功能县

全国专业功能县共计 447 个，主要聚集在山东、浙江等东部沿海地区以及晋陕蒙能源“金三角”地区。在人口变动方面，专业功能县常住人口规模占全国县域人口总数的近 1/4，长期人口净流出。在城镇化方面，2021 年专业功能县城镇化率为 48.8%，略高于全国县域平均水平，1/3 人口集聚在县城，西部地区县域城镇化推进最快。在经济发展方面，专业功能县 GDP 占全国县域 GDP 1/4，人均 GDP 仅相当于全国平均水平的 76.3%，经济增速下降明显，但高于全国平均水平。在产业发展方面，专业功能县产业结构呈现

“三二一”格局，第二产业发展相对较快，第三产业发展相对缓慢，四大经济区域第二产业占比均有提高，第一产业和第三产业则均有下降。

（三）农产品主产区县

全国农产品主产区县共计883个，主要分布在全国七大农产品主产区。在人口变动方面，农产品主产区县常住人口规模占全国县域人口总数的六成，长期人口净流出。在城镇化方面，2021年农产品主产区县城镇化率为47.7%，略低于全国县域平均水平，超三成人口集聚在县城，东北地区县域城镇化推进最快。在经济发展方面，农产品主产区县GDP占全国县域GDP一半以上，人均GDP仅为全国平均水平的七成，经济增速略低于全国县域平均水平，但高于全国平均水平。在产业发展方面，农产品主产区县产业结构呈现“三二一”格局，第一产业占比相对较高，第二产业发展相对较快。

（四）重点生态功能区县

全国重点生态功能区县共计641个。在人口变动方面，重点生态功能区县常住人口规模占全国县域人口总数两成，长期人口净流出，东北地区人口流出尤为严重。在城镇化方面，2021年重点生态功能区县城镇化率为45.5%，低于全国县域平均水平，1/3人口集聚在县城。在经济发展方面，重点生态功能区县GDP占全国县域GDP 1/7，人均GDP仅为全国平均水平的一半，经济增速有所放缓，但仍高于全国平均水平和全国县域平均水平，西部地区发展速度相对较快。在产业发展方面，重点生态功能区县产业结构呈现“三二一”格局，第二产业发展相对较快，第一产业和第三产业占比均略有下降。

（五）陆地边境县

全国陆地边境县共计 132 个。在人口变动方面，陆地边境县常住人口 2 000 万，长期人口总体净流出，其中，东北三省和内蒙古边境县人口流出较多，其他省份边境县人口均有增加。在城镇化方面，2021 年陆地边境县城镇化率达到 50.6%，略高于全国县域平均水平，35% 县域人口在县城居住。在经济发展方面，陆地边境县经济规模普遍较小，县均 GDP 不足百亿元，人均 GDP 仅为全国平均水平的六成，经济增速略有下降，但仍高于全国平均水平和全国县域平均水平，陆地边境县省际发展极不平衡，云南的陆地边境县经济体量相对较大，甘肃、新疆、西藏的陆地边境县发展相对较快。在产业发展方面，陆地边境县产业结构呈现“三二一”格局，第一产业和第二产业发展较快，其中，内蒙古、广西、甘肃的陆地边境县第二产业发展较快，西藏边境县第三产业发展较快，其他省份产业结构相对稳定。

（六）人口减少县

全国人口减少县共计 217 个，主要分布在东北地区、中部和西部的欠发达地区和资源型地区等。在人口变动方面，人口减少县常住人口规模不足全国县域人口一成，且持续减少，十年流失人口超过两千万，东北地区人口流失尤为严重。在城镇化方面，人口减少县城镇化率低于全国县域平均水平，超 1/3 人口集聚在县城，东部地区县域城镇化推进相对较快。在经济发展方面，人口减少县经济发展较为滞后，人均 GDP 不足全国平均水平的六成，经济增速大幅回落，低于全国平均水平和全国县域平均水平。在产业发展方面，人口减少县产业结构呈现“三二一”格局，第三产业占主导地位，但占比有所下降，第二产业占比相对较低，但发展有所提速。

四、分区域透视县域高质量发展

（一）黄河流域

黄河流域包括9省区的675个县，总面积约为130万平方公里。在人口变动方面，黄河流域县域常住人口总规模约为2.5亿人，以中小规模人口县为主，“百万人口县”集中在下游，“袖珍县”集中在中上游，绝大多数的县域常住人口在减少，下游人口减少的县域数量相对更多。在经济增长方面，黄河流域县域经济发展低于全国县域平均水平，其GDP约占全国县域GDP三成，占比呈缓慢下降态势，入海口省份县域经济体总量和均值分别是源头省份的19倍和9倍，省会城市对县域经济的辐射带动作用较为显著。在产业发展方面，黄河流域县域产业结构呈现“二三一”格局，第三产业发展相对较快，农业县数量占比超四成，粮食主产区省份农业县占比较高。

（二）长江经济带

长江经济带包括11省市的687个县，总面积约为205万平方公里。在人口变动方面，长江经济带县域常住人口总规模为3.3亿人，下游地区县域常住人口更多，绝大多数的县域人口在减少，中游地区人口流失尤为严重。在经济增长方面，长江经济带县域GDP达22.6万亿元，撑起全国县域经济的“半壁江山”，总体处于较高发展水平，对全国县域GDP的贡献不断提升，省会城市对县域经济的辐射带动作用十分显著，下游省会城市的辐射带动作用明显强于上游。在产业发展方面，长江经济带县域经济逐渐倾向于以第三产业为主导，下游地区第二产业占比明显更高，非农业县数量占比超过六成，由上游到下游农业县数量占比逐渐降低，县域规模以上企业总量超 10 万个。

（三）京津冀地区

京津冀地区包括 3 个省市的 118 个县，这些县域均在河北省，总面积约为 21.6 万平方公里。在人口变动方面，县域总人口不足 5 000 万，以中小规模人口县居多，县域人口总量和县域平均人口规模均在减少，长期人口大量流出。在经济增长方面，京津冀地区县域 GDP 为 2.4 万亿元，占全国县域 GDP 的比重为 5%，多为小规模经济体，总体处在中低发展水平，对全国县域 GDP 的贡献在减小，县域经济发展受北京市辐射影响较大。在产业发展方面，京津冀地区县域产业结构呈现“三二一”格局，第二产业占比下降、第三产业占比上升，不少县域经济以农业为主导。

（四）长三角地区

长三角地区包括 4 省市的 152 个县，总面积约为 35.8 万平方公里。在人口变动方面，长三角地区县域总人口稳定在 1.1 亿人左右，占全国总人口的 7.7%，50 万 ~ 100 万人的中等规模人口县数量居多，3/4 的县域人口持续减少，安徽省县域人口全面减少。在经济增长方面，长三角地区县域 GDP 超 10 万亿元，占全国县域 GDP 的比重为 23%，经济发展总体处于较高水平，对全国的贡献不断提高。在产业发展方面，长三角地区第二产业和第三产业占比之和超九成，第一产业和第二产业占比下降、第三产业占比上升，地区内部产业结构差异颇大，长三角地区县域规模以上工业企业占全国县域总量约三成，85% 的县平均拥有超 100 个规模以上工业企业。

目　录

第一章
新时代县域发展取得的主要成就

进入新时代，各地区坚持以习近平新时代中国特色社会主义思想为指导，有效应对各种风险挑战，县域经济社会持续健康发展，综合实力显著提升、产业结构不断优化、区域发展趋于协调、发展动力逐步增强、居民生活持续改善，县域综合实力显著增强，县域已成为我国国民经济和社会发展的重要基石和支柱。

一、经济总量大幅增长，综合实力连上新台阶

（一）经济总量大幅增加

2022年，我国县域GDP达到46.21万亿元，是2013年的1.75倍（见图1–1），年均增长率达到6.4%，占全国GDP 38.2%。县均GDP为247.64亿元，是2013年的1.73倍，年均增长率达到6.3%（见图1–2）。县域GDP超过100亿元的县（市）数量由2013年的850个增加到2022年的1 284个，超过500亿元的县（市）数量由2013年的70个增加到2022年的196个，超过

1 000 亿元的县（市）数量由 2013 年的 11 个增加到 2022 年的 53 个。县域人均 GDP[①] 达到 6.3 万元，是 2013 年的 2.1 倍（见图 1–3）。县域人均 GDP 超过 1 万美元的县（市）数量由 2013 年的 176 个增加到 2021 年的 506 个，超过 1.5 万美元的县（市）数量由 2013 年的 74 个增加到 2021 年的 197 个，超过 2 万美元的县（市）数量由 2013 年的 41 个增加到 2021 年的 85 个。

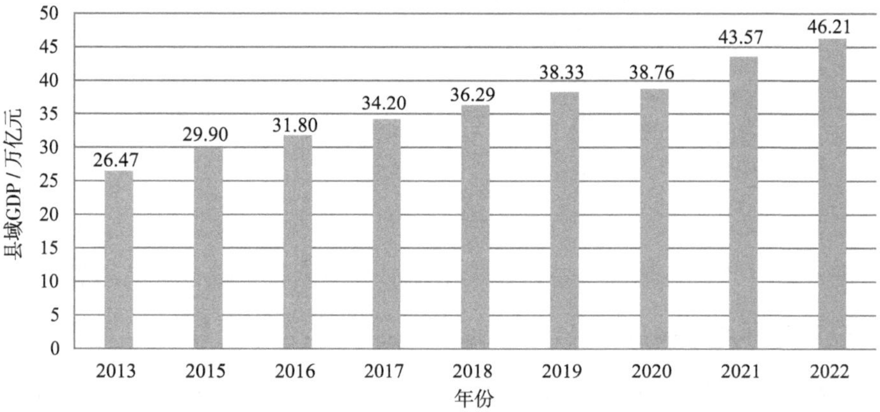

图 1–1　2013—2022 年县域 GDP

数据来源：根据各县（市）历年国民经济和社会发展统计公报、各县（市）统计年鉴、政府工作报告等公开数据整理。

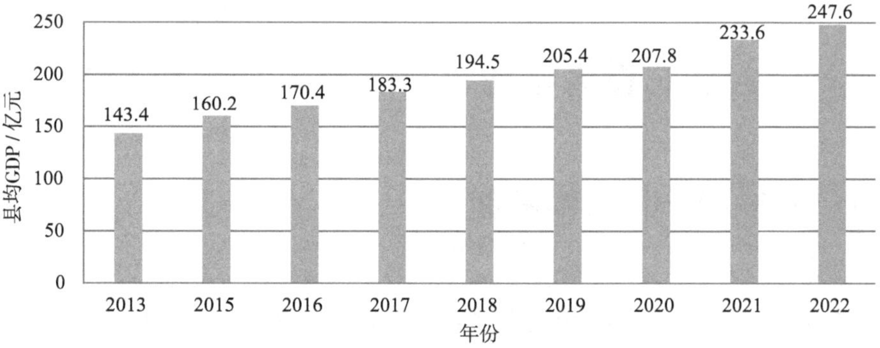

图 1–2　2013—2022 年县均 GDP

数据来源：根据各县（市）历年国民经济和社会发展统计公报、各县（市）统计年鉴、政府工作报告等公开数据整理。

① 鉴于数据可获得性，2013—2019 年以县域户籍人口计算，2020—2022 年以县域常住人口计算。

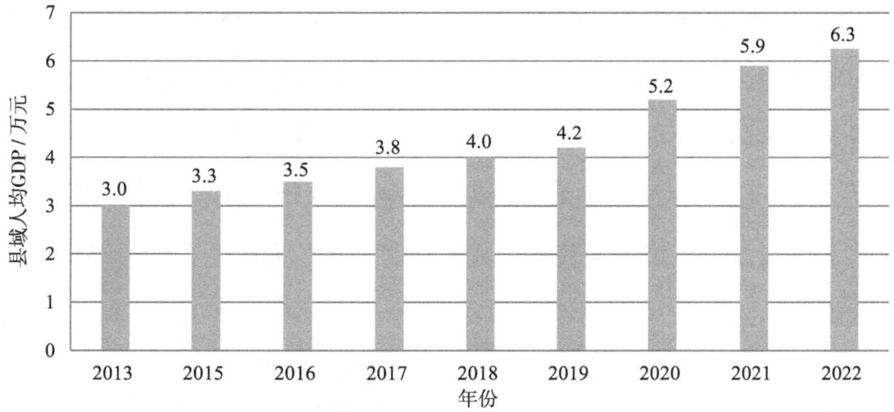

图 1–3　2013—2022 年县域人均 GDP

数据来源：根据各县（市）历年国民经济和社会发展统计公报、各县（市）统计年鉴、政府工作报告等公开数据整理。

（二）财政收入大幅提升

2022 年，县域一般公共预算收入约为 2.8 万亿元，是 2013 年的 1.62 倍，年均增长 5.5%，占全国总量 14% 左右（见图 1–4）。县均一般公共预算收入

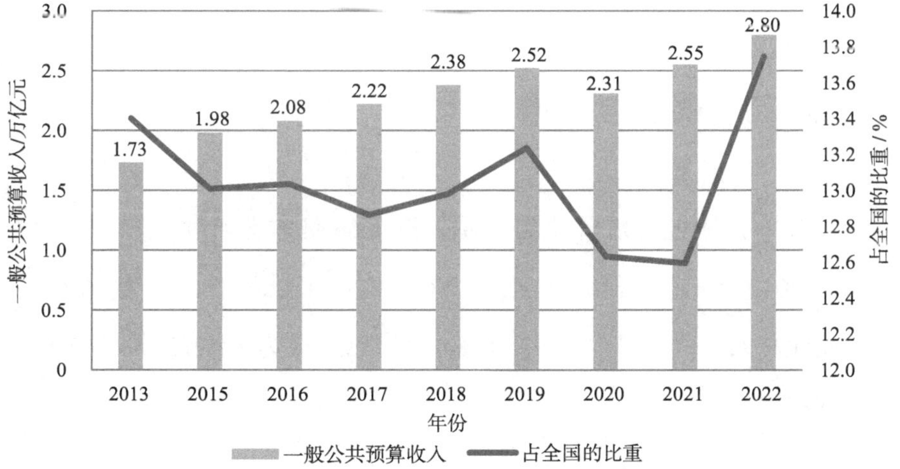

图 1–4　2013—2022 年县域一般公共预算收入及其占全国的比重

数据来源：根据各县（市）历年国民经济和社会发展统计公报、各县（市）统计年鉴、政府工作报告等公开数据整理。

为 15 亿元，是 2013 年的 1.67 倍，年均增长 5.8%（见图 1–5）。县域一般公共预算收入超过 10 亿元的县（市）数量由 2013 年的 488 个增加到 2022 年的 672 个，超过 50 亿元的县（市）数量由 2013 年的 36 个增加到 2022 年的 84 个，超过 100 亿元的县（市）数量由 2013 年的 7 个增加到 2022 年的 19 个，对促进经济发展、保障改善民生、调整经济结构、有效防范风险提供了坚实的资金保障。

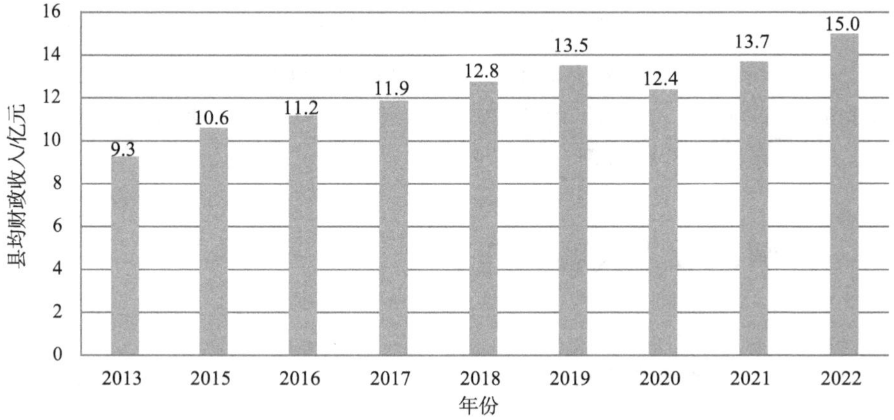

图 1–5　2013—2022 年县均一般公共预算收入

数据来源：根据各县（市）历年国民经济和社会发展统计公报、各县（市）统计年鉴、政府工作报告等公开数据整理。

（三）吸纳就业能力增强

2022 年农民工监测统计报告显示，近 1.66 亿农业转移人口在县域内就业，约为 2013 年的 1.2 倍，占全国 2.96 亿农民工总数的比重为 56%，占我国非农就业总人口[①] 的比重为 28.8%，县域已经成为吸纳我国农村剩余劳动力就业的主要空间。

① 根据 2021 年人力资源和社会保障事业发展统计公报，全国就业人员总数为 7.465 亿人，第一产业就业人员占 22.9%，第二产业就业人员占 29.1%，第三产业就业人员占 48.0%，由此推算，2021 年我国非农就业人口总数为 5.755 6 亿人。

二、经济结构持续优化，转型发展取得新突破

（一）产业结构不断优化

党的十八大以来，各县（市）因地制宜，加快推进产业结构调整，促进产业转型升级，产业结构不断优化，科技创新发展取得成效。2021 年，全国县域三次产业结构为 14.4 : 41.7 : 43.9，第三产业占全国 GDP 的比重较 2013 年提高 11 个百分点，2019 年县域产业结构由“二三一”调整为“三二一”，第三产业成为县域经济主导产业（见图 1–6）。科技创新方面，各省把培育专精特新企业作为推动高质量发展的重要举措，专门出台推进中小企业专精特新发展规划，逐步形成支持专精特新发展政策体系。截至 2023 年 7 月，全国已培育专精特新中小企业 9.8 万家、“小巨人”企业 1.2 万家[①]。从省份来看，

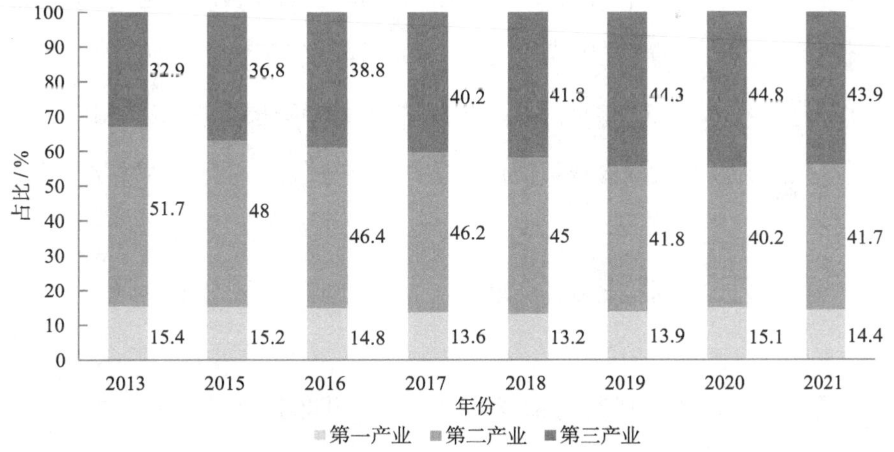

图 1–6　2013—2021 年县域三次产业增加值占全国 GDP 的比重

数据来源：根据各县（市）历年国民经济和社会发展统计公报、各县（市）统计年鉴、政府工作报告等公开数据整理。

① 数据来源：《人民日报》（2023 年 8 月 6 日 1 版）。

浙江、广东、江苏、山东、北京、湖北等省份上榜企业数量位列前茅。2021年，县域规模以上工业企业数量 20.3 万家，占全国规模以上工业企业总数的比重为 46.1%，约为 2013 年的 2.15 倍。

（二）农业基础更加坚实

政策体系日趋完善，陆续出台了《国务院关于促进乡村产业振兴的指导意见》《全国乡村产业发展规划（2020—2025 年）》《“十四五”全国种植业发展规划》《特色农产品优势区建设规划纲要》等政策文件，促进了各类资源有序开发、持续利用。财政支持力度加大，截至 2021 年，中央财政已累计安排资金 460 多亿元，扶持各地县市建设优势特色产业集群 140 个、国家现代农业产业园 250 个、农业产业强镇 1 309 个，带动各地创建了一大批市县级产业园，2010—2022 年，高标准农田从 2.5 亿亩[①]增加至 10 亿亩[②]，2012—2022 年，农作物耕种收综合机械化率从 57.2% 提高到 73%，全国粮食产量连续 8 年稳定在 1.3 万亿斤以上。农业产业化成效明显，2021 年，我国农产品加工业与农业总产值比达到 2.4∶1，2022 年全国农业科技进步贡献率达到 62.4%，相比 2013 年提高了 8 个百分点，我国农业科技创新整体水平已经迈入世界第一方阵[③]。

（三）第二产业更加强劲

各县（市）以资源优势为依托，通过园区化推进产业聚集，提升县域工

① 2010 年为高产稳产基本农田。数据来源：《全国高标准农田建设规划（2010—2020 年）》。

② 数据来源：2023 年 4 月 20 日，国务院新闻办公室举行新闻发布会上，农业农村部总农艺师、发展规划司司长曾衍德发言内容。网址为 https://m.thepaper.cn/newsDetail_forward_22779312。

③ 数据来源：2022 年农业农村经济运行情况新闻发布会上，农业农村部总农艺师、发展规划司司长曾衍德发言内容。

业现代化水平，工业对县域经济的支撑作用更加突出。2021 年，全国县域第二产业增加值 18.17 万亿元，相比 2013 年增长 32.7%，年均增长 3.6%。县均第二产业增加值为 97.39 亿元，是 2013 年的 1.33 倍。县域第二产业增加值超过 100 亿元的县（市）数量由 2013 年的 396 个增加到 2022 年的 503 个，超过 300 亿元的县（市）数量由 2013 年的 69 个增加到 2022 年的 108 个，超过 500 亿元的县（市）数量由 2013 年的 15 个增加到 2022 年的 44 个。2009 年，昆山市成为全国首个第二产业增加值超 1000 亿元的县。

（四）服务业发展步伐加快

2021 年，我国县域服务业增加值为 19.12 万亿元，是 2013 年的 2.19 倍，年均增长 10.3%，比同期县域 GDP 年均增速高 3.9 个百分点，服务业增加值占县域 GDP 的比重为 43.9%，比 2013 年提高 11 个百分点，服务业已经成为推动县域经济发展的重要动力。

三、民生福祉持续改善，百姓获得感明显增强

（一）教育公平和质量不断提升

县域义务教育政策保障体系进一步完善，2012—2021 年，习近平总书记多次对义务教育改革发展作出重要指示批示，党中央、国务院出台了《关于统筹推进县域内城乡义务教育一体化改革发展的若干意见》等系列重要文件。县域义务教育基本均衡发展目标全面实现，2012—2021 年，全国小学学龄儿童净入学率从 99.85% 进一步提高到 99.9%，初中阶段毛入学率始终保持在 100% 以上，九年义务教育巩固率从 91.8% 提高至 95.4%，适龄残疾儿童义务

教育入学率超过 95%，义务教育阶段建档立卡脱贫家庭学生辍学实现了动态清零，长期存在的辍学问题得到了历史性解决，到 2021 年底，所有县均通过了国家义务教育基本均衡发展督导评估。城乡统一、重在农村的义务教育经费保障机制基本建立，2021 年，生均公用经费达到小学 650 元、初中 850 元，实现东中西部统一。“两免一补”实现城乡学生全覆盖，营养改善计划每年惠及 3 700 万名农村学生[①]，受益学生的体质健康合格率从 2012 年的 70.3% 提高至 2021 年的 86.7%。2011—2022 年高中阶段教育毛入学率从 84% 提高到 91.6% 以上[②]（见图 1–7），职业教育适应性增强，职业院校办学条件持续改善。

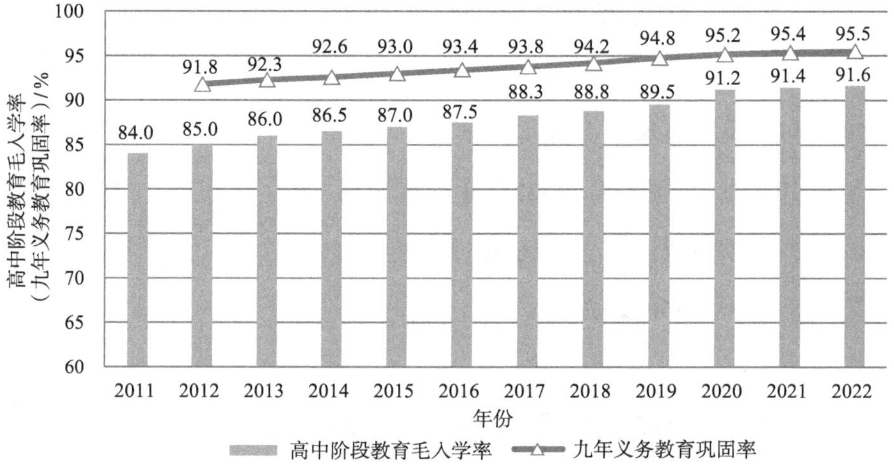

图 1–7　2011—2022 年全国义务教育巩固率和高中阶段教育毛入学率

数据来源：历年全国教育事业发展统计公报。

（二）县域医疗卫生能力持续提升

深入推进和努力普及健康中国行动，医药卫生体制改革不断深化，“大

① 数据来源：教育部召开“教育这十年”“1+1”系列发布会。网址为 https://finance.sina.cn/china/gncj/2022-06-21/detail-imizirau9750672.d.html。

② 数据来源：历年全国教育事业发展统计公报。

病不出县”逐步推进，分级诊疗体系不断完善，进一步缓解县域群众看病难、看病贵问题。全国已设置13个国家医学中心，同时在医疗资源薄弱的地区布局建设76个国家区域医疗中心[①]，极大方便县域居民就近就医。优化老年人等群体就医服务，促进中医药传承创新发展、惠及民生。2011—2022年，基本公共卫生服务经费人均财政补助标准从25元提高到84元[②]（见图1–8）。坚持预防为主，加强重大慢性病健康管理。

（三）社会保障和服务不断完善

持续提高基本医保和大病保险水平，2011—2022年，城乡居民医保人均财政补助标准从200元提高到610元[③]（见图1–8），将更多群众急需药品纳入医保报销范围。建立了基本养老保险基金中央调剂制度，连续上调退休人员基本养老金，提高城乡居民基础养老金最低标准，稳步提升城乡低保、优待抚恤、失业和工伤保障等标准。积极应对人口老龄化，推动老龄事业和养老产业发展。发展社区和居家养老服务，加强配套设施和无障碍设施建设，在税费、用房、水电气价格等方面给予政策支持。健全社会救助体系，加强低收入人口动态监测，对遇困人员及时给予帮扶，坚决兜住困难群众基本生活保障网。

---

① 数据来源：2023年4月13日，国家卫生健康委新闻发布会。

② 数据来源：国家卫生健康委、财政部、中医药局《关于做好2022年基本公共卫生服务工作的通知》。

③ 数据来源：国家医保局、财政部、国家税务总局《关于做好2022年城乡居民基本医疗保障工作的通知》。

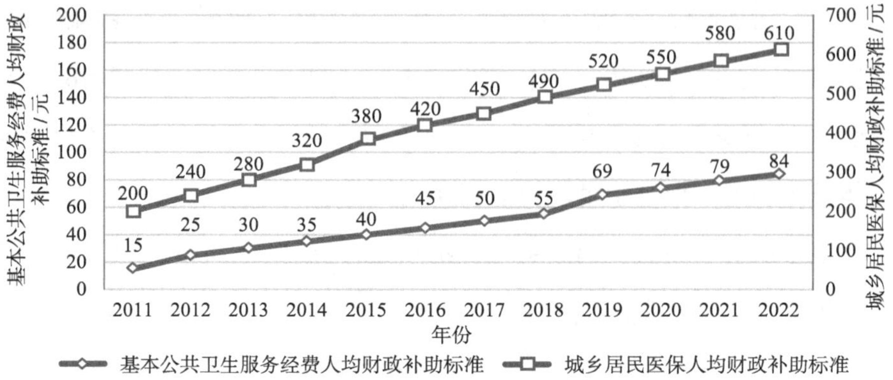

图 1–8　2011—2022 年基本公共卫生服务经费人均财政补助标准、城乡居民医保人均财政补助标准

数据来源：国家卫生健康委、财政部等官网公布数据。

四、城镇化建设有序推进，城乡融合持续深化

（一）县域城镇化水平稳步提高

2021 年，我国县域常住总人口 7.40 亿人，是 2010 年的 99%，占全国总人口的比重为 52.4%。城镇常住总人口 3.68 亿人，是 2010 年的 1.43 倍，占全国城镇常住总人口的比重为 40.3%，2010—2020 年，县域城镇人口增长 0.61 亿人，占全国新增城镇人口的比重为 26.7%。2021 年，县域城镇化率达 49.7%，2010—2020 年县域城镇化率累计增加 14.5 个百分点，年均提高 1.45 个百分点，相较前一个 10 年明显加速，目前县域城镇化仍处于快速发展期[①]。

① 根据各县（市）历年国民经济和社会发展统计公报、各县（市）统计年鉴、政府工作报告等公开数据整理统计。

（二）县城建设取得重要进展

顶层设计不断完善，2022 年 5 月，中共中央办公厅、国务院办公厅出台了《关于推进以县城为重要载体的城镇化建设的意见》，系统提出县城建设的指导思想、工作要求、发展目标、建设任务、政策保障和组织实施方式。要求围绕 5 类县城精准分类施策，扎实推动培育发展特色优势产业、夯实县城运行基础支撑、强化公共服务供给、着力提升人居环境质量、促进县乡村功能衔接互补。2020 年 6 月，国家发展改革委印发了《关于加快开展县城城镇化补短板强弱项工作的通知》，聚焦市场不能有效配置资源、需要政府支持引导的公共服务设施提标扩面、环境卫生设施提级扩能、市政公用设施提挡升级、产业培育设施提质增效 4 大领域提出了 17 项建设任务，细化了目标任务、项目范畴和建设标准。支持县城建设的资金渠道不断拓宽，中央预算内投资持续加大投入，支持县城老旧小区改造和公共卫生防控救治、垃圾污水处理、防洪排涝等公益性项目。2020 年 8 月，国家发展改革委出台了《关于印发县城新型城镇化建设专项企业债券发行指引的通知》《关于信贷支持县城城镇化补短板强弱项的通知》，组织金融资本支持县城大中型经营性项目。

（三）城乡融合发展政策体系基本确立

党的十八大以来，城乡融合发展迈出新步伐，以城带乡效应持续显现。城乡融合发展体制机制和政策体系总体确立，城乡要素自由流动、平等交换和公共资源合理配置稳步推进。农村改革发展扎实推进，农村基本经营制度得到巩固和完善，农村承包地“三权分置”制度不断完善，宅基地“三权分置”改革稳慎推进，完成承包地确权登记颁证和农村集体产权制度改革阶段性任务，完成集体经营性建设用地入市改革试点工作，稳步推进多种形式适度规模经营，抓好家庭农场和农民合作社发展，加快发展农业社会化服务。供销合作社、集体林权、农垦等改革不断深化。城乡一体的基本公共服务供给机制有序建立，城乡统一的居民基本养老保险和医疗保险制度基本建立。城乡基础设施一体化发展取得积极成效。农村一二三产业融合发展体系加快构建，县域城乡差距持续缩小。2021 年县域城乡居民收入比为 2.13，比 2020 年进一步缩小，且优于全国 2.45 的水平。

（四）乡村建设行动加速推进

2011—2022 年，农村公路总里程从 356.4 万公里增加至 453.1 万公里①，实现符合条件的乡镇和建制村通硬化路、通客车，2013 年 12 月至 2021 年 12 月，农村地区互联网普及率从 28.1% 提高到 57.6%②，所有行政村实现通宽带，2017—2022 年农村自来水普及率从 80% 提高到 87%，2017—2020 年生活垃圾收运处理比例从 75% 提高到超过 90%③，多年累计改造农村危房 2400 多万户。农村人居环境不断提升，水电路气信邮等基础设施建设条件不断完善，2021 年末我国乡镇快递网点覆盖率已达到 98%④。

① 数据来源：交通运输部官网。

② 数据来源：中国互联网络信息中心发布的历次中国互联网络发展状况统计报告。

③ 数据来源：住建部官网。

④ 数据来源：国家邮政局官网。

五、生态环境持续向好，绿色发展取得新成效

（一）县域空气质量优于城市

2021 年，全国县域空气质量优良天数比例平均为 88.71%[①]，比同期全国城市[②]平均空气质量优良天数比例率高 1.2 个百分点，大部分省份县域均值在 90% 左右，福建甚至达 99.60%，但河北、河南、山东、山西四省县域空气质量优良天数比例均值在 80% 以下，远低于全国总体水平。2017—2021 年我国县域总体空气质量优良天数比例以 1.84 个百分点的年均速度增长，虽然空气质量改善速度慢于全国平均水平，但县域整体的空气质量优良天数比例维持在较高水平，且呈现稳中向好趋势。

（二）县域地表水质量优于城市

2021 年，县域地表水达到或优于Ⅲ类水体比例为 86.27%，比全国城市 84.90% 的平均水平高 1.37 个百分点，但河北、山西、云南的县域地表水达到或优于Ⅲ类水体比例均在 80% 以下，远低于全国总体水平。2017—2021 年我国县域地表水达到或优于Ⅲ类水体比例上涨了 11.08 个百分点[③]。

---

① 数据说明：1）数据出处：空气质量优良天数比例、地表水达到或优于Ⅲ类水体比例来自各县 2021 年国民经济和社会发展统计公报，$PM_{2.5}$ 浓度数据来自财经城市规划设计研究院统筹发表的《2022 县域高质量发展年度指数报告》；2）样本范围：空气质量优良天数比例指标包含 1 865 县数据，地表水达到或优于Ⅲ类水体比例指标包含 473 县数据，$PM_{2.5}$ 浓度为百强县数据。

② 城市为 339 个地级及以上城市。

③ 数据说明：由于 2017 年仅 164 县公布了地表水达到或优于Ⅲ类水体比例数据，为与 2021 年统一测算口径，此处 2017—2021 年县域地表水达到或优于Ⅲ类水体比例变化幅度测算，仅采用了 138 县样本。

六、全面消除绝对贫困，共同富裕迈向新征程

（一）贫困县全部脱贫摘帽

县域是脱贫攻坚的主战场，经过持续努力，通过深入实施产业、就业、生态、教育、健康、社会保障等帮扶，加强易地搬迁后续扶持，重点解决"两不愁三保障"问题，脱贫群众不愁吃、不愁穿，义务教育、基本医疗、住房安全有保障，饮水安全也有了保障，贫困县农村居民收入明显增加，生产生活条件显著改善，近1亿农村贫困人口实现脱贫，全国832个贫困县全部摘帽，960多万贫困人口实现易地搬迁，历史性地解决了绝对贫困问题。巩固拓展脱贫攻坚成果同乡村振兴得到有效衔接，确定并集中支持160个国家乡村振兴重点帮扶县。

（二）城乡居民消费能力显著增强

2022年，我国县域城乡居民人均可支配收入为30892元[①]，比2021年增加2266元，名义增长7.9%。2021年，县域农村居民人均可支配收入达到18674元，是全国农村居民人均可支配收入的98.6%，县域城镇居民人均可支配收入为39850元，是全国城镇居民人均可支配收入的84.1%，县域城乡居民收入比为2.13，低于2.50的全国同期水平（见图1-9）。随着城乡居民收入的持续增加，各地加快批零、住餐业提档升级，加快培育商业新模式，大力营造良好的消费环境，县域社会消费品零售总

① 数据来源：根据各县（市）历年国民经济和社会发展统计公报、各县（市）统计年鉴、政府工作报告等公开数据整理统计。

额快速增长。2021 年，我国县域社会消费品零售总额为 15.2 万亿元，占全国社会消费品零售总额 34.5%，人均社会消费品零售总额大幅提高，达到 20 583 元。

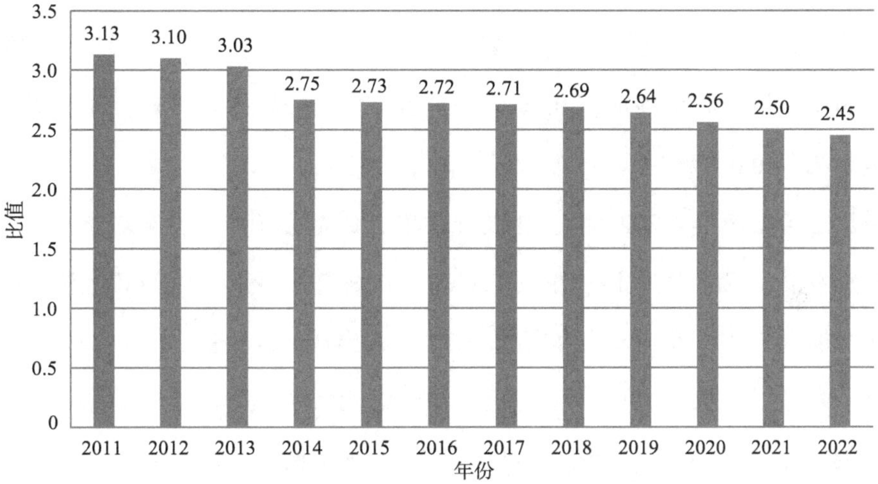

图 1–9　2011—2022 年全国城乡居民人均收入比值

数据来源：中华人民共和国历年国民经济和社会发展统计公报。

七、县域支撑作用增强，区域协调发展呈现新局面

2013—2021 年，京津冀城市群、长三角城市群、珠三角城市群、成渝地区双城经济圈四大区域县级行政单位数量从 296 个增加至 305 个，2021 年底县域常住人口达到 1.6 亿人，占全国人口总量的比重为 11.5%①，县域 GDP 从 7.1 万亿元增加至 12.6 万亿元，占全国 GDP 的比重从 12.5% 变化至 11.0%。财政收入从 4 640 亿元增加到 8 760 亿元，占全国财政收入的比重从 3.6% 增加至 4.3%，年均增长 8.3%。三次产业结构从 11.2∶52.9∶35.9 优化调整至

① 数据来源：根据各县（市）历年国民经济和社会发展统计公报、各县（市）统计年鉴、政府工作报告等公开数据整理统计，下同。

9.2∶45.4∶45.4，有力支撑了我国区域高质量发展。

京津冀城市群。2021 年，县级行政单位数量为 118 个，县域常住人口达到 0.48 亿人，为全国人口总量的 3.4%，2013—2021 年，县域 GDP 从 1.70 万亿元增加至 2.23 万亿元，年均增长 3.5%，占全国 GDP 的比重从 3.0% 变化至 1.9%。财政收入从 740 亿元增加至 1 520 亿元，年均增长 9.4%，占全国财政收入的比重从 0.57% 增加至 0.75%。三次产业结构从 15.2 : 52.5 : 32.3 优化调整至 14.8 : 40.0 : 45.2。

长三角城市群。2021 年，县级行政单位数量为 100 个，县域常住人口达到 0.72 亿人，为全国人口总量的 5.1%，2013—2021 年，县域 GDP 从 4.22 万亿元增加至 7.90 万亿元，年均增长 8.2%，占全国 GDP 的比重从 7.4% 变化至 6.9%。财政收入从 3 300 亿元增加至 5 900 亿元，年均增长 7.5%，占全国财政收入的比重从 2.54% 增加至 2.91%。三次产业结构从 7.2 : 53.4 : 39.4 优化调整至 5.3 : 48.8 : 45.9。

珠三角城市群。2021 年，县级行政单位数量为 12 个，县域常住人口达到 0.08 亿人，为全国人口总量的 0.5%，2013—2021 年，县域 GDP 从 0.19 万亿元增加至 0.45 万亿元，年均增长 11.4%，占全国 GDP 的比重从 0.34% 增加至 0.40%。财政收入从 120 亿元增加到 267 亿元，年均增长 10.5%，占全国财政收入的比重从 0.09% 变化至 0.13%。三次产业结构从 14.8 : 48.2 : 37.0 优化调整至 17.7 : 40.6 : 41.7。

成渝地区双城经济圈。2021 年，县级行政单位数量为 75 个，县域常住人口达到 0.38 亿人，为全国人口总量的 2.7%，2013—2021 年，县域 GDP 从 1.02 万亿元增加至 2.08 万亿元，年均增长 9.3%，占全国 GDP 的比重从 1.80% 增加至 1.81%。财政收入从 480 亿元增加到 1 060 亿元，年均增长 10.4%，占全国财政收入的比重从 0.38% 增加至 0.52%。三次产业结构从 20.2 : 52.4 : 27.4 优化调整至 16.8 : 39.2 : 44.0。

第二章
县域高质量发展评价体系和竞争格局

开展县域高质量发展评价，全面、客观、准确把握县域发展状况，是一项复杂、涉及面广的基础性工作，对于政府决策、企业投资、群众安居乐业都具有重要参考价值。本部分以新发展理念为指引、以高质量发展为导向，从经济富裕度、科技支撑度、环境优美度、县城宜居度、城乡融合度五个维度，系统构建县域高质量发展评价体系，并对全国县域发展水平进行综合测度，以期为县域高质量发展提供行动指引。

一、评价原则

县域高质量发展评价体系是对全国县域进行全面考察的工作蓝本和科学依据，应当系统、客观、准确地反映县域发展情况和态势，为此，需遵循下列原则。

（一）系统性

县域高质量发展涉及经济发展、民生福祉、科技创新、生态环境等多个方面，还涉及县城、镇区、广大农村等不同空间，需要构建一个代表性强、能够比较完备地反映县域经济社会综合实力和发展态势的指标体系，以全面、客观呈现县域高质量发展水平。

（二）科学性

评价体系应紧扣高质量发展的主题，全方位体现县域高质量发展的内涵要求。评价体系中选取的指标均须具有较强的公认性和针对性，数据获取应具有较强的权威性，要以政府机构公开发布的数据和资料为主，确保评价结果科学、客观和公正。

（三）可比性

县域高质量发展评价体系应满足纵向可比性和横向可比性的条件。纵向可比性要求评价体系的指标选取、数据来源、评价方法等在不同报告期内应具有一致性和接续性，横向可比性要求指标选取、数据来源、评价方法等在不同县域应具有一致性。

（四）操作性

县域高质量发展指标体系的构建要充分考虑实际情况，尽可能选取可量化、易获取、有代表性的指标，不宜过多、过细，以免出现计算烦琐、信息重叠。同时，评价方法应简便、有效，易于操作和核实。

二、指标体系和数据来源

基于县域高质量发展的内涵要求，以新发展理念为指导思想，以质量和效率提升为导向，以提升人民生活水平和品质为目标，构建了涵盖经济富裕度、科技支撑度、环境优美度、县城宜居度、城乡融合度五个维度、24 个指标的县域高质量发展评价体系（见表 2–1）。

数据来源方面，本书所有数据均来自官方公开渠道，主要包括国家及各地方统计局、统计公报、统计年鉴、政府工作报告、其他政府公开资料等。有五点需要特别说明：第一，鉴于目前最新公开的主要为 2021 年度指标数据，县域高质量发展评价所用指标数据皆为 2021 年度的；第二，鉴于保密要求，涉疆边境县（34 个）、涉藏边境县（18 个）、金门县等 53 个县未被纳入评价；第三，鉴于数据获取问题，中国香港、澳门、台湾三地未被纳入评价；第四，鉴于全社会研发投入、每万人口有效发明专利拥有量、高新技术企业数量、创新型产业园区数量等四个指标未公布 2021 年数据情况，故本书在 2020 年统计数据基础上进行了修正；第五，鉴于部分县市未公布"空气质量优良天数比例"，由所属地级市或相邻县市数据代替。

表 2–1　县域高质量发展评价指标体系和数据来源

一级指标	二级指标	数据来源
经济富裕度	地区生产总值	中国县域统计年鉴、各县（市）统计公报等
	人均地区生产总值	中国县域统计年鉴、各县（市）统计公报等
	一般公共预算收入	各县（市）统计公报、各省（区、市）统计年鉴、中国县域统计年鉴等

续表

一级指标	二级指标	数据来源
经济富裕度	财政自给率	各县（市）统计公报、各省（区、市）统计年鉴、中国县域统计年鉴等
	社会消费品零售总额	各县（市）统计公报、各县（市）政府工作报告等
	第一产业占 GDP 比重	中国县域统计年鉴、各县（市）统计公报等
	进出口总额	各省（区、市）统计年鉴、各县（市）统计公报、各县（市）政府工作报告等
科技支撑度	全社会研发投入	科技部来源统计资料
	每万人口有效发明专利拥有量	科技部来源统计资料
	高新技术企业数量	科技部来源统计资料
	创新型产业园区数量	科技部来源统计资料
环境优美度	空气质量优良天数比例	各县（市）统计公报、各副省级市、地级市统计公报、各县（市）“十四五”规划等
	地表水达到或优于Ⅲ类水体比例	各县（市）统计公报、各副省级市、地级市统计公报、各县（市）“十四五”规划等
	单位 GDP 能源消耗降幅	各县（市）统计公报、各副省级市、地级市统计公报、各县（市）“十四五”规划等
	单位 GDP 二氧化碳排放降幅	各县（市）统计公报、各副省级市、地级市统计公报、各县（市）“十四五”规划等
县城宜居度	县城常住人口占县域常住人口比例	中国县城建设统计年鉴、中国城市统计年鉴等
	公共供水普及率	中国县城建设统计年鉴、中国城市统计年鉴等
	建成区路网密度	中国县城建设统计年鉴、中国城市统计年鉴等
	建成区绿化覆盖率	中国县城建设统计年鉴、中国城市统计年鉴等
	千人医疗卫生床位数	中国县域统计年鉴、各县（市）“十四五”规划等
	人均财政支出	各县（市）统计公报、各省（区、市）统计年鉴、中国县域统计年鉴等

续表

一级指标	二级指标	数据来源
城乡融合度	城乡居民人均可支配收入	各县（市）统计公报、各省（区、市）统计年鉴等
	城乡居民收入比	各县（市）统计公报、各省（区、市）统计年鉴等
	常住人口城镇化率	各县（市）统计公报、各副省级市、地级市统计公报、各县（市）“十四五”规划等

三、指数计算

县域高质量发展指数主要测算过程如下。

（一）数据标准化处理

为消除原始数据的量纲差异，解决数据的可比性问题，采用“min-max”方法对原始数据进行标准化处理。具体方法：找出每个属性的最小值和最大值，将原始值 X 通过“min-max”标准化映射成在区间［0，1］中的 X' 值。转换函数如下：

$$X'=(X-X_{min})/(X_{max}-X_{min})$$

其中，X_{max} 为各指标数据的最大值，X_{min} 为各指标数据的最小值。

（二）指标赋权

为使由多个指标构成的县域高质量发展指数能够准确地反映各县（市）的真实情况，还需要对各指标赋予不同的权重。本书采用专家赋权法，综合考虑相关领域主要专家和学者的意见，最终确定各指标的权重。

（三）指数计算和评价结果

在对各指标数据进行标准化处理并确定一级指标和二级指标的权重后，先加权计算二级指标，再将加权计算的二级指标数值相加得出一级指标，最后将一级指标数值相加得出最终的县域高质量发展指数。为了便于分析，将县域高质量发展指数转换为 0 ~ 100 之间的数值。

四、竞争格局

按照县域高质量发展评价结果，并综合考虑县域发展实际和相关领域专家意见，将全国县域划分为三种不同类型，县域高质量发展指数处于前 10% 的县域为引领发展型，中间 60% 的县域为稳步发展型，后 30% 的县域为追赶发展型（见表 2-2）。

从评价结果看，引领发展型县（市）有 181 个，其中，前十强分别是江苏省昆山市、江苏省江阴市、福建省晋江市、江苏省张家港市、江苏省常熟市、浙江省慈溪市、浙江省义乌市、江苏省宜兴市、湖南省长沙县和江苏省太仓市，主要位于城市群都市圈中心城市周边；稳步发展型县（市）有 1088 个，其中，湖北省天门市、四川省彭州市、浙江省三门市、安徽省广德市、新疆维吾尔自治区昌吉市、广东省普宁市、重庆市忠县、山东省乳山市、江苏省金湖县、贵州省凯里市等县（市）有望率先成长为引领发展型县域；追赶发展型县（市）有 544 个，多数远离大城市，其中，河北省隆化县、吉林省大安市、云南省龙陵县、广东省五华县、辽宁省宽甸满族自治县、西藏自治区隆子县、西藏自治区尼木县、河北省尚义县、河北省肃宁县、河南省汤阴县等县（市）有望率先成长为稳步发展型县域。

表 2-2　全国县域高质量发展指数结果

发展类型	县　域	所属省份
引领发展型	前 100 名：昆山市、江阴市、张家港市、晋江市、常熟市、慈溪市、义乌市、宜兴市、长沙县、太仓市、南昌县、神木市、诸暨市、余姚市、乐清市、南安市、胶州市、石狮市、仁怀市、瑞安市、温岭市、海宁市、惠安县、浏阳市、桐乡市、启东市、如皋市、溧阳市、龙口市、福清市、伊金霍洛旗、准格尔旗、海安市、如东县、平湖市、泰兴市、丹阳市、鹤山市、靖江市、荣成市、宁海县、宁乡市、嘉善县、迁安市、玉环市、长兴县、东阳市、闽侯县、永康市、肥西县、临海市、安宁市、海盐县、寿光市、府谷县、仪征市、嵊州市、象山县、德清县、高邮市、东台市、仙桃市、沭阳县、邳州市、邹城市、新昌县、宜都市、岱山县、安溪县、招远市、安吉县、西昌市、兴化市、醴陵市、沛县、瓦房店市、诸城市、扬中市、句容市、潜江市、肥东县、大冶市、广饶县、福安市、平阳县、大理市、巩义市、三河市、楚雄市、莱州市、平度市、博罗县、龙港市、桐庐县、枝江市、滕州市、石河子市、长丰县、莱西市、建湖县 第 101 ~ 181 名：永安市、禹州市、鄂托克旗、肥城市、桓台县、新沂市、宁国市、惠东县、乌审旗、长葛市、宝应县、兴义市、天长市、五家渠市、锡林浩特市、新郑市、永嘉县、当涂县、贵溪市、霍林郭勒市、灵武市、延吉市、格尔木市、济源市、青州市、邵东市、永春县、蒙自市、高密市、汉川市、漳浦县、庄河市、建德市、仙游县、库尔勒市、四会市、樟树市、武安市、邹平市、连江县、射阳县、简阳市、丰城市、苍南县、枣阳市、德化县、赤壁市、盘州市、上杭县、睢宁县、兰溪市、当阳市、任丘市、广汉市、新密市、阜宁县、开平市、金堂县、个旧市、永城市、高安市、射洪市、阿拉善左旗、江油市、昌邑市、福鼎市、嵊泗县、都江堰市、弥勒市、江山市、文山市、巢湖市、平潭县、海阳市、涟水县、新泰市、云阳县、天台县、开远市、达拉特旗、黄陵县	河北省 4 个、内蒙古自治区 8 个、辽宁省 2 个、吉林省 1 个、江苏省 30 个、浙江省 34 个、安徽省 7 个、福建省 17 个、江西省 5 个、山东省 20 个、河南省 7 个、湖北省 9 个、湖南省 5 个、广东省 5 个、重庆市 1 个、四川省 7 个、贵州省 3 个、云南省 8 个、陕西省 3 个、青海省 1 个、宁夏回族自治区 1 个、新疆维吾尔自治区 3 个

续表

发展类型	县　域	所属省份
稳步发展型	天门市、彭州市、三门县、广德市、昌吉市、普宁市、忠县、乳山市、金湖县、凯里市、满洲里市、东海县、龙游县、庐江县、武义县、垫江县、泗阳县、浦江县、霸州市、无为市、莱阳市、西乌珠穆沁旗、什邡市、资兴市、丰县、桐城市、鄂托克前旗、峨眉山市、盱眙县、乌兰浩特市、邵武市、滨海县、吉首市、汨罗市、滦州市、高州市、澄迈县、闽清县、靖边县、二连浩特市、恩施市、都匀市、宣威市、台山市、湘潭县、仙居县、龙里县、大厂回族自治县、仁寿县、罗源县、乐平市、栾川县、海城市、桂阳县、瑞昌市、湘乡市、钟祥市、漳平市、应城市、攸县、缙云县、泗洪县、昌乐县、海丰县、怀仁市、青田县、瑞丽市、沁水县、荥阳市、龙泉市、崇州市、湖口县、秀山土家族苗族自治县、汝州市、博兴县、丰都县、陈巴尔虎旗、遵化市、邛崃市、共青城市、固安县、乐亭县、龙南市、吴起县、云和县、响水县、清镇市、淳安县、遂昌县、上高县、冷水江市、凤阳县、东乌珠穆沁旗、新安县、香河县、介休市、化州市、南部县、永修县、南靖县、来安县、奎屯市、茫崖市、景洪市、绵竹市、沂水县、全椒县、德安县、威远县、耒阳市、迁西县、安丘市、泽州县、辛集市、新星市、澧县、孝义市、开阳县、武平县、永兴县、梅河口市、将乐县、阿拉尔市、伊宁市、和县、香格里拉市、太和县、义马市、林州市、老河口市、德兴市、费县、吉木萨尔县、襄垣县、大竹县、奉新县、武夷山市、连城县、玉山县、石棉县、福泉市、信宜市、霍山县、南城县、奉节县、阿克塞哈萨克族自治县、灵宝市、谷城县、灌南县、东山县、中牟县、达尔罕茂明安联合旗、无棣县、廉江市、韶山市、景宁畲族自治县、长垣市、仪陇县、镶黄旗、进贤县、分宜县、阿尔山市、常宁市、长汀县、志丹县、嘉鱼县、平果市、德令哈市、濉溪县、鄂温克族自治旗、丹江口市、灵石县、建瓯市、南陵县、霞浦县、乌拉特后旗、新平彝族傣族自治县、涿州市、麻城市、阿克苏市、永泰县、北流市、京山市、常山县、水富市、宜章县、阜康市、松滋市、和林格尔县、肃北蒙古族自治县、	河北省46个、山西省43个、内蒙古自治区56个、辽宁省17个、吉林省18个、黑龙江省21个、江苏省10个、浙江省19个、安徽省52个、福建省35个、江西省68个、山东省48个、河南省71个、湖北省51个、湖南省66个、广东省47个、广西壮族自治区36个、海南省11个、重庆市11个、四川省93个、贵州省66个、云南省68个、西藏自治区21个、陕西省39个、甘肃省23个、青海省20个、宁夏回族自治区6个、新疆维吾尔自治区26个

续表

发展类型	县　域	所属省份
稳步发展型	怀宁县、武穴市、高平市、曲阜市、绥芬河市、宣汉县、柳林县、广水市、津市市、湘阴县、新巴尔虎右旗、山阴县、三台县、易门县、临朐县、登封市、额济纳旗、大邑县、渠县、宜良县、修文县、康定市、玉门市、信丰县、兴县、河口瑶族自治县、开化县、吉安县、蒙城县、阳城县、沁源县、大田县、阆中市、武宁县、华容县、泸县、澄江市、金沙县、庐山市、中江县、临湘市、界首市、苏尼特右旗、杭锦旗、庆元县、马尔康市、宜城市、嵩明县、伊川县、郎溪县、祁阳市、于都县、云霄县、通海县、新干县、齐河县、颍上县、汉寿县、左云县、中阳县、河曲县、磐安县、华安县、盱始县、大石桥市、利津县、泰和县、修水县、岳阳县、瓮安县、井冈山市、富民县、安陆市、文昌市、舒城县、腾冲市、衡阳县、衡南县、歙县、建水县、万年县、托克逊县、彭水苗族土家族自治县、邓州市、桃源县、阿拉善右旗、吉水县、西峡县、定边县、牙克石市、库车市、松阳县、隆昌市、东兴市、高县、正定县、莒县、英德市、富顺县、宜丰县、古交市、永丰县、曹县、凤台县、子长市、微山县、阿巴嘎旗、乌兰县、凭祥市、宝丰县、禄丰市、珲春市、麟游县、阳春市、灌云县、会泽县、瑞金市、蒲县、万载县、黄骅市、平江县、泰顺县、蒲江县、建宁县、彭泽县、措美县、珙县、右玉县、清流县、峨山彝族自治县、旬阳市、祥云县、琼海市、河津市、华亭市、调兵山市、道县、沅江市、洛川县、江安县、明光市、漠河市、东明县、昌江黎族自治县、宁化县、昌黎县、米易县、定南县、郓城县、茶陵县、衡东县、乡宁县、陆丰市、诏安县、石林彝族自治县、苏尼特左旗、泸水市、陵水黎族自治县、远安县、尤溪县、汶川县、桃江县、渑池县、韩城市、息烽县、海晏县、青阳县、云梦县、兴平市、襄城县、衡山县、浮梁县、祁东县、宽城满族自治县、邻水县、南漳县、图们市、定远县、绩溪县、惠水县、托克托县、保德县、古田县、潢川县、兴仁市、根河市、华蓥市、栖霞市、玛多县、新兴县、泰宁县、明溪县、鹿邑县、宾阳县、石柱土家族自治县、犍为县、习水县、巫山县、涡阳县、铅山县、赤水市、芒市、图木舒克市、	河北省46个、山西省43个、内蒙古自治区56个、辽宁省17个、吉林省18个、黑龙江省21个、江苏省10个、浙江省19个、安徽省52个、福建省35个、江西省68个、山东省48个、河南省71个、湖北省51个、湖南省66个、广东省47个、广西壮族自治区36个、海南省11个、重庆市11个、四川省93个、贵州省66个、云南省68个、西藏自治区21个、陕西省39个、甘肃省23个、青海省20个、宁夏回族自治区6个、新疆维吾尔自治区26个

续表

发展类型	县　　域	所属省份
稳步发展型	贵定县、潜山市、沙洋县、文成县、泌阳县、吴川市、桂平市、含山县、南丰县、安福县、泾县、临沭县、平南县、柘荣县、兴山县、共和县、长宁县、正镶白旗、兴国县、婺源县、盘山县、陆良县、巨野县、公主岭市、项城市、上栗县、万宁市、靖安县、黔西市、罗平县、正蓝旗、黎川县、顺昌县、东方市、利川市、砚山县、怀远县、德江县、浦城县、临江市、全南县、石门县、弋阳县、临颍县、彬州市、叙永县、兰考县、横州市、独山县、元江哈尼族彝族傣族自治县、东至县、土默特左旗、淅川县、临澧县、宜阳县、岑溪市、营山县、公安县、宁都县、天峻县、安龙县、南县、平山县、新民市、沂源县、和田市、阳新县、舞钢市、夹江县、武胜县、法库县、利辛县、横峰县、沁阳市、合浦县、怀来县、萧县、岳池县、扶绥县、多伦县、大余县、神农架林区、遂溪县、定州市、鹿寨县、玛沁县、临泉县、荥经县、东港市、乌苏市、金寨县、五河县、平和县、玉屏侗族自治县、措勤县、临武县、宁远县、滦平县、郯城县、鄯善县、石首市、鄢陵县、克什克腾旗、休宁县、延川县、北屯市、会理市、贺兰县、夏河县、乐至县、资中县、华宁县、牟定县、敦化市、德钦县、富源县、文安县、灵山县、遂川县、光泽县、长子县、扎兰屯市、盐池县、恩平市、南丹县、崇仁县、龙门县、理县、都昌县、宁武县、大英县、嫩江市、邵阳县、罗定市、涟源市、崇义县、泸西县、青神县、祁门县、灯塔市、张北县、蓝山县、华池县、平阴县、桐梓县、灵川县、红安县、思南县、师宗县、九寨沟县、金溪县、会昌县、合江县、华坪县、洪湖市、安义县、贞丰县、通城县、北安市、兴文县、铁门关市、胡杨河市、敦煌市、波密县、唐河县、广昌县、湄潭县、兰陵县、清水河县、炎陵县、筠连县、林西县、蕉岭县、大通回族土族自治县、莒南县、滦南县、周宁县、尉氏县、和龙市、政和县、盐亭县、元谋县、靖宇县、涉县、乳源瑶族自治县、织金县、旌德县、鄱阳县、本溪满族自治县、丰镇市、洛宁县、孟州市、高碑店市、兰坪白族普米族自治县、陇县、屏南县、洪雅县、内乡县、田东县、柳城县、遂平县、博白县、峡江县、荣县、禄劝彝族苗族自治县、	河北省46个、山西省43个、内蒙古自治区56个、辽宁省17个、吉林省18个、黑龙江省21个、江苏省10个、浙江省19个、安徽省52个、福建省35个、江西省68个、山东省48个、河南省71个、湖北省51个、湖南省66个、广东省47个、广西壮族自治区36个、海南省11个、重庆市11个、四川省93个、贵州省66个、云南省68个、西藏自治区21个、陕西省39个、甘肃省23个、青海省20个、宁夏回族自治区6个、新疆维吾尔自治区26个

续表

发展类型	县　域	所属省份
稳步发展型	资溪县、单县、大方县、荔波县、嘉禾县、抚松县、勉县、凤城市、宜黄县、崇信县、秭归县、上犹县、永新县、沙河市、饶平县、松溪县、监利市、藤县、平邑县、宝兴县、安岳县、连州市、额尔古纳市、南华县、万安县、长白朝鲜族自治县、原平市、岢岚县、湟源县、黄梅县、罗甸县、镇远县、桐柏县、寻乌县、永仁县、安达市、芦溪县、眉县、崇阳县、浠水县、宁津县、余干县、武定县、临邑县、永昌县、土默特右旗、桑日县、黟县、古蔺县、盐边县、容县、大城县、威宁彝族回族苗族自治县、铜鼓县、三原县、太湖县、平昌县、鹤庆县、蕲春县、龙井市、淇县、安泽县、东安县、嘉祥县、汝阳县、汉源县、大姚县、佛冈县、商城县、化德县、荔浦市、大悟县、普定县、蓬安县、陆川县、塔河县、浦北县、清河县、城口县、茂县、墨竹工卡县、新县、玉田县、务川仡佬族苗族自治县、沂南县、乐昌市、隆回县、清徐县、永清县、天全县、松桃苗族自治县、长顺县、莲花县、五莲县、三穗县、望谟县、凤县、合山市、印江土家族苗族自治县、平泉市、新野县、旺苍县、新化县、禹城市、河间市、青县、巴林右旗、新蔡县、石屏县、余庆县、武陟县、嵩县、正安县、纳雍县、兴宁市、双河市、沙湾市、砀山县、寻甸回族彝族自治县、临潭县、沅陵县、长海县、黑水县、固镇县、海林市、霍邱县、江口县、五指山市、若羌县、都兰县、杜尔伯特蒙古族自治县、双牌县、镇雄县、锦屏县、洞口县、酉阳土家族苗族自治县、涞源县、垣曲县、岫岩满族自治县、开江县、光山县、汪清县、东光县、寿宁县、双柏县、改则县、寿阳县、乐陵市、阳西县、新乡县、乌拉特中旗、安乡县、洪江市、天柱县、惠来县、玛纳斯县、和顺县、昌宁县、曲水县、罗山县、石城县、镇平县、宁洱哈尼族彝族自治县、察哈尔右翼后旗、宿松县、平罗县、靖西市、西平县、汶上县、陇西县、道真仡佬族苗族自治县、太仆寺旗、勐海县、三都水族自治县、蓬溪县、六枝特区、乐安县、贵德县、皋兰县、姚安县、阳信县、永善县、石泉县、平远县、甘泉县、黎平县、岑巩县、灵璧县、玛曲县、平舆县、	河北省46个、山西省43个、内蒙古自治区56个、辽宁省17个、吉林省18个、黑龙江省21个、江苏省10个、浙江省19个、安徽省52个、福建省35个、江西省68个、山东省48个、河南省71个、湖北省51个、湖南省66个、广东省47个、广西壮族自治区36个、海南省11个、重庆市11个、四川省93个、贵州省66个、云南省68个、西藏自治区21个、陕西省39个、甘肃省23个、青海省20个、宁夏回族自治区6个、新疆维吾尔自治区26个

续表

发展类型	县域	所属省份
稳步发展型	瓜州县、通山县、西充县、中方县、泊头市、临清市、滑县、穆棱市、曲松县、丹棱县、中宁县、泸定县、加查县、辉县市、建始县、巍山彝族回族自治县、鄂伦春自治旗、芦山县、安仁县、精河县、钟山县、南岔县、关岭布依族苗族自治县、盂县、梓潼县、泗县、米林县、来凤县、肃南裕固族自治县、安多县、孝昌县、东宁市、怀安县、镇宁布依族苗族自治县、丹巴县、沿河土家族自治县、太康县、祁连县、琼结县、万源市、通化县、石台县、小金县、息县、汾阳市、宁阳县、马关县、武川县、郸城县、金乡县、乌拉特前旗、德昌县、望江县、洋县、晴隆县、剑河县、慈利县、仁化县、朗县、蒙山县、桓仁满族自治县、刚察县、夏邑县、革吉县、丹寨县、郏县、贡山独龙族怒族自治县、苍溪县、安远县、呼玛县、安化县、双峰县、南江县、咸丰县、虞城县、卓资县、山阳县、方城县、南雄市、尖扎县、和静县、雷州市、肇州县、贡嘎县、涿鹿县、长阳土家族自治县、融安县、普安县、揭西县、淮滨县、阜南县、集安市、蒙阴县、侯马市、巴林左旗、陆河县、乡城县、抚远市、芷江侗族自治县、寿县、融水苗族自治县、丰顺县、绥江县、竹山县、南涧彝族自治县、雷山县、维西傈僳族自治县、呼图壁县、岳西县、同仁市、冕宁县、靖州苗族侗族自治县、巴东县、成安县、永宁县、宾县、柞水县、富锦市、五原县、阳谷县、南澳县、盖州市、德保县、九龙县、石阡县、平利县、榕江县、洛南县、申扎县、碌曲县、屏边苗族自治县、黄平县、扎囊县、比如县、鹤峰县、江城哈尼族彝族自治县、太白县、沈丘县、东平县、上蔡县、扎鲁特旗、沽源县、宁晋县、兴业县、左权县、昆玉市、杭锦后旗、千阳县、通江县、巴塘县、庆城县、汉阴县、安平县、广宁县、吴堡县、枞阳县、大宁县、施秉县、稻城县、昔阳县、新巴尔虎左旗、德惠市、玉龙纳西族自治县、房县、环县、景谷傣族彝族自治县、武冈市、黄龙县、郁南县、东源县、始兴县、磴口县、蔚县、会东县、翁源县、舞阳县、武宣县、罗田县、溆浦县、辰溪县、屯昌县、台江县、随县、定安县、保康县、新丰县、乾安县、翁牛特旗、庆云县、得荣县、	河北省46个、山西省43个、内蒙古自治区56个、辽宁省17个、吉林省18个、黑龙江省21个、江苏省10个、浙江省19个、安徽省52个、福建省35个、江西省68个、山东省48个、河南省71个、湖北省51个、湖南省66个、广东省47个、广西壮族自治区36个、海南省11个、重庆市11个、四川省93个、贵州省66个、云南省68个、西藏自治区21个、陕西省39个、甘肃省23个、青海省20个、宁夏回族自治区6个、新疆维吾尔自治区26个

续表

发展类型	县　域	所属省份
稳步发展型	弥渡县、绥阳县、剑阁县、兴隆县、辽阳县、平武县、赤城县、代县、青铜峡市、固阳县、安图县、喀喇沁旗、红原县、四子王旗、延长县、镇安县、麻江县、宁城县、阿坝县、花垣县、新邵县、成县、北川羌族自治县、汝南县、林甸县、兴安县、临高县、娄烦县、高青县、辉南县、龙川县、略阳县、丰林县、五峰土家族自治县、玉树市、宾川县、平塘县、麻阳苗族自治县、怀集县、枣强县、从江县、同江市、赫章县、肇东市、甘孜县、嘉黎县、城固县、萝北县、松潘县、兴城市、凤凰县、确山县、民丰县、丰宁满族自治县、围场满族蒙古族自治县、博爱县、巫溪县、门源回族自治县、偏关县、扶风县、鄄城县、宜君县、平原县、商水县、徐闻县、郧西县、和平县、剑川县、繁峙县、合水县、大埔县、英山县、阿鲁科尔沁旗、杞县、循化撒拉族自治县、卢氏县、富宁县、丹凤县、商南县、曲沃县、盈江县、广南县、惠民县、连南瑶族自治县、云县、阳朔县、凌海市、巴马瑶族自治县、榆中县、全州县、雅江县、察哈尔右翼前旗、鲁甸县、两当县、绥德县、德庆县、舟曲县、柘城县、江孜县、武城县、温县、交城县、民和回族土族自治县、泸溪县、宁强县、双湖县、城步苗族自治县、濮阳县、阳山县、峨边彝族自治县	河北省46个、山西省43个、内蒙古自治区56个、辽宁省17个、吉林省18个、黑龙江省21个、江苏省10个、浙江省19个、安徽省52个、福建省35个、江西省68个、山东省48个、河南省71个、湖北省51个、湖南省66个、广东省47个、广西壮族自治区36个、海南省11个、重庆市11个、四川省93个、贵州省66个、云南省68个、西藏自治区21个、陕西省39个、甘肃省23个、青海省20个、宁夏回族自治区6个、新疆维吾尔自治区26个

续表

发展类型	县域	所属省份
追赶发展型	隆化县、大安市、龙陵县、五华县、宽甸满族自治县、隆子县、尼木县、尚义县、肃宁县、汤阴县、紫阳县、昭平县、宁南县、理塘县、马边彝族自治县、宁蒗彝族自治县、岐山县、勐腊县、大新县、新晃侗族自治县、天峨县、班玛县、霍州市、虎林市、康县、商都县、盐源县、江华瑶族自治县、留坝县、汤旺县、永福县、临洮县、隆德县、佛坪县、卓尼县、修武县、承德县、永登县、临夏市、临夏县、镇沅彝族哈尼族拉祜族自治县、金平苗族瑶族傣族自治县、铁力市、西乡县、鱼台县、定兴县、龙州县、孟村回族自治县、耿马傣族佤族自治县、景县、方山县、元氏县、新绛县、南召县、工布江达县、兴海县、长武县、册亨县、民权县、桦甸市、威信县、榆树市、龙胜各族自治县、孙吴县、镇坪县、岚皋县、魏县、八宿县、双江拉祜族佤族布朗族傣族自治县、山丹县、青川县、永平县、盐山县、索县、蛟河市、紫云苗族布依族自治县、宣恩县、封开县、高唐县、甘谷县、聂荣县、孟连傣族拉祜族佤族自治县、凤庆县、木里藏族自治县、夏津县、康保县、凌源市、雷波县、神池县、洱源县、磐石市、武乡县、轮台县、丘北县、新田县、江陵县、漾濞彝族自治县、逊克县、徽县、叶县、汝城县、麻栗坡县、沧县、井陉县、秦安县、且末县、互助土族自治县、北票市、拜城县、象州县、会同县、平定县、磁县、米脂县、密山市、云龙县、新宁县、凉城县、富县、乌鲁木齐县、永济市、献县、巧家县、阳曲县、达日县、保靖县、紫金县、林口县、梁山县、洛隆县、保亭黎族苗族自治县、镇赉县、屏山县、五大连池市、浮山县、陇川县、阳原县、古丈县、宁陕县、竹溪县、闻喜县、景泰县、饶河县、景东彝族自治县、正阳县、通河县、卢龙县、壤塘县、白河县、鲁山县、岚县、通许县、兴和县、永顺县、拉孜县、永胜县、河南蒙古族自治县、鸡东县、五寨县、资源县、敖汉旗、芒康县、富川瑶族自治县、友谊县、台安县、团风县、墨江哈尼族自治县、喀什市、沐川县、农安县、井研县、治多县、龙山县、连平县、班戈县、施甸县、清涧县、天祝藏族自治县、五常市、谢通门县、武功县、同心县、贡觉县、察哈尔右翼中旗、彭阳县、桦南县、开原市、澜沧拉祜族自治县、	河北省68个、山西省48个、内蒙古自治区16个、辽宁省22个、吉林省20个、黑龙江省46个、山东省10个、河南省25个、湖北省4个、湖南省15个、广东省5个、广西壮族自治区34个、海南省4个、四川省28个、贵州省3个、云南省36个、西藏自治区27个、陕西省34个、甘肃省46个、青海省16个、宁夏回族自治区6个、新疆维吾尔自治区31个

续表

发展类型	县　域	所属省份
追赶发展型	琼中黎族苗族自治县、东阿县、清原满族自治县、洮南市、焉耆回族自治县、依兰县、桂东县、凌云县、色达县、宜川县、镇巴县、汤原县、镇康县、临漳县、和硕县、嘉荫县、尚志市、芮城县、凤冈县、阿荣旗、沧源佤族自治县、集贤县、乾县、彝良县、讷河市、沙雅县、浚县、新源县、前郭尔罗斯蒙古族自治县、通道侗族自治县、灌阳县、扶沟县、华阴市、黑山县、边坝县、大箐山县、东丰县、科尔沁右翼中旗、尼玛县、永吉县、安国市、金秀瑶族自治县、广平县、宁明县、上思县、襄汾县、久治县、鸡泽县、冠县、西华县、大化瑶族自治县、福贡县、蒲城县、高台县、西盟佤族自治县、榆社县、乐东黎族自治县、石楼县、原阳县、勃利县、晋州市、都安瑶族自治县、大名县、天镇县、隆林各族自治县、炉霍县、西吉县、金塔县、交口县、白玉县、宝清县、社旗县、邱县、南皮县、子洲县、忻城县、新宾满族自治县、双辽市、红河县、古县、察雅县、民乐县、绥宁县、林周县、宁安市、睢县、泗水县、新乐市、肇源县、应县、义县、五台县、乐业县、高阳县、道孚县、越西县、铁岭县、定襄县、范县、曲周县、通榆县、环江毛南族自治县、南宫市、突泉县、青龙满族自治县、绿春县、桑植县、正宁县、开鲁县、涞水县、富裕县、巩留县、梁河县、天等县、柳河县、武山县、巴青县、临泽县、通渭县、漳县、奈曼旗、萨迦县、永德县、平乐县、博湖县、泾源县、泰来县、灵丘县、扎赉特旗、西畴县、富平县、元阳县、昂仁县、左贡县、盐津县、文县、大关县、连山壮族瑶族自治县、岷县、上林县、深州市、故城县、商河县、仁布县、阜城县、曲麻莱县、江永县、高邑县、甘洛县、甘德县、庄浪县、桦川县、佳县、龙江县、三江侗族自治县、海原县、恭城瑶族自治县、静乐县、田林县、北镇市、白沙黎族自治县、克东县、清水县、汾西县、静宁县、礼泉县、喀喇沁左翼蒙古族自治县、泾川县、吴桥县、灵寿县、赵县、贵南县、化隆回族自治县、康平县、延寿县、金阳县、当雄县、罗城仫佬族自治县、金川县、于田县、柯坪县、同德县、吉县、宁县、巨鹿县、尉犁县、类乌齐县、白朗县、临县、隆安县、宁陵县、海兴县、东辽县、	河北省68个、山西省48个、内蒙古自治区16个、辽宁省22个、吉林省20个、黑龙江省46个、山东省10个、河南省25个、湖北省4个、湖南省15个、广东省5个、广西壮族自治区34个、海南省4个、四川省28个、贵州省3个、云南省36个、西藏自治区27个、陕西省34个、甘肃省46个、青海省16个、宁夏回族自治区6个、新疆维吾尔自治区31个

续表

发展类型	县域	所属省份
追赶发展型	翼城县、馆陶县、那坡县、马山县、潼关县、祁县、扶余市、宕昌县、张家川回族自治县、卫辉市、建平县、绥中县、绛县、喜德县、壶关县、广灵县、新和县、绥滨县、西和县、舒兰市、获嘉县、成武县、雄县、若尔盖县、德格县、行唐县、青冈县、黎城县、依安县、库伦旗、洪洞县、长岭县、镇原县、迭部县、礼县、丁青县、合作市、凤山县、东兰县、科尔沁右翼前旗、永寿县、科尔沁左翼后旗、深泽县、绥棱县、内丘县、新河县、平乡县、望都县、容城县、新龙县、莘县、石渠县、封丘县、合阳县、杂多县、无极县、蠡县、澄城县、尼勒克县、彰武县、莫力达瓦达斡尔族自治旗、江达县、称多县、抚顺县、隆尧县、靖远县、朝阳县、陵川县、稷山县、方正县、威县、布拖县、民勤县、武邑县、洛浦县、大荔县、建昌县、苍梧县、科尔沁左翼中旗、泽库县、伊通满族自治县、清丰县、墨玉县、武强县、望奎县、策勒县、平遥县、西林县、昭觉县、木兰县、梨树县、永和县、临西县、临猗县、饶阳县、渭源县、易县、特克斯县、南乐县、阿瓦提县、沁县、临城县、甘南县、浑源县、平顺县、淳化县、旬邑县、灵台县、南木林县、巴彦县、曲阳县、美姑县、台前县、阜平县、延津县、昌图县、平陆县、囊谦县、蓝田县、顺平县、普格县、克山县、白水县、安新县、伊宁县、海伦市、会宁县、赞皇县、安阳县、博野县、广宗县、柏乡县、康乐县、西丰县、永靖县、唐县、明水县、万荣县、兰西县、和政县、阳高县、周至县、东乡族自治县、积石山保安族东乡族撒拉族自治县、拜泉县、庆安县、广河县、文水县、古浪县、泾阳县、内黄县、隰县、夏县、阜新蒙古族自治县、莎车县、泽普县、岳普湖县、伽师县、巴楚县、麦盖提县、疏勒县、疏附县、英吉沙县	河北省68个、山西省48个、内蒙古自治区16个、辽宁省22个、吉林省20个、黑龙江省46个、山东省10个、河南省25个、湖北省4个、湖南省15个、广东省5个、广西壮族自治区34个、海南省4个、四川省28个、贵州省3个、云南省36个、西藏自治区27个、陕西省34个、甘肃省46个、青海省16个、宁夏回族自治区6个、新疆维吾尔自治区31个

从四大经济区域看，引领发展型县（市）有 110 个位于东部地区，占比为 60.8%，占东部地区县域的比重为 26.6%，位于中部、西部和东北地区的县（市）分别有 33 个、35 个、3 个，占比分别为 18.2%、19.3%、1.7%；稳步发展型县（市）位于东部、中部、西部、东北地区的分别有 216 个、351 个、465 个、56 个，占比分别为 19.9%、32.3%、42.7%、5.1%；追赶发展型县（市）位于西部地区的最多，为 277 个，占比为 50.9%，位于东部、中部、东北地区的分别有 87 个、92 个、88 个，占比分别为 16.0%、16.9%、16.2%（见表 2–3）。

表 2–3　四大经济区域县（市）类型数量比较

地区	引领发展型县域		稳步发展型县域		追赶发展型县域	
	数量 / 个	占比 / %	数量 / 个	占比 / %	数量 / 个	占比 / %
东部地区	110	60.8	216	19.9	87	16.0
中部地区	33	18.2	351	32.3	92	16.9
西部地区	35	19.3	465	42.7	277	50.9
东北地区	3	1.7	56	5.1	88	16.2
合计	181	100	1 088	100	544	100

从不同省份看，江苏、浙江、福建和山东县域以引领发展型居多，其中，江苏 40 个县（市）中有 75.0%（30 个）、浙江 53 个县（市）中有 64.2%（34 个）、福建 52 个县（市）中有 32.7%（17 个）、山东 78 个县（市）中有 25.6%（20 个）为引领发展型；内蒙古、安徽、江西、河南、湖北、湖南、广东、广西、海南、重庆、四川、贵州、云南、陕西和青海 15 个省份县域以稳步发展型居多，其中，江西 73 个县（市）中有 93.2%（68 个）、重庆 12 个县（市）中有 91.7%（11 个）、贵州 72 个县（市）中有 91.7%（66 个）为稳步发展型；河北、山西、辽宁、吉林、黑龙江、西藏、甘肃、宁夏和新疆 9

个省份县域以追赶发展型居多，其中，黑龙江 67 个县（市）中有 68.7%（46 个）、甘肃 68 个县（市）中有 67.6%（46 个）、河北 118 个县（市）中有 57.6%（68 个）为追赶发展型。

从五大维度看，经济富裕度处于领先势头的有江苏省昆山市、江阴市、张家港市，福建省晋江市，江苏省常熟市，浙江省慈溪市，江苏省宜兴市，湖南省长沙县，浙江省义乌市，江西省南昌县等。其中，昆山市 2022 年 GDP 突破 5000 亿元，人均 GDP 达到 23.71 万元；江阴市 2022 年 GDP 达到 4 754.18 亿元，人均 GDP 达到 26.66 万元；张家港市 2022 年 GDP 达到 3302.39 亿元，人均 GDP 达到 22.87 万元。科技支撑度处于领先势头的有江苏省昆山市、江阴市、张家港市，湖南省长沙县，江苏省常熟市，浙江省慈溪市，江苏省宜兴市、太仓市，浙江省余姚市，福建省晋江市等。其中，昆山市 2020 年全社会研发投入达到 158.24 亿元、占 GDP 的比重为 3.7%；江阴市 2020 年全社会研发投入达到 124.27 亿元、占 GDP 的比重为 3.0%；张家港市 2020 年全社会研发投入达到 91.35 亿元、占 GDP 的比重为 3.4%。环境优美度处于领先势头的有江西省德兴市，广东省蕉岭县，浙江省温岭市，江西省都昌县、兴国县、弋阳县，安徽省凤台县，江西省于都县，广东省南雄市，安徽省歙县等。其中，德兴市 2021 年空气质量优良天数比例和地表水达到或优于Ⅲ类水体比例均保持在 100%，单位 GDP 能源消耗降幅为 6.8%；蕉岭县 2021 年空气质量优良天数比例为 99.4%，地表水达到或优于Ⅲ类水体比例保持在 100%，单位 GDP 能源消耗降幅为 7.8%。县城宜居度处于领先势头的有黑龙江省嘉荫县，广东省遂溪县，江西省婺源县，福建省诏安县，山西省壶关县，江西省寻乌县、靖安县、黎川县，重庆市云阳县，云南省绥江县等。其中，嘉荫县 2021 年建成区绿化覆盖率达到 58.3%，建成区路网密度达到 10.75 公里 / 平方公里，公共供水普及率达到 100%；遂溪县 2021 年建成区绿化覆盖率达到 57.0%，建成区路网密度达到 10.59 公里 / 平方公里，公共供水普及率也达到 100%。城乡融合度处于领先势头的有浙江省义乌市，福建省石狮市，江苏省昆山市，浙江省玉环市，江苏省江阴市、张家港市、常熟市、太仓市，浙江省余姚市、慈溪市等。其中，义乌市 2021 年城乡居民人均可支配收入为 77 468 元，城乡居民收入比达到 1.88，常住人口城镇化率为 80.1%；石狮市 2021 年城乡居民人均可支配收入为 64 508 元，城乡居民收入比达到 2.18，常住人口城镇化率为 86.1%；昆山市 2021 年城乡居民人均可支配收入为 67 871 元，城乡居民收入比达到 1.83，常住人口城镇化率为 79.2%。

第三章
县域高质量发展全景透视

本章重点从人口变动、经济增长、产业发展、县域城镇化、绿色发展、县城建设、财政收支、民生福祉八个方面，全景式透视全国 1866 个县和县级市的发展情况。

一、人口变动

人口是一切经济社会活动的基础，人口问题始终是我国面临的全局性、长期性、战略性问题，也是推动改革、谋划发展、改善民生的重要出发点。本部分从县域人口规模、人口分布、人口流动、人口结构等多个维度，以及从全国、四大经济区域、省（区、市）、城乡等不同空间尺度，力求全景式呈现 1866 个县域人口的变动情况。

（一）人口规模

存量规模方面，2021 年，我国 1866 个县域常住人口总体规模为 7.40

亿人，占全国总人口的比重为52.4%，县域平均常住人口规模为39.68万人。其中，1 472个县的常住人口为5.01亿人，占67.7%，平均常住人口为34.04万人；394个县级市的常住人口为2.39亿人，占32.3%，平均常住人口为60.66万人。人口增长方面，我国县域人口总量和单个县域人口数量均处于持续减少的态势。2010—2021年，县域常住人口从2010年的7.88亿人减少至2021年的7.40亿人，减少了约4 755万人，占全国总人口的比重从2010年的58.8%降低至2021年的52.4%，县域平均人口规模从2010年的42.1万人，减少至2021年的39.68万人，平均单个县域人口规模减少了2.42万人。规模分布方面，县域常住人口规模分布“两极分化”明显。2021年县域常住人口规模在20万～50万人区间的最多，有819个，为县域单元总数的43.9%，常住人口规模占县域总人口的36.9%。其次为50万～100万人区间的，有409个，为县域单元总数的21.9%，常住人口规模占县域总人口的39.13%。需要强调的是，县域人口规模在100万人以上的县有94个，仅为县域单元总数的5.0%，但承载了全国县域16.0%的常住人口，而人口规模在20万人以下的县有543个，为县域总数的29.1%，却仅承载了全国县域8.0%的常住人口，我国县域常住人口规模分布“两极分化”明显（见表3-1）。

表3-1　2021年我国县域常住人口规模分布情况

人口规模	县域数量 / 个	县域数量占比 / %	县域常住人口占比 / %
5万人以下	106	5.7	0.5
5万～10万人	139	7.5	1.4
10万～20万人	298	16.0	6.1
20万～50万人	819	43.9	36.9
50万～100万人	409	21.9	39.1
100万人以上	94	5.0	16.0

续表

人口规模	县域数量 / 个	县域数量占比 / %	县域常住人口占比 / %
合计	1 865	100	100

数据来源：根据各县（市）2021 年国民经济和社会发展统计公报、各县（市）统计年鉴、政府工作报告等公开数据整理。县域中不包括金门县。

（二）人口分布

从县域数量看，全国 1 866 个县域中，西部地区最多，有 829 个，占县域总数的比重为 44.4%，其次分别是中部、东部和东北地区，分别有 476 个（占 25.5%）、414 个（占 22.2%）和 147 个（占 7.9%）。

从县域人口看，我国县域常住人口分布始终呈现东密西疏的特征。有 91 个县（市）常住人口超过 100 万人，近九成位于东部沿海的发达地区。这些百万级人口大县占县域总数的比重仅为 4.9%，但承载了 15.6% 县域总人口，主要分布在东部的江苏、浙江、广东、山东，以及中部的河南、安徽等省。县域常住人口最多的是昆山市、晋江市和普宁市，均超过 200 万人。与此相对应的，有 106 个县域人口不足 5 万人的“袖珍县”，几乎都位于地广人稀的西部地区。其中，西藏有 47 个，占 44.3%，其次是青海 13 个、四川 11 个、内蒙古 10 个、新疆 9 个、甘肃 6 个。人口最少的五个县分别是札达县、阿克塞哈萨克族自治县、阿拉山口市、双湖县、日土县，这些人口小县普遍经济低迷，地方财政收入甚微，但财政支出庞大，财政收支缺口较大。

（三）人口流动

为更好地呈现县域人口流动情况，本部分以十年为周期跨度，根据 2000 年第五次全国人口普查、2010 年第六次全国人口普查、2020 年第七次全国人口普查中的人口数据，通过县域人口数据年度比较，分析县域人口流入和流出情况。

从人口流出看，2/3 县域人口规模在持续减少，东北地区县域人口全面减少。2000—2010 年、2010—2020 年人口减少的县域数量分别为 825 个、1 247 个，占比分别为 44.4%、67.1%。分区域看，东北地区县域人口全面减少，2000—2010 年、2010—2020 年人口减少的县域数量分别为 117 个、159 个，占比从 60.0% 增至 99.0%，2010—2020 年东北地区县域常住人口减少了近 700 万人，占东北地区常住人口减少的 63.2%；中部地区分别为 230 个、369 个，占比从 48.0% 增至 77.0%；西部地区分别为 353 个、489 个，占比从 43.2% 增至 60.0%；东部地区分别为 154 个、244 个，占比从 37.0% 增至 59.0%。分省看，东北三省人口减少县域比例较多，2010—2020 年辽宁、黑龙江、吉林人口流出县域数量占比分别为 100%、98.5%、97.4%，其次是山西（占 93.4%）、陕西（占 92.2%）、河北（占 80.5%）。分县看，2010—2020 年安徽省巢湖市、新疆维吾尔自治区奎屯市、内蒙古自治区阿尔山市 3 个县级市人口减少了 50% 以上，广西壮族自治区苍梧县、辽宁省抚顺县、黑龙江省拜泉县、黑龙江省塔河县、陕西省佳县、安徽省枞阳县、内蒙古自治区察哈尔右翼中旗、黑龙江省克东县 8 个县人口减少了 40% 以上。

从人口流入看，都市圈核心区和东部沿海县市对人口流入有明显吸引力。2010—2020 年位于已纳入规划的都市圈核心区范围内的县域人口增长近 420 万人，人口向超大特大城市及省会城市周边集聚态势明显，如靠近北京的廊坊下辖的固安县、香河县、大厂县、三河市 2000—2010 年常住人口年均增长率分别为 0.5%、1.1%、0.5%、3.6%，2010—2020 年分别提升至 3.2%、2.7%、3.8%、4.0%。分地区看，人口持续向东部地区县域集聚，2010—2020 年，东部地区县域常住人口增加了 117 万人，中部、西部、东北地区县域常住人口则分别减少了 1 835 万人、680 万人、1 310 万人。城镇化地区县域也是人口集聚的重要载体。2010—2020 年，城镇化地区县域常住人口增加了 116 万人，而农产品主产区、重点生态功能区县域常住人口则分别减少了 1 252 万人、2 862 万人。除此之外，边境县常住人口也有明显增加。2010—2020 年西南边境县、西北边境县常住人口均增加 21 万人左右，如西藏噶尔县、新疆和田市、云南瑞丽市、广西东兴市常住人口增长均超过 40%（见图 3–1），人口自然增长、跨境贸易发展、援疆援藏等是边境县人口增长的主要原因。

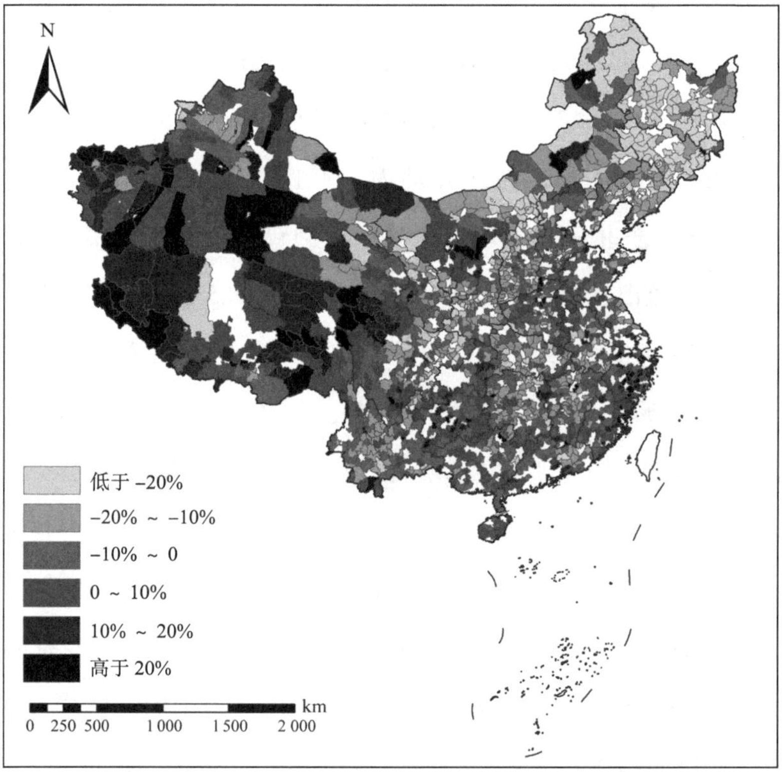

图 3–1　2010—2020 年全国县域常住人口增长率空间分布

数据来源：根据第六次、第七次全国人口普查数据整理。

（四）人口结构

一是县域人口老龄化持续加重，且程度和速度较全国更为严重，更早步入中度老龄化阶段[①]。根据第六次和第七次全国人口普查数据，2020年全国县域65岁及以上老龄人口占比达14.8%，高于全国13.5%的平均水平，更早步入中度老龄化阶段。2010—2020年10年间县域人口老龄化程度年均提高0.55个百分点，明显快于全国0.46个百分点的平均水平。辽宁、重庆、江苏等省份县域人口老龄化程度尤为严重，2020年分别达到18.9%、18.6%、18.3%；青海、新疆、西藏等省份县域人口老龄化程度相对较轻，分别为7.5%、7.4%、5.9%。

二是新出生人口持续下降，8省县域人口进入严重少子化阶段[②]。从有完整数据统计的1862个县域看，2010—2020年，新出生人口从879.8万人下降到662.1万人，降幅达24.7%，年均下降2.8%，黑龙江、吉林、新疆、辽宁等省份县域新出生人口降幅更是超过5%。2020年全国县域0～14岁人口占比为20.0%，进入少子化阶段，其中，辽宁、黑龙江、吉林、内蒙古、浙江、江苏、湖北8省县域0～14岁人口占比更是低于18%，进入严重少子化阶段。

三是劳动年龄人口比例显著降低，且明显低于全国平均水平。2010—2020年，全国县域15～64岁人口占比从72.0%下降至65.3%，2020年15～64岁人口占比低于全国平均水平3.2个百分点（全国平均水平为68.5%）。河北、陕西、山东等省份劳动年龄人口下降尤为明显，十年间分别下降了9.8、9.3、9.2个百分点，2020年劳动年龄人口占比分别为64.1%、66.4%、64.0%。

---

① 根据联合国对老龄化社会定义，65岁及以上的老年人口占总人口的比重为7%以上时，即视为该地区进入老龄化社会。其中，65岁及以上人口占比达到7%，属于轻度老龄化；65岁及以上人口占比达到14%，属于处于中度老龄化；65岁及以上人口占比达到20%，属于处于重度老龄化。

② 根据人口统计学标准，0～14岁人口占比低于15%为超少子化、15%～18%为严重少子化、18%～20%为少子化、20%～23%为正常、23%～30%为多子化。

四是县域人口受教育程度显著提升，但明显低于全国平均水平。2010—2020年县域人口平均受教育年限从8.08年提高到8.54年，初中及以下学历人口占比从83.6%下降至77.1%，大学专科及以上学历人口占比从4.6%提高至9.3%。但与全国相比仍有较大差距，2020年县域人口平均受教育年限比全国少1.37年，大学专科及以上学历人口占比比全国低1.98个百分点。新疆、山西、吉林、内蒙古、黑龙江、江苏等省份县域人口受教育年限较高，均超过9年，西藏、青海、四川、贵州、云南等省份县域人口受教育年限较低，均低于8年，2010年和2020年县域人口结构详细情况见表3–2。

表3–2　2010年和2020年县域人口结构

地区	新出生人口／人		0～14岁人口占比／%		15～64岁人口占比／%		65岁以上人口占比／%		平均受教育年限／年	
	2010年	2020年	2010年	2020年	2010年	2020年	2010年	2020年	2010年	2020年
河北	645 832	394 878	17.87	21.39	73.91	64.10	8.21	14.51	8.60	8.74
山西	237 448	168 876	18.09	16.64	74.17	69.17	7.74	14.19	8.94	9.38
内蒙古	135 357	94 338	14.32	13.91	78.03	71.78	7.65	14.31	8.76	9.12
辽宁	141 833	81 736	13.41	11.18	76.64	69.92	9.94	18.90	8.53	8.85
吉林	112 682	54 323	12.68	11.97	79.21	71.40	8.11	16.64	8.97	9.16
黑龙江	152 298	57 322	13.32	10.82	78.92	73.13	7.76	16.05	8.68	9.05
江苏	360 891	229 577	14.56	15.87	73.85	65.82	11.59	18.31	8.62	9.04
浙江	255 622	240 198	14.36	13.97	75.45	71.63	10.19	14.40	8.10	8.80
安徽	559 927	356 400	19.11	20.32	70.12	63.25	10.78	16.43	7.73	8.49
福建	269 221	227 674	16.34	20.10	75.27	67.17	8.39	12.15	8.45	8.52
江西	412 580	285 105	22.87	23.23	69.57	64.47	7.56	12.30	8.46	8.78

续表

地区	新出生人口 / 人		0 ~ 14 岁人口占比 / %		15 ~ 64 岁人口占比 / %		65 岁以上人口占比 / %		平均受教育年限 / 年	
	2010 年	2020 年	2010 年	2020 年	2010 年	2020 年	2010 年	2020 年	2010 年	2020 年
山东	601 209	461 472	16.50	19.46	73.19	64.04	10.31	16.49	8.38	8.69
河南	798 162	655 148	22.28	24.57	69.18	60.99	8.54	14.44	8.52	8.76
湖北	386 685	280 734	15.00	17.62	75.44	66.32	9.55	16.05	8.37	8.76
湖南	616 762	414 456	18.71	20.60	71.24	63.48	10.05	15.92	8.65	8.81
广东	464 495	429 180	23.64	24.63	67.18	62.43	9.19	12.94	8.58	8.59
广西	450 635	340 053	21.97	25.62	68.04	62.07	9.98	12.31	8.13	8.30
海南	75 256	52 909	20.68	20.64	70.25	67.07	9.07	12.28	8.72	8.99
重庆	76 751	55 289	22.90	19.26	65.18	62.15	11.92	18.59	7.62	8.37
四川	481 038	358 171	19.05	17.68	69.60	63.73	11.35	18.60	7.14	7.75
贵州	350 213	379 176	26.76	25.17	64.26	62.62	8.98	12.21	7.17	7.85
云南	425 446	400 234	21.79	20.58	70.63	68.46	7.58	10.95	7.29	7.99
西藏	34 956	40 334	26.80	28.06	67.80	66.04	5.41	5.90	4.58	5.85
陕西	193 370	170 038	15.54	18.37	75.63	66.35	8.83	15.28	8.50	8.65
甘肃	196 106	167 416	19.74	21.14	72.00	65.77	8.26	13.09	7.45	8.06
青海	48 314	44 894	23.44	24.05	71.19	68.41	5.38	7.54	6.28	7.26
宁夏	43 452	40 103	23.96	22.05	69.83	67.93	6.22	10.01	7.84	8.43
新疆	271 186	140 737	21.79	24.36	72.01	68.26	6.20	7.38	8.92	10.00
全国	8 797 727	6 620 771	18.80	20.03	71.98	65.30	9.22	14.67	8.08	8.54

数据来源：根据第六次和第七次全国人口普查数据整理。

二、经济增长

县域经济作为国民经济的基本单元，在国民经济体系中占据重要地位，发展壮大县域经济是推动我国经济高质量发展的题中应有之义。本部分从县域经济总量、县域经济增速、县域经济空间格局三个方面，透视县域经济增长和发展态势。

（一）经济总量

2022 年，全国 1866 个县域 GDP 为 46.21 万亿元，占全国 GDP 的比重为 38.2%，县均 GDP 为 247.64 亿元，县域人均 GDP 为 6.24 万元，是全国人均 GDP 的 72.8%（2022 年全国人均 GDP 为 8.57 万元）。然而，县域间经济发展差距巨大，两极分化严重。2022 年，GDP 超过 1000 亿元的县有 53 个（见表 3-3）。其中，江苏省昆山市、江阴市、张家港市分别以 5006 亿元、4754 亿元、3302 亿元的 GDP 继续领跑。江苏省昆山市的 GDP 首次突破 5000 亿元大关，已超过欧洲发达国家立陶宛的 GDP，接近西藏和青海两省区 GDP 总和，是县域经济发展的“领头雁”。江苏省江阴市、张家港市和福建省晋江市的 GDP 均超过 3000 亿元，江苏省常熟市、浙江省慈溪市、江苏省宜兴市、陕西神木市、湖南省长沙县 5 个县（市）的 GDP 处于 3000 亿 ~ 2000 亿元之间。浙江省义乌市、湖南省浏阳市、贵州省仁怀市等 44 个县（市）在 2000 亿 ~ 1000 亿元之间。GDP 在 1000 亿 ~ 500 亿元之间的县（市）有 143 个，GDP 在 300 亿 ~ 100 亿元之间的县（市）数量最多，有 817 个（见表 3-3）。需要强调的是，GDP 超过 1000 亿元的县有 53 个，为县域总数的 2.8%，但其 GDP 为全国县域 GDP 的 18.5%。GDP 低于 300 亿元的县有 1399 个，约为县域总数的 75.0%，但其 GDP 仅为全国县域 GDP 的 38.4%。此外，还有 23 个 GDP 低于 10 亿元的经济“微型”县域。

表 3-3　2022 年县域 GDP 分布情况

GDP 规模	县域数量 / 个	县域数量占比 / %	县域 GDP 占比 / %
2 000 亿元以上	9	0.5	6.1
2 000 亿 ~ 1 000 亿元	44	2.4	12.4
1 000 亿 ~ 500 亿元	143	7.6	20.9
500 亿 ~ 300 亿元	271	14.5	22.3
300 亿 ~ 100 亿元	817	43.8	31.4
100 亿 ~ 50 亿元	337	18.1	5.6
50 亿元以下	245	13.1	1.4
合计	1 866	100	100

数据来源：根据各县（市）2022 年国民经济和社会发展统计公报、各县（市）统计年鉴、政府工作报告等公开数据整理。

（二）经济增速

从县域 GDP 来看，2011—2022 年，全国县域 GDP 从 24.1 万亿元增长至 46.21 万亿元，年均增长 6.1%，占全国 GDP 比重从 51.0% 下降至 38.2%（见图 3-2）。从县域平均 GDP 来看，2011—2022 年，县域平均 GDP 从 120.7 亿元增长至 247.64 亿元，年均增长 6.8%。从“千亿县”增长来看，2022 年，沛县、闽侯县、邹城市、寿光市、东台市、高邮市、仪征市、仙桃市、伊金霍洛旗、瓦房店市 10 县（市）GDP 均突破千亿元大关。至此，我国“千亿县”数量由 2021 年的 43 个增加至 53 个。

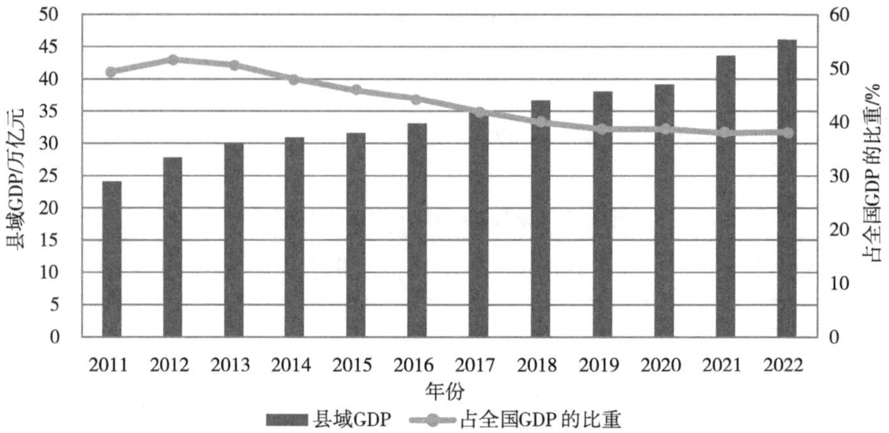

图 3–2　2011—2022 年全国县域 GDP 增长情况

（三）区域发展

从南北[①]差距来看，2017—2022 年，南方和北方县域平均 GDP 分别从 206.81 亿元和 157.86 亿元提高至 296.36 亿元和 197.03 亿元，南北方县域平均 GDP 比例从 1.31∶1 扩大到 1.50∶1。截至 2022 年，南方和北方分别有 960 个和 906 个县（市），县域 GDP 分别为 28.42 万亿元和 17.87 万亿元，占全国县域 GDP 的比重分别为 61.4% 和 38.6%。在 181 个引领发展型县（市）中，位于南方的有 131 个，占 72.4%，位于北方的有 50 个，占 27.6%。在 544 个追赶发展型县（市）中，位于南方的有 156 个，占 28.7%，位于北方的有 388 个，占 71.3%。“千亿县”分布南北差距同样较大，53 个“千亿县”中有 43 个分布在南方，仅有 10 个分布在北方。从四大经济区域差距来看，2017—2022 年，东部、中部、西部地区县域平均 GDP 分别从 348.24 亿元、200.61

① 以秦岭、淮河为线，将中国 31 个省份划分为南方 16 个省份和北方 15 个省份。其中，南方 16 个省份包括：江苏、安徽、湖北、重庆、四川、西藏、云南、贵州、湖南、江西、广西、广东、福建 浙江、上海、海南；北方 15 个省份包括：山东、河南、山西、陕西、甘肃、青海、新疆、河北、天津、北京、内蒙古、辽宁、吉林、黑龙江、宁夏。

亿元、97.95 亿元提高到 449.45 亿元、283.68 亿元、147.41 亿元，东北地区县域平均 GDP 从 141.43 亿元下降到 133.54 亿元。其中，西部地区增速最快，年均增速为 8.5%，其次是中部和西部地区，年均增速分别为 7.2% 和 5.2%，东北地区不增反降，年均下降 1.2%。从不同省份差距来看，省强县强特征明显。53 个“千亿县”主要分布在江苏、浙江、福建和山东四个经济强省，分别有 22 个、9 个、6 个和 5 个。181 个引领发展型县（市）也主要分布在浙江、江苏、福建、山东等经济强省。与之相对应的，544 个追赶发展型县主要分布在河北、山西、黑龙江、甘肃等经济相对落后的省份。

三、产业发展

产业是县域经济发展、人口集聚、就业供给的根本支撑，也是推动县域高质量发展的主攻方向。本部分利用县域统计年鉴、科技部县域科技创新统计数据，从产业结构、产业要素、科技创新等方面，透视县域产业发展现状和特征。

（一）产业结构

从全国看，2016—2021 年县域三次产业结构由 14.8 : 46.4 : 38.8 转变为 14.4 : 41.7 : 43.9，第二产业比重下降了 4.7 个百分点，自 2018 年后第二产业占比开始低于第三产业占比，对县域经济的主导地位逐渐减弱，第三产业比重提高了 5.1 个百分点（见图 3-3），已经成为县域经济主导产业。分区域看，2016—2021 年，东部、中部和西部地区县域产业结构均从“二三一”转变为“三二一”格局，东部地区县域产业结构相对稳定，从 11 : 47.6 : 41.4 转变为 10.3 : 44.5 : 45.2。中部地区县域第二产业占比下降相对较多，下降了 6.2

个百分点，第三产业提高了 8 个百分点。西部地区县域第二产业占比下降了 5.7 个百分点，第三产业占比提高了 5.6 个百分点。东北地区县域产业结构从“三二一”转变为“三一二”格局，第一产业和第二产业占比变化幅度较大，第一产业占比提高了 8.6 个百分点，第二产业占比下降了 13.1 个百分点，第三产业占比相对稳定，提高了 4.5 个百分点（见图 3-4）。

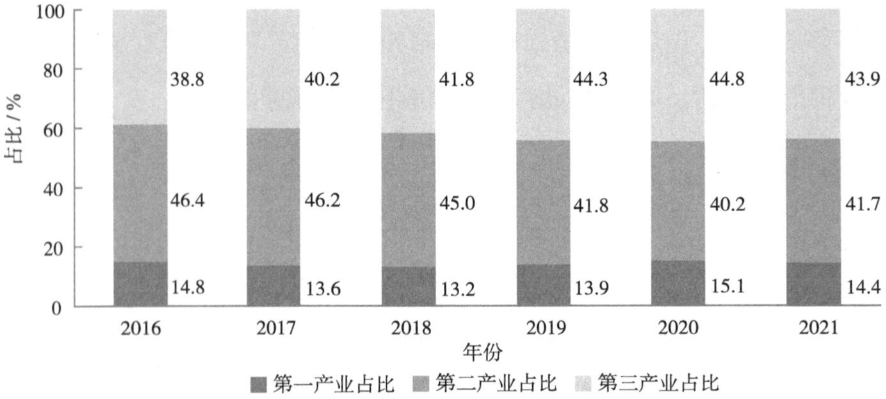

图 3-3　2016—2021 年县域三次产业结构变化

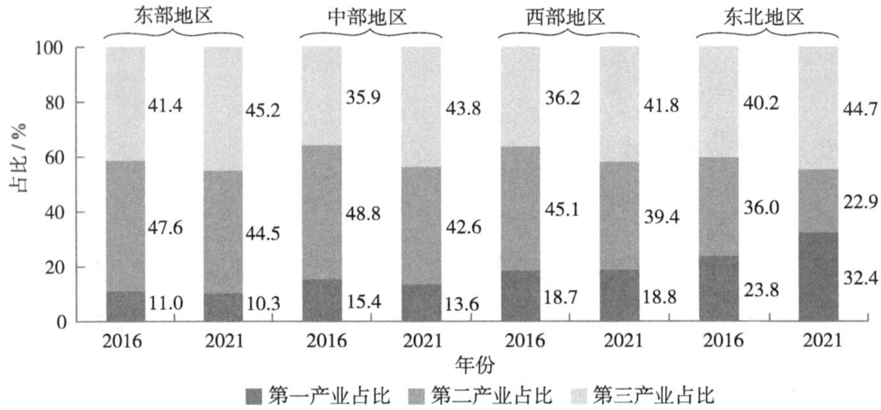

图 3-4　2016 年和 2021 年分区域三次产业结构变化

数据来源：2017 年和 2022 年中国县域统计年鉴。

（二）农业发展

从第一产业增加值看，县域第一产业增加值占全国的比重从 2017 年的 70.38% 提高至 2021 年的 75.53%，累计增长 5.15 个百分点，县域保障全国粮食安全的压舱石地位愈发突出。分区域看，中西部地区县域第一产业增长明显快于东部和东北地区，中西部占全国的比重达到 46.28%。2021 年东部、中部、西部、东北地区县域第一产业增加值占全国的比重分别为 21.93%、21.22%、25.06% 和 7.32%，较 2017 年分别增长 0.2、1.4、3.22 和 0.34 个百分点，西部地区增幅最大。分省份看，各省县域第一产业增加值占全国的比重前十名的省份分别为河南（占 5.83%）、山东（占 5.09%）、四川（占 5.0%）、湖南（占 4.47%）、湖北（占 4.25%）、云南（占 4.14%）、河北（占 3.97%）、江苏（占 3.64%）、广东（占 3.55%）、黑龙江（占 3.41%），十省县域贡献了全国第一产业增加值的 43.35%，其中东部地区四个省份、中部地区三个省份，西部地区两个省份，东北地区仅黑龙江省占一席。

（三）工业发展

从全国看，县域第二产业增加值占全国的比重从 2017 年的 47.05% 下降至 2021 年的 40.30%，五年降幅达 6.75 个百分点。分区域看，东部地区县域工业相对较强，但下降幅度最大，东北地区县域工业规模最小。2021 年，东部、中部、西部、东北地区第二产业增加值占全国的比重分别为 17.40%、12.24%、9.71% 和 0.95%，较 2017 年分别下降了 2.89、1.73、1.02 和 1.11 个百分点（见表 3–4）。分省份看，排在县域第二产业占全国的比重前十名的省份分别为江苏（占 5.03%）、浙江（占 3.43%）、河南（占 3.32%）、山东（占 3.07%）、福建（占 2.83%）、湖南（占 2.18%）、河北（占 1.98%）、四川（占 1.93%）、安徽（占 1.80%）、湖北（占 1.73%），十个县域工业强省对全国第二产业的贡献达到 27.29%。从特色产业集群分布看，近四成首批国家级中小企业特色产业集群位于县域。根据工业和信息化部 2022 年印发的《促进中小企业特色产业集群发展暂行办法》，2023 年 7 月，工信部评选出首批 100 家国家级中小企业特色产业集群，其中，有 39 个位于县域，主要集中在金属制品业、电气机械和器材制造业等制造行业（见表 3–5）。然而，县域规模以上工业企业数量占全国的比重呈下降趋势，从 2016 年的 52.4% 下降至 2021 年的 46.1%（见图 3–5），其中，东部地区占据了全国县域五成以上的规模以上工业企业。

表 3–4　2017 年和 2021 年县域第一产业、第二产业增加值占全国的比重变化

地区	县域第一产业增加值占全国第一产业增加值的比重 / %		县域第二产业增加值占全国第二产业增加值的比重 / %	
	2017 年	2021 年	2017 年	2021 年
东部地区	21.73	21.93	20.29	17.40
中部地区	19.82	21.22	13.97	12.24
西部地区	21.84	25.06	10.73	9.71
东北地区	6.98	7.32	2.06	0.95
全国	70.38	75.53	47.05	40.30

数据来源：2018 年和 2022 年中国县域统计年鉴。

表 3–5　2022 年度全国 100 个中小企业特色产业集群中的县域集群名单

序号	集群名称
1	河北省安平县丝网产业集群
2	河北省玉田县印刷包装机械产业集群
3	河北省河间市再制造产业集群
4	河北省平乡县童车产业集群
5	河北省清河县羊绒及制品产业集群

续表

序号	集群名称
6	山西省祁县玻璃器皿产业集群
7	吉林省敦化市医药产业集群
8	江苏省常熟市电子氟材料产业集群
9	江苏省溧阳市动力电池产业集群
10	浙江省东阳市磁性材料产业集群
11	浙江省永嘉县泵阀产业集群
12	安徽省舒城县精密电子基础件产业集群
13	安徽省天长市智能仪器仪表产业集群
14	福建省晋江市运动鞋原辅材料产业集群
15	福建省武平县显示模组及材料制造产业集群
16	江西省崇仁县中低压输变电设备产业集群
17	江西省樟树市金属家具产业集群
18	山东省龙口市交通铝材产业集群
19	山东省滕州市中小数控机床产业集群
20	山东省博兴县商用智能厨房设备产业集群
21	山东省临清市中小轴承产业集群
22	河南省襄城县碳硅新材料产业集群
23	河南省长垣市门桥式起重机械产业集群
24	河南省叶县尼龙材料产业集群
25	河南省新安县轴承制造产业集群
26	湖北省谷城县再生钢铁产业集群
27	湖南省新化县电子陶瓷产业集群
28	湖南省永兴县稀贵金属产业集群
29	广东省廉江市小家电产业集群
30	广东省南雄市涂料产业集群
31	四川省射洪市锂电材料产业集群
32	四川省广汉市油气钻采装备制造产业集群

续表

序号	集群名称
33	贵州省福泉市磷化工产业集群
34	贵州省正安县吉他产业集群
35	云南省勐海县普洱茶加工产业集群
36	陕西省富平县羊乳制品产业集群
37	青岛市胶州市智慧家居制造产业集群
38	新疆生产建设兵团阿拉尔市纺织原料生产及加工产业集群
39	新疆生产建设兵团石河子市碳硅铝新材料产业集群

数据来源：工业和信息化部官网。

图 3–5　2016—2021 年全国县域规模以上工业企业数量及占全国的比重

数据来源：2017—2022 年中国县域统计年鉴。

（四）服务业发展

2021 年，全国县域产业结构为 14.40∶41.71∶43.89，相比 2016 年，第三产业占比提高了 5.12 个百分点，但县域服务业增加值占全国的比重略有下降，从 2017 年的 31.9% 下降至 2021 年的 31.36%。从消费方面看，县域消费对全国消费的贡献度呈现较大幅度降低。根据各县（市）统计公报、政府工作报告等资料整理，2021 年县域社会消费品零售总额达 15.2 万亿元，占全国社会消费品零售总额的比重达 34.5%，较国务院发展研究中心智库提供的 2019 年全国县域社会消费品零售总额 18.4 万亿元减少了 3.2 万亿元，占全国的比重降低了 10.6 个百分点（2019 年为 45.1%）。

（五）科技创新

研发投入方面，全国县域研发费用仅为全国当期投入的 1/5。2020 年我国县域全社会研发投入为 4 845.1 亿元，全国同期研发投入为 24 393.1 亿元，县域科技研发投入仅为全国的 19.86%，县域人均研发投入仅为全国的 37.58%。创新能力方面，万人有效发明专利拥有量和高新技术企业数量均远低于全国平均水平。县域每万人口有效发明专利拥有量为 3.08 件，远低于全国 15.8 件的平均水平。县域拥有高新技术企业数量总和为 4.85 万个，仅占全国高新技术企业的 17.64%。分区域看，科技创新水平由东向西逐渐降低，且两极分化明显。2020 年我国东部地区县均全社会研发投入、每万人口有效发明专利拥有量分别为 8.12 亿元、6.41 件，而东北地区县均仅分别为 0.69 亿元和 1.10 件，远低于全国县均全社会研发投入、每万人口有效发明专利拥有量分别为 3.61 亿元和 3.08 件的平均水平，四大经济区域县域全社会研发投入占比和高新技术企业占比的极差分别高达 57.50 和 58.32 个百分点（见表 3–6）。

表 3–6　2020 年四大经济区域县域科技创新水平情况

地区	县均研发投入 / 亿元	县域占比 / %	县均高新技术企业数量 / 个	县域占比 / %	每万人口有效发明专利拥有量 / 件
东部地区	8.12	58.85	72.38	61.02	6.41
中部地区	3.56	30.90	29.15	28.42	2.65
西部地区	0.91	8.90	4.67	7.89	1.45
东北地区	0.69	1.35	8.91	2.70	1.10

续表

地区	县均研发投入 / 亿元	县域占比 / %	县均高新技术企业数量 / 个	县域占比 / %	每万人口有效发明专利拥有量 / 件
全国	3.61	—	26.26	—	3.08

数据来源：根据各县（市）2020 年国民经济和社会发展统计公报、政府工作报告等公开数据整理。

四、县域城镇化

当前，人口流动呈现短距离省域内流动不断增加的特征，农民工倾向于到县和县级市聚集成为一种规律和长期趋势，县域成为我国城镇化的新焦点。

（一）发展态势

从城镇化趋势来看，农业转移人口就近就地城镇化正在成为新的趋势。改革开放初期，我国城镇化更多依靠长距离迁徙，以省际之间的流动为主。2010 年以来，随着产业转移，大规模跨省人口流动的格局发生了改变，跨省乡城（乡村到城镇）流动人口增幅减缓，而省内乡城流动人口增幅快速增加，省内流动和回流趋势明显增强。2010—2020 年，跨省乡城流出人口由 5 563 万人增长至 8 220 万人，增加 2 657 万人，占比由 41.4% 下降到 30.2%；省内乡城流出人口由 7 876 万人增加到 1.9 亿人，增长约 1.11 亿人，占比由 58.6% 上升到 69.8%。进一步细分来看，2020 年全国乡村流出到城镇的人口规模达到 2.72 亿人，其中流向本地乡镇和县城的有 8 200 万人，流向县城外且省内的有 1 亿人，跨省流动的有 8 200 万人。由此可见，跨省大范围、远距离人口流动迁徙，已经出现明显的“回流”现象，县域成为吸纳农村劳动力转移和安置家庭的主体层级。2000—2010 年，我国县域城镇化率由 22.9% 提升到 34.2%，年均提高 1.13 个百分点，2010—2020 年，县域城镇化率由 34.2% 提升到 48.7%，年均提高 1.45 个百分点，整体呈现加速态势，目前仍处于快速发展期。2000—2010 年、2010—2020 年，县域城镇人口分别增长了 0.94 亿人、0.61 亿人，分别占全国新增城镇人口的 44.8%、26.7%。

（二）承接载体

长期以来，我国县域人口总体呈现逐步减少的态势，而县城（含县级市城区）集聚人口能力却明显增强，产业要素成本和生活成本更低、文化同源、生活方式认同度高的县城成为很大比例人群选择的就业地和居住地，成为就地就近城镇化的重要载体。2015—2021 年，我国县城人口由 2.31 亿人增长到 2.50 亿人，县城平均常住人口规模由 12.1 万人增长至 13.4 万人，年均增长 1.67%。其中，71.7% 县城常住人口持续增长，增速最快的主要集中于中部地区的河南省、山西省、湖南省，以及西部地区的四川省、云南省、贵州省；仅 28.3% 县城常住人口有所减少，主要集中于内蒙古自治区、黑龙江省、吉林省、辽宁省。2021 年全国新增的 1226 万城镇人口中，1866 个县城吸纳了 43.2% 的新增城镇常住人口，县城成为承载新增城镇人口最重要的空间单元。从县城城镇化来看，县城在县域内的人口集聚度不断提高。2015—2021 年，县域范围县城人口集聚度从 27.5% 增长到 33.8%，年均提高 1.05 个百分点，2021 年超过三分之一的县域人口集聚在县城。其中，城关镇占县域人口比重从 2010 年的 15.2% 提高到 2020 年的 21.24%，西部和中部地区的城关镇的人口集聚能力相对更高，占县域人口的比重分别为 25.72% 和 20.5%。

（三）区域格局

从四大经济区域来看，东部地区县域城镇化率水平明显高于中西部和东北地区，县域城镇化水平较低的地区主要集中在经济落后的山区县，中西部 79.7% 山区县城镇化率均低于 30%[①]。从县域城镇化推进速度来看，中西部地区推进最快，东北地区最慢。2010 年和 2020 年全国县域城镇化率空间分布图见图 3–6。2010—2020 年，东部地区县域城镇化率由 42% 提升到 54%，中部地区由 33% 提升到 48%，西部地区由 29% 提升到 44%，东北地区由 37% 提升到 46%，东部、中部、西部、东北地区县域城镇化率年均分别提高 1.2、1.5、1.5、0.9 个百分点（见图 3–7）。总体来看，东部地区城镇化加速较早，中西部地区加速后劲较足，而东北地区推进速度较慢。随着沿海地区产业转型升级、中西部地区产业承接以及农民工返乡，部分人口将逐渐回流中西部，东部沿海地区及东北地区的县域城镇化未来将处于减速态势，而中西部地区县域将处于城镇化加速态势，未来吸纳新增城镇人口要更多地依靠中西部地区力量。

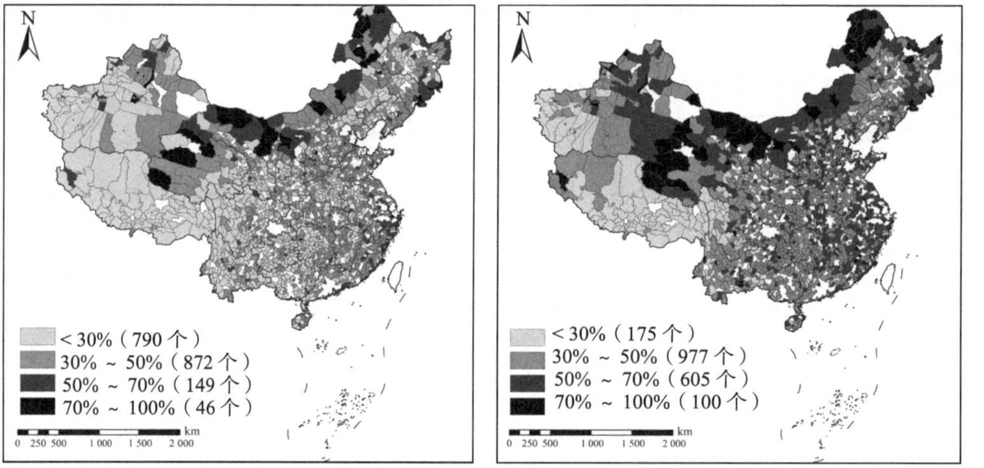

（a）2010 年　　（b）2020 年

图 3–6　2010 年和 2020 年全国县域城镇化率空间分布图

数据来源：根据第六次、第七次全国人口普查数据整理。

---

① 由于目前尚缺乏山区县统一、明确的界定标准，研究综合考虑按照山区面积占县域面积比重 60% 以上、坡度 6 度以下面积占县域面积比重 50% 以下、县城驻地及周边 3km 区域高差大于 100m 等指标，对我国山区县范围进行界定，共划定山区县（区）661 个，其中县域单元共计 581 个。

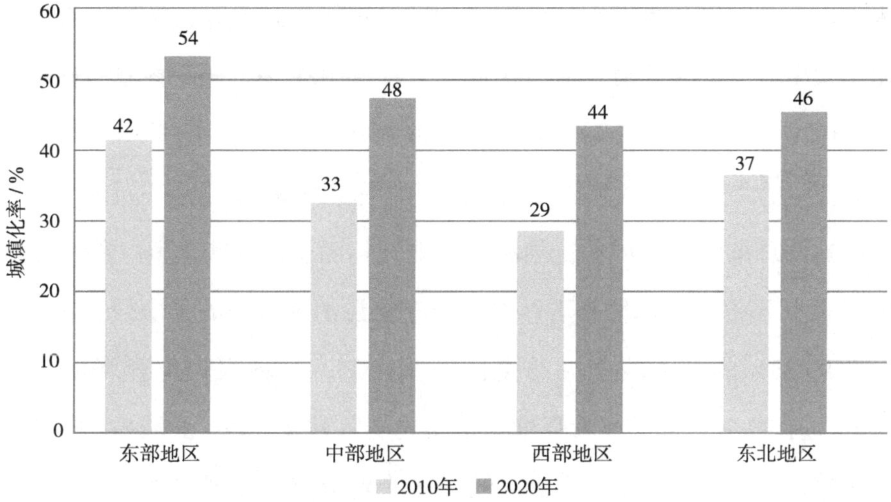

图 3–7　2010 年和 2020 年四大经济区域县域城镇化率情况

五、绿色发展

县域是我国生态文明建设的重要场域，也是决定中国特色生态文明建设成效的重要因素。本部分重点围绕绿色生产、绿色生态、绿色生活三个方面，从全国和区域层面，对我国县域绿色发展现状进行透视。

（一）绿色生产

2021 年我国县域人均能耗低于全国总体水平，但能耗强度高于全国总体水平。在已公布能源消费总量等具体指标数据的县中[①]，2021 年，能源消费现状呈现出能耗水平较低但效率不高的特征。从人均能耗来看，2021 年样本县域人均能耗为 3.22 吨标准煤 / 人，低于全国总体 3.71 吨标准煤 / 人的平

① 数据说明：根据 2021 年各县（市）统计公报，在全国 1 866 个县（市）中，有 35 个县（市）（分布于东部、中部、西部）公布了 2021 年能源消费总量数据，因此本部分讨论 2021 年能耗现状时，采用 35 个县的均值。

均水平。不难看出，由于生产力布局和居民用能方式差异，县域生产生活用能相比大中城市更为低碳。从能耗强度来看，2021 年，样本县域能耗强度为 0.54 吨标准煤 / 万元，高于全国总体 0.46 吨标准煤 / 万元的平均水平，在能耗“双控”的背景下，县域能耗强度控制水平较大中城市仍有一定差距。

从能耗总体变化态势看，县域人均能耗伴随全国同步上升，能耗强度伴随全国同步下降[①]。总体来看，在已公布能源消耗数据的县中，2020—2021 年，有 93.33% 的县人均能耗与全国同步上升，县域人均能耗增幅平均为 11.83%；有 90.67% 的县能耗强度与全国同步呈下降态势，县域平均能耗强度降幅 3.23%，比全国 6.81% 的水平低 3.58 个百分点，体现出县域能源利用效率的提升相对大中城市较为乏力。分区域看，2020—2021 年东部、中部、西部地区县域人均能耗增幅均值分别为 9.48%、13.44%、4.44%。由于中部地区人均能耗基数不高，加之近年来国家大力支持中部地区崛起，我国中部地区人均能耗增幅显著高于东部和西部水平。同年，东部、中部、西部地区样本县域能耗强度降幅均值分别为 2.61%、3.43%、3.57%，由于传统能源生产较多集中于西部资源型省份，其能耗强度基数相对较高，在碳达峰碳中和目标愿景提出后，西部地区能耗强度降幅更为显著。

此外，相当部分县域农业、工业生产方式较为落后，面源污染、工业污染问题较为突出，并呈现区域性分化特征。截至 2021 年底，我国有一半左右的人口居住在县域，其中 5 亿农村人口中的大部分居住在县域内的乡村地区，农村生产生活在一定程度上也影响着我国县域生态环境。根据 2020 年发布的《第二次全国污染源普查公报》，农业农村污染源仍是全国水污染物排放的

① 数据说明：根据 2021 年各县（市）统计公报，在全国 1 866 个县（市）中，有 75 个县（市）（分布于东部、中部、西部）公布了 2021 年单位 GDP 能源消耗增幅、降幅水平，其中 2021 年人均能耗增幅根据公报所披露的 2021 年能耗降幅推算。计算公式：人均能耗增幅 =（1+ 能耗强度增幅）×（GDP_{2021}/GDP_{2020}）×（县域常住人口 $_{2020}$/ 县域常住人口 $_{2021}$）−1。

重要来源，其中农业源水污染物排放量占全国总量的 48.6%。2019—2022 年，我国开展了第二轮中央环保督察行动，从第三批至第六批中央生态环保督察来看，共集中通报了 106 个典型案例，其中县域案例占比达 65.1%。结合督察案例，分区域看，东部地区在推进农业农村现代化进程中主要面临产业园工业污染等问题；中部地区面对的问题既有“两高”（高耗能、高排放）建设项目的压力，也有在推进农业农村现代化进程中出现的生态环境叠加污染；西部地区面对生态系统脆弱和自然资源过度开发利用的压力，以及污染产业西进的威胁，特别是滇桂黔地区生态环境破坏问题尤为严重；东北地区主要面临黑土地、保护区林地资源退化和“两高”建设项目减污降碳等压力①。

（二）绿色生态

总体来看，县域空气质量、地表水质量优于全国平均水平，县域间呈现显著差异。2021 年，全国县域空气质量优良天数比例平均为 88.71%，略高于同期全国城市平均空气质量优良天数比例② 1.2 个百分点。县域地表水达到或优于Ⅲ类水体比例为 86.27%，高于全国城市 84.90% 的平均水平。分区域看，2021 年，东部、中部、西部、东北地区县域空气质量优良天数比例分别为 84.65%、84.45%、92.64%、91.91%，西部、东北地区县域空气质量优良天数比例显著高于全国 87.50% 的总体水平；东部、中部、西部、东北地区县域地表水达到或优于Ⅲ类水体比例分别为 85.74%、86.14%、92.77%、100%，西部、东北地区地表水质量远高于全国城市 84.90% 的平均水平。分省份看，大部分省份县域空气质量优良天数比例均值在 90% 左右，福建甚至达 99.60%，

① 黄鑫，于法稳，胡晓燕 . 县域涉农生态环境整治的实践困境与优化路径：基于第二轮中央生态环保督察若干典型案例的分析［J］. 中国农村经济，2023（3）:120-135.

② 全国城市平均空气质量优良天数比例为 339 个地级及以上城市的平均空气质量优良天数比例。

仅河北、河南、山东、山西四省县域空气质量优良天数比例均值在 80% 以下，低于全国总体水平。福建、甘肃、广东、吉林、重庆县域地表水达到或优于Ⅲ类水体比例达到 100%，仅河北、山西、云南县域地表水达到或优于Ⅲ类水体比例均在 80% 以下，低于全国总体水平。

从生态环境动态变化看，县域生态环境质量改善速度慢于全国平均水平，但呈现稳中向好态势，区域间变化趋势差异较小。2017—2021 年，我国县域总体空气质量优良天数比例以 1.84% 的年均速度增长，慢于全国平均水平，但县域整体的空气质量优良天数比例维持在较高水平，且呈现稳中向好态势。同期县域地表水达到或优于Ⅲ类水体比例上涨了 11.08 个百分点，年均增速为 2.22%，也慢于全国年均增长速度。分区域看，2017—2021 年，东部、中部、西部、东北地区空气质量优良天数比例年均增速分别为 1.79%、1.97%、1.81%、1.00%（见表 3–7），东部、中部地区县域空气质量优良天数比例低于全国县域总体水平，但空气质量改善明显，中部地区县域空气质量优良天数比例增长速度快于全国县域总体水平。其中，河北、安徽、新疆、江西、湖北、陕西空气质量优良率低于全国总体水平，但空气质量优良天数比例年均增长幅度快于全国总体水平，分别为 4.72%、3.57%、3.02%、2.83%、2.78% 和 1.92%。

表 3–7　2017 年和 2021 年县域空气质量优良天数比例比较

地区	2017 年空气质量优良天数比例 / %	2021 年空气质量优良天数比例 / %	2017—2021 年年均增速 / %
东部地区	78.85	84.65	1.79
中部地区	78.11	84.45	1.97
西部地区	86.22	92.64	1.81
东北地区	88.31	91.91	1.00
全国	82.46	88.71	1.84

数据来源：根据各县（市）2017 年、2021 年国民经济和社会发展统计公报、各县（市）统计年鉴、政府工作报告等公开数据整理。

（三）绿色生活

从生活垃圾处理看，县域生活垃圾增长迅速，垃圾焚烧处理能力相对较弱，区域生活垃圾无害化处理能力发展不平衡状况仍然突出。2021 年我国农村地区的垃圾处理量约为 4.32 亿吨[①]，相当于当年农村垃圾年产量的 83.72%。在当前城市地区基本形成了以焚烧为主的生活垃圾处理背景下，县域生活垃圾产量逐年上升，县域垃圾处理能力较弱且仍以填埋为主的现状，农村地区生活垃圾焚烧处理能力亟待提升。2021 年 41.46% 县域的生活垃圾实施了焚烧处理，县域垃圾焚烧处理能力达 17.2 万吨 / 日，仅占垃圾无害化处理能力的 51%，远低于全国城市 68.1% 的平均水平。截至 2021 年底，全国县域共有 257 座焚烧厂，按照“一县一厂”目标，还有一千多个县缺少垃圾焚烧厂，县域垃圾焚烧处理设施缺口较大，县域垃圾处理设施供给水平有待进一步提高。分区域看，在垃圾焚烧无害化处理方面，2021 年东部、中部、西部、东北地区生活垃圾焚烧处理占比分别为 65.75%、40.48%、27.10%、19.08%，东部地区垃圾焚烧处理能力远高于其他三个区域县域水平，西部地区建制镇焚烧处理率也仅为 32.5%。青海、西藏的一些县域由于不具备建设焚烧处理设施条件，生活垃圾处理仍主要通过填埋等手段实现生活垃圾无害化处理。江苏县域生活垃圾焚烧处理率高达 87.89%，焚烧处理率位居全国县域第一，优于全国总体焚烧处理能力平均水平（见表 3-8）。在垃圾分类处理方面，当前中部、西部地区垃圾分类工作进展较慢，除重点城市外，多数处于垃圾分类处理的前期探索阶段，东部地区在垃圾分类和垃圾无害化处理方面表现均相对较好。

---

① 数据说明：1）数据来源：垃圾焚烧处理量、垃圾卫生填埋处理量、生活污水处理率、再生水生产率、再生水利用率等指标，来自 2021 年《中国城乡建设统计年鉴》；2）样本范围：由于在该年鉴统计中无法获得县级市数据，故此部分县域数据均仅包含 1472 个县数据，未包含 394 个县级市。

表 3-8　2021 年县域生活垃圾无害化处理情况

地区	无害化处理量 / 万吨	卫生填埋 / 万吨	卫生填埋处理率 / %	焚烧 / 万吨	焚烧处理率 / %	其他 / 万吨	其他方式处理率 / %
河北	402.64	217.04	53.90	179.37	44.55	6.23	1.55
山西	308.81	274.77	88.98	31.58	10.23	2.47	0.80
内蒙古	234.49	228.86	97.60	3.80	1.62	1.83	0.78
辽宁	103.91	96.08	92.46	7.76	7.47	0.08	0.08
吉林	74.11	45.46	61.34	28.65	38.66	0.00	0.00
黑龙江	183.84	146.53	79.71	32.62	17.74	4.69	2.55
江苏	227.57	23.83	10.47	200.00	87.89	3.74	1.64
浙江	234.07	0.00	0.00	200.16	85.51	33.91	14.49
安徽	334.58	49.43	14.77	281.29	84.07	3.86	1.15
福建	269.57	123.84	45.94	140.25	52.03	5.48	2.03
江西	428.43	166.85	38.94	261.34	61.00	0.23	0.05
山东	377.13	34.78	9.22	322.17	85.43	20.18	5.35
河南	562.59	397.72	70.69	164.51	29.24	0.37	0.07
湖北	210.79	144.80	68.69	53.87	25.56	12.13	5.75
湖南	477.42	329.12	68.94	147.67	30.93	0.62	0.13
广东	209.45	115.50	55.14	88.99	42.49	4.96	2.37
广西	224.92	171.30	76.16	53.62	23.84	0.00	0.00
海南	35.09	11.72	33.40	23.37	66.60	0.00	0.00
重庆	87.48	71.53	81.77	15.40	17.60	0.55	0.63
四川	466.27	167.17	35.85	290.81	62.37	8.29	1.78
贵州	248.70	150.53	60.53	91.30	36.71	6.87	2.76
云南	284.42	217.04	76.31	54.22	19.06	13.16	4.63
西藏	31.88	31.88	100.00	0.00	0.00	0.00	0.00

续表

地区	无害化处理量 / 万吨	卫生填埋 / 万吨	卫生填埋处理率 / %	焚烧 / 万吨	焚烧处理率 / %	其他 / 万吨	其他方式处理率 / %
陕西	222.22	193.77	87.20	28.34	12.75	0.12	0.05
甘肃	187.59	146.48	78.09	40.46	21.57	0.66	0.35
青海	54.96	54.96	100.00	0.00	0.00	0.00	0.00
宁夏	45.30	36.74	81.10	8.56	18.90	0.00	0.00
新疆	159.21	136.72	85.87	22.49	14.13	0.00	0.00
全国县域	6 687.44	3 784.44	56.59	2 772.59	41.46	130.41	1.95
全国总体	24 839.32	5 208.51	20.97	18 019.67	72.54	1 611.14	6.49

数据来源：根据 2021 年《中国城乡建设统计年鉴》整理，由于无法将县级市数据拆除，此处县域数据仅包含了 1 472 个县（含自治县、旗、自治旗、特区、林区）；全国数据来自《2021 年中国城市建设状况公报》。

从生活污水处理看，县域生活污水处理率低于全国城市总体水平，但污水处理增幅快于全国，县域再生水生产和利用呈加快发展态势。在生活污水处理方面，2021 年我国县城生活污水处理率达 96.11%，相较于 2020 年提高 1 个百分点。我国城市生活污水处理率达 97.89%，相较 2020 年提高 0.36 个百分点，县域污水治理水平虽低于全国总体水平，但增速快于全国。县域生活污水处理工作总体较好，但村镇生活污水治理能力仍有待提高，2021 年我国仅有 68.0% 的建制镇对生活污水进行了处理。在再生水生产和利用方面，随着“十四五”期间再生水逐步纳入城市供水体系，县域再生水生产和利用表现出巨大增长潜力。2021 年县域再生水利用量占供水总量的比重为 12.36%，远低于全国城市 23.92% 的平均水平，但县域再生水生产和利用保持快速发展态势。2021 年县域再生水生产能力达到 996.3 万立方米 / 日，较 2020 年新增 185.3 万立方米 / 日，与此同时，再生水利用量也快速上涨，2021 年县域再生水利用量达到 15.1 亿立方米，同比增速达到 18.5%，与全国城市 18.9% 的同比增速基本持平，未来县域再生水利用量仍将保持较快增长。分区域看，2021 年东部、中部、西部、东北地区污水处理率分别为 96.44%、96.52%、94.59%、97.40%，仅西部地区污水处理率低于县域总体水平，东部、中部、西部、东北地区再生水利用率[①]分别为 26.00%、8.28%、11.17%、2.55%。由于东部地区县域经济发展水平相对较高，再生水技术相对成熟，因此其再生水利用率基本与全国城市平均水平持平，显著高于其他地区县域水平。分省份看，河北、山东在县域污水处理率均在 98% 以上的同时，再生水利用率也均突破 40%，位列全国县域前列。多数水资源丰富省份的县域再生水利用率均不到 10%，其中福建、湖南、云南由于水资源总量相对丰沛，2021 年再生水利用率均不到 0.5%，分别为 0.12%、0.22%、0.32%（见表 3–9）。可见，我国县域再生水利用尚处于起步阶段，再生水资源还有巨大的空间和潜力，有待加大力度去开发利用。

表 3–9　2021 年县域污水处理和再生水利用情况

地区	污水处理率 / %	再生水利用率 / %
河北	98.44	44.41
山西	98.56	23.72
内蒙古	96.49	39.39
辽宁	98.50	3.92
吉林	96.81	3.00
黑龙江	96.66	0.82
江苏	92.72	20.82
浙江	97.68	14.88

① 计算方法：根据国家发展改革委资源节约和环境保护司发布的《循环经济发展评价指标体系（2017 年版）》中循环经济评价指标解释及核算方式，再生水利用率（%）= 再生水利用量 ÷ 污水处理量 ×100%。

续表

地区	污水处理率 / %	再生水利用率 / %
安徽	96.00	11.91
福建	96.58	0.12
江西	93.37	0.77
山东	98.04	44.86
河南	97.66	11.46
湖北	95.82	7.35
湖南	97.02	0.22
广东	91.45	6.76
广西	97.35	—
海南	97.56	1.60
重庆	99.54	1.47
四川	93.58	8.20
贵州	93.97	5.75
云南	96.85	0.32
西藏	41.60	2.93
陕西	94.41	4.15
甘肃	96.18	12.28
青海	91.11	10.58
宁夏	98.84	9.82
新疆	97.34	40.30
全国县域	96.11	14.35
全国总体	97.89	26.32

数据来源：根据 2021 年《中国城乡建设统计年鉴》整理，由于无法将县级市数据拆除，此处县域数据仅包含了 1 472 个县（含自治县、旗、自治旗、特区、林区）；由于广西的县域未公布再生水利用量，广西再生水利用率以“—”表示；全国数据来自《2021 年中国城市建设状况公报》。

六、县城建设

近年来，国家不断加大县城基础设施的建设投入，县城基础设施条件得到了积极改善。本部分从县城建成区规模、环境设施、市政设施、产业设施四个维度，从全国、四大经济区域、省（区、市）等不同空间尺度，透视 1 866 个县城的建设情况。

（一）建成区规模

近年来，我国县城建成区规模持续快速增长。2015—2021 年，建成区规模从 175.8 万公顷增加至 205.4 万公顷，增长 16.8%，2021 年，全国县城每万常住人口建成区面积为 133.2 公顷。从四大经济区域看，2021 年东部、中部、西部、东北地区县城建成区规模分别为 55.7 万、66.6 万、71.2 万、11.9 万公顷，每万常住人口县城建成区面积分别为 136.6、124.8、134.6、165.6 公顷。分省份看，内蒙古、西藏、辽宁的县城每万常住人口建成区规模相对较大，分别为 213.7、193.2、185.8 公顷；四川、湖南、重庆的每万常住人口建成区规模相对较小，分别为 109.8、107.0、85.4 公顷（见表 3–10）。

表 3–10　2021 年部分省份县城每万常住人口建成区面积

省份	人均建成区面积 /（公顷 / 万人）	省份	人均建成区面积 /（公顷 / 万人）
河北	133.7	吉林	137.9
山西	110.2	黑龙江	167.3
内蒙古	213.7	江苏	138.2
辽宁	185.8	浙江	138.4

续表

省份	人均建成区面积 /（公顷 / 万人）	省份	人均建成区面积 /（公顷 / 万人）
安徽	145.2	重庆	85.4
福建	116.6	四川	109.8
江西	134.5	贵州	131.0
山东	150.0	云南	115.4
河南	124.8	西藏	193.2
湖北	128.3	陕西	120.1
湖南	107.0	甘肃	126.0
广东	127.2	青海	174.6
广西	127.6	宁夏	159.2
海南	158.5	新疆	184.3

数据来源：2021 年《中国城乡建设统计年鉴》。

（二）环境设施

鉴于数据的可得性和指标的代表性，选取生活垃圾无害化处理率和绿化覆盖率两个代表性指标反映县城生态环境设施建设情况。

从生活垃圾无害化处理设施的建设情况看，2010—2021 年，全国县城生活垃圾无害化处理场（厂）从 448 座增加到 1 441 座，生活垃圾无害化处理能力从 69 310 吨 / 日提升到 338 012 吨 / 日（见图 3–8），生活垃圾无害化处理率从 27.4% 提升到 98.5%。

从绿化水平看，2010—2021 年，全国县城建成区的绿化覆盖面积从 4 127 平方公里提升到 8 054 平方公里，绿化覆盖率从 24.9% 提升到 38.3%，略低于全国城市建成区 42.4% 的绿化覆盖率平均水平（见图 3–9），公园绿地面积从 1 069 平方公里提升到 2 193 平方公里，人均公园绿地面积从 7.7 平方米提升到 14 平方米，与全国城市 14.87 平方米的人均水平基本相当。分区域看，东部地区县城绿化水平最高，其次中部地区，东北地区最低。2021 年东部地区县城建成区绿化覆盖率、绿地率分别为 41.2%、36.7%，中部地区县城分别为 39.4%、35.1%，西部地区县城分别为 34.7%、31.2%，东北地区县城分别为 29.3%、25.5%。

图 3-8　2010—2021 年县城生活垃圾无害化处理场数量及无害化处理能力

数据来源：2021 年《中国城乡建设统计年鉴》。

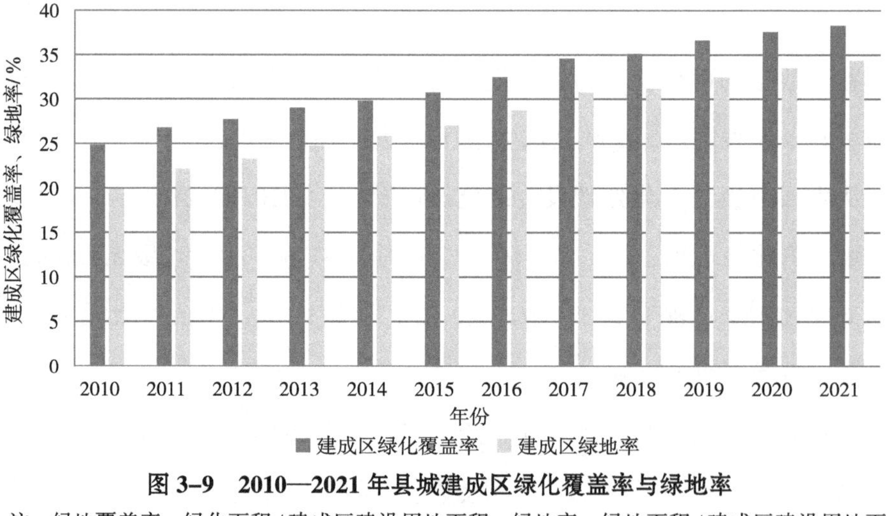

图 3-9　2010—2021 年县城建成区绿化覆盖率与绿地率

注：绿地覆盖率 = 绿化面积 / 建成区建设用地面积，绿地率 = 绿地面积 / 建成区建设用地面积，一般来说绿化面积包含范围更广。

数据来源：2021 年《中国城乡建设统计年鉴》。

（三）市政设施

在交通路网建设方面，县城人均道路面积从 2010 年的 12.7 平方米增长至 2021 年的 19.7 平方米，对外交通也大幅改善。截至 2022 年 10 月，已有天津、北京、上海、江苏等 18 个省级行政区官方宣布实现县县通高速。在市政管网设施方面，2010—2021 年，县城供水普及率从 85.1% 增长至 97.4%，燃气普及率从 64.9% 增长至 90.3%，集中供热面积从 6.1 亿平方米增长至 19.5 亿平方米，排水管道长度由 2015 年的 167 917 公里增长至 2021 年的 238 371 公里，增长了 42.0%。与城市相比，全国县城的供水普及率和公共供水普及率分别仅差 2 个百分点和 2.8 个百分点，全国县城的人均道路面积甚至超过了城市平均水平，但燃气普及率仍与城市差距 7.7 个百分点。2010—2021 年，全国县城人均道路面积、供水普及率及燃气普及率见图 3-10。

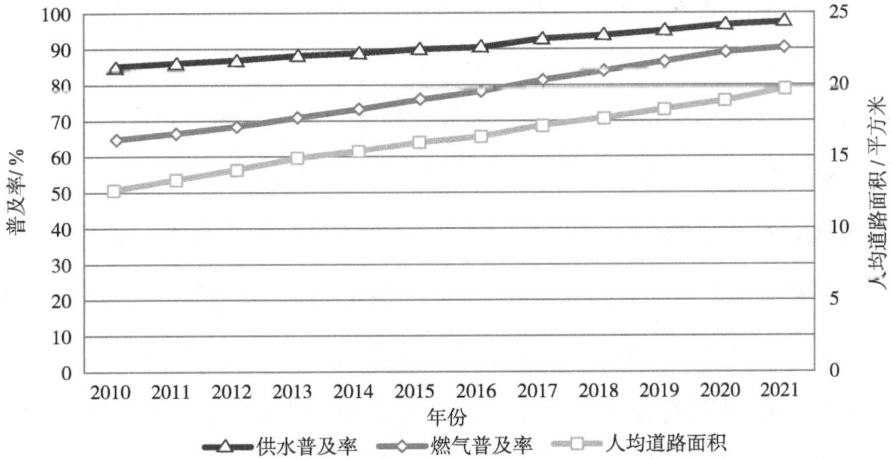

图 3-10　2010—2021 年全国县城人均道路面积、供水普及率及燃气普及率

数据来源：2021 年《中国城乡建设统计年鉴》。

分区域看，东部地区县城市政建设水平较高，中西部和东北地区建设相对滞后。东部地区县城在市政基础设施各领域指标均好过其他地区，公共供水普及率已经达到了 98.8%、燃气普及率达到了 98.8%，雨污分流改造更是大幅领先，合流比例降低到了 11.4%。中部地区居于中位，但与西部地区差距不大，有些指标甚至落后于西部地区，公共供水普及率低于西部地区 0.7 个百分点。西部地区整体情况相对较差，燃气普及率与中部地区相差 10.2 个百分点。东北地区县城市政基础设施建设最为滞后，公共供水普及率、燃气普及率、建成区道路网密度、公共供水管网漏损率等均落后于东部、中部、西部地区。

（四）产业设施

鉴于数据的可得性和指标的代表性，选取工业用地面积、商业服务业设施用地面积、物流仓储用地面积三个代表性指标反映县城产业设施建设情况。2021 年部分省份县城每万常住人口建设用地情况见表 3–11。

在工业用地方面，2015—2021 年县城工业用地规模从 21.7 万公顷增长至 24.6 万公顷，增长了 13.4%。2021 年，全国县城每万常住人口工业用地规模为 15.8 公顷。从四大经济区域看，东部、中部、西部、东北地区 2021 年县城工业用地规模分别为 8.1 万、8.5 万、6.2 万、1.8 万公顷，县城每万常住人口工业用地规模分别是 19.8、16.0、11.4、25.7 公顷。分省份看，辽宁、浙江、山东三省县城每万常住人口工业用地规模相对较大，分别为 36.2、30.3、26.9 公顷；西藏、云南、海南三省相对较小，分别为 7.1、6.8、6.1 公顷。

在物流仓储用地方面，2015—2021 年县城物流仓储用地规模从 5.45 万公顷降低至 4.6 万公顷，减少了 15.6%。2021 年，全国县城每万常住人口物流仓储用地规模为 3.1 公顷。从四大经济区域看，2021 年东部、中部、西部、东北地区县城物流仓储用地规模分别为 0.9 万、1.7 万、1.6 万、0.4 万公顷，县城每万常住人口物流仓储用地规模分别为 2.3、3.2、3.2、6.0 公顷。分省份看，西藏、黑龙江、吉林三省县城每万常住人口物流仓储用地规模相对较大，分别为 8.2、6.8、6.2 公顷；海南、福建、重庆的相对较小，分别为 1.6、1.4、1.3 公顷。

在商业服务业设施用地方面，2015—2021 年县城商业服务业设施用地规模从 12.0 万公顷增长至 12.3 万公顷，增长了 2.5%。2021 年，全国县城每万常住人口商业服务业设施用地规模为 8.0 公顷。从四大经济区域看，2021 年东部、中部、西部、东北地区县城商业服务业设施用地规模分别为 3.4 万、4.0 万、4.3 万、0.6 万公顷，县城每万常住人口商业服务业设施用地规模分别是 8.4、7.5、8.2、8.0 公顷。分省份看，西藏、内蒙古、宁夏的县城每万常住人口商业服务业设施用地规模相对较大，分别为 14.9、13.7、13.1 公顷。四川、山西、重庆的相对较小，分别为 6.0、5.3、4.0 公顷。

表 3–11　2021 年部分省份县城每万常住人口建设用地情况

省份	工业用地 /（公顷 / 万人）	商业服务业设施用地 /（公顷 / 万人）	物流仓储用地 /（公顷 / 万人）
河北	9.1	7.4	2.1
福建	16.4	6.7	1.4
甘肃	7.4	8.1	3.1
广东	17.3	8.2	2.2
广西	13.4	6.2	2.9
贵州	11.8	8.8	3.5
海南	6.1	13.0	1.6
河北	9.1	7.4	2.1
河南	12.9	7.0	3.0
黑龙江	22.6	6.8	6.8
湖北	17.9	7.7	2.6
湖南	13.2	7.4	3.5

续表

省份	工业用地 /（公顷 / 万人）	商业服务业设施用地 /（公顷 / 万人）	物流仓储用地 /（公顷 / 万人）
吉林	19.0	8.5	6.2
江苏	24.4	8.0	1.6
江西	21.1	8.2	3.0
辽宁	36.2	9.6	4.5
内蒙古	17.0	13.7	4.6
宁夏	12.8	13.1	4.5
青海	13.8	9.2	3.1
山东	26.9	9.7	3.3
山西	7.1	5.3	2.0
陕西	7.7	7.3	2.5
四川	14.9	6.0	2.9
西藏	7.1	14.9	8.2
新疆	9.2	11.0	3.4
云南	6.8	7.6	2.7
浙江	30.3	9.6	2.0
重庆	8.0	4.0	1.3

数据来源：2021 年《中国城乡建设统计年鉴》。

七、财政收支

县级财政是县（市）人民政府履行行政职能的物质基础和政策工具，具有稳定经济、配置资源、分配收入等作用。本节将从财政收入、财政支出、财政自给、政府债务四个方面，透视全国县域财政能力和债务压力。

（一）财政收入

2022 年全国县域一般公共预算收入约 2.8 万亿元，为全国一般公共预算收入 20.37 万亿元的 14% 左右，比 2021 年增长 3.0% 左右，低于 2017—2021 年年均 3.5% 的增速水平。其中，2022 年有一半的县域一般公共预算收入同比增长超过 5%，有三成的县域一般公共预算收入负增长。从四大经济区域看，2022 年，东部、中部、西部、东北地区县域一般公共预算收入分别约为 12 900 亿元、7 800 亿元、600 亿元、1 100 亿元，分别比 2021 年增长 –3.0%、4.3%、9.4%、–3.9%，其中东北地区近一半的县域一般公共预算收入负增长。分省份看，陕西、山西、内蒙古、新疆、湖南的县域一般公共预算收入增速较快，同比增速均超过 10%，而江苏、云南、西藏、海南的县域一般公共预算收入不仅为负增长，而且均比 2021 年下降 10% 以上（见表 3–12）。

表 3–12　2021—2022 年部分省份的县均一般公共预算收入及增速

省份	2021 年收入 / 亿元	2022 年收入 / 亿元	增长 / %
河北	13.5	13.3	–1.1
山西	10.0	13.5	34.8
内蒙古	10.1	13.6	34.4
辽宁	12.9	11.8	–8.3
吉林	9.5	9.3	–1.6
黑龙江	4.0	4.2	5.5
江苏	101.4	83.5	–17.6
浙江	50.7	48.6	–4.1
安徽	20.6	22.1	7.4
福建	18.6	20.0	7.6

续表

省份	2021 年收入 / 亿元	2022 年收入 / 亿元	增长 / %
江西	16.4	16.4	0.2
山东	30.9	30.5	−1.4
河南	18.8	18.8	0.0
湖北	12.3	13.3	8.1
湖南	13.2	14.7	10.8
广东省	12.8	12.9	0.8
广西	5.7	5.5	−4.6
海南省	13.5	12.1	−10.4
重庆	14.6	15.9	9.2
四川	10.0	10.7	7.1
贵州	8.2	7.9	−3.2
云南	7.2	6.4	−11.2
西藏	0.9	0.8	−11.2
陕西	6.4	8.7	36.4
甘肃	3.3	3.1	−6.8
青海	3.3	3.6	8.3
宁夏	8.1	8.8	8.4
新疆	11.0	12.5	14.3

数据来源：2022 年《中国县域统计年鉴》及各县（市）统计公报。由于 2022 年部分县（市）未公开财政收支数据，本表中所列 2022 年数据是根据部分县（市）公开数据估算得出。研究对象是 2021—2022 年有官方数据公布的 1 497 个县（市），其中，河北省 76 个，山西省 62 个，内蒙古自治区 52 个，辽宁省 28 个，吉林省 9 个，黑龙江省 37 个，江苏省 31 个，浙江省 48 个，安徽省 59 个，福建省 51 个，江西省 60 个，山东省 78 个，河南省 89 个，湖北省 63 个，湖南省 86 个，广东省 53 个，广西壮族自治区 62 个，海南省 15 个，重庆市 12 个，四川省 122 个，贵州省 70 个，云南省 104 个，西藏自治区 16 个，陕西省 74 个，甘肃省 61 个，青海省 16 个，宁夏回族自治区 13 个，新疆维吾尔自治区 50 个。

（二）财政支出

2022 年全国县域一般公共预算支出约为 8.3 万亿元，占全国一般公共预算支出 32% 左右，比 2021 年增长 6.45%，近年来持续维持较高增速水平，略高于 6.1% 的全国同期增幅。一半的县域一般公共预算收入支出增速超过 5%，三成的县域一般公共预算支出增速超过 10%。从四大经济区域看，2022 年，东部、中部、西部、东北地区县域一般公共预算支出分别约为 2.5 万亿元、2.3 万亿元、2.9 万亿元、0.6 万亿元，分别比 2021 年增长 8.7%、13.9%、11.5%、27.5%，其中东北地区和中部地区财政支出压力较大，近半的县域一般公共预算支出增长超过 10%。分省份看，西藏、山西、内蒙古、青海的县域一般公共预算支出增速相对较高，均比 2021 年增长超过 20%，而贵州、云南、广西的县域一般公共预算支出相比 2021 年有所降低（见表 3–13）。

表 3–13　2021—2022 年部分省份的县均一般公共预算支出及增速

省份	2021 年支出 / 亿元	2022 年支出 / 亿元	增长率 / %
河北	34.5	36.3	5.2
山西	25.9	32.4	25.1
内蒙古	29.0	35.7	23.1
辽宁	39.3	41.0	4.3
吉林	44.4	47.8	7.7
黑龙江	31.8	36.9	15.9
江苏	129.1	130.6	1.2
浙江	83.0	89.6	8.0
安徽	53.3	58.6	9.9
福建	33.3	37.2	11.8

续表

省份	2021 年支出 / 亿元	2022 年支出 / 亿元	增长率 / %
江西	45.5	46.4	2.0
山东	53.9	57.4	6.5
河南	48.1	50.0	3.9
湖北	46.6	49.7	6.6
湖南	47.9	51.7	7.9
广东	50.8	52.1	2.5
广西	34.1	33.9	−0.5
海南	47.4	51.1	7.8
重庆	58.0	62.1	7.1
四川	33.9	35.1	3.4
贵州	36.9	36.0	−2.6
云南	29.8	29.1	−2.3
西藏	13.4	17.1	27.4
陕西	28.6	33.0	15.3
甘肃	27.0	30.7	13.4
青海	22.7	27.3	20.2
宁夏	42.7	45.8	7.3
新疆	39.7	45.4	14.2

数据来源：2022 年《中国县域统计年鉴》及各县（市）统计公报。由于 2022 年部分县（市）未公开财政收支数据，本表中所列 2022 年数据是根据部分县（市）公开数据估算得出。研究对象是 2021—2022 年有官方数据公布的 1313 个县（市），其中，河北省 61 个，山西省 42 个，内蒙古自治区 41 个，辽宁省 20 个，吉林省 9 个，黑龙江省 25 个，江苏省 26 个，浙江省 43 个，安徽省 52 个，福建省 37 个，江西省 43 个，山东省 75 个，河南省 74 个，湖北省 57 个，湖南省 84 个，广东省 52 个，广西壮族自治区 58 个，海南省 15 个，重庆市 12 个，四川省 116 个，贵州省 69 个，云南省 102 个，西藏自治区 11 个，陕西省 66 个，甘肃省 56 个，青海省 14 个，宁夏回族自治区 12 个，新疆维吾尔自治区 41 个。

（三）财政自给

自 2014 年《中华人民共和国预算法》修订案及《国务院关于加强地方政府性债务管理的意见》（国发〔2014〕43 号）发布以来，我国进一步规范政府收支行为，强化预算约束，加强对预算的管理和监督，对地方政府债务管理工作的制度设计也日趋完善，开启了“开前门、堵后门”的地方投融资管理新思路。然而，近年来县域财政压力持续增加，财政自给率从 2015 年的 42% 下降至 2022 年的 38%，其中，六成以上的县域财政自给率低于 30%，八成以上的县域财政自给率低于 50%。从四大经济区域来看，2022 年东北地区县域财政压力最大，财政自给率为 17%，八成以上的县域财政自给率低于 30%，其次是西部和中部地区，县域财政自给率分别为 25% 和 33%，东部地区县域财政压力相对较小，但财政自给率也仅为 46%。分省份看，2022 年甘肃、黑龙江、青海、广西、西藏的县域财政压力较大，财政自给率均低于 18%，江苏、福建、浙江、山东、山西的县域财政压力相对较小，财政自给率均超过 40%（见表 3–14）。

表 3–14　2022 年部分地区县域财政自给率

地区	财政自给率 / %	地区	财政自给率 / %
河北	37	浙江	54
山西	42	安徽	37
内蒙古	38	福建	55
辽宁	23	江西	37
吉林	19	山东	54
黑龙江	11	河南	34
江苏	64	湖北	24

续表

地区	财政自给率 / %	地区	财政自给率 / %
湖南	28	云南	22
广东	23	西藏	5
广西	16	陕西	28
海南	24	甘肃	10
重庆	26	青海	14
四川	31	宁夏	20
贵州	22	新疆	28
东部地区	46	西部地区	25
中部地区	33	东北地区	17

数据来源：2022 年《中国县域统计年鉴》及各县（市）统计公报。由于 2022 年部分县（市）未公开财政收支数据，本表中所列 2022 年数据是根据部分县（市）公开数据估算得出。

（四）政府债务

由于多数县（市）未披露 2022 年财政决算报告，为了说明县域政府债务情况，按照等距、随机、可靠的原则，在东部、中部、西部、东北地区各选取 5 个县（市）作为样本县。从 20 个代表县债务余额增长情况看，2019 年以来，县域政府债务余额均表现出快速增长态势，年均增速达到 18.3%，其中，有 13 个县域政府债务余额增长率超过 15%，有 10 个县域政府债务余额增长率超过 20%。从债务类型看，县域政府债务余额中仍以一般债为主，2022 年一般债占比达到 54.8%。与此同时，专项债占比明显提升，2021 年以来新增专项债发行额度占新增债券总规模的比重为 82%，投向主要集中于市政设施领域，以棚改、旧改、市政交通基础设施建设为主。从债务风险看，按照国际通行标准，地方政府债务率即地方政府债务余额占政府综合财力（包括一般公共预算、政府性基金收入、中央转移支付）的百分比低于风险预警线（100%）为正常，2022 年，20 个样本县政府债务率平均为 168%，有六成的县市政府债务率超过 100% 的安全警戒线，债务风险需引起关注。

八、民生福祉

保障和改善民生是推动县域高质量发展的出发点和落脚点。本部分重点围绕居民收入、教育、医疗、养老、托育等方面，从全国、四大经济区域、省域等不同空间尺度，对县域民生福祉情况进行透视分析。

（一）居民收入

从全国层面看，2022 年县域城乡居民人均可支配收入为 30 892 元，比 2021 年增加 2 266 元，名义增长 7.9%，是全国平均水平的 83.8%（2022 年全国城乡居民人均可支配收入 36 883 元，比上年名义增长 5.0%）。2021 年县域城镇居民人均可支配收入 39 850 元，是全国城镇居民人均可支配收入的 84.1%；县域农村人均可支配收入 18 674 元，是全国农村居民人均可支配收入的 98.6%。在城乡居民收入差距方面，2021 年县域城乡居民收入比值为 2.13，比 2020 年进一步缩小，且优于全国 2.45 的水平。从区域层面看，东部地区县域城乡居民收入最高，且增速最快，东北地区县域城乡居民收入最低，且增速最慢。2022 年，东部、中部、西部、东北地区县域城乡居民收入分别为 38 372 元、27 854 元、27 153 元、25 438 元，分别比上年名义增长 8.6%、7.3%、8.4%、2.5%。从省份层面看，县域城乡居民收入水平较高的省份是浙江、江苏、福建，均超过 35 000 元。县域城乡居民收入增速较快的省份是新疆、吉林、宁夏、河北，收入增速较慢的省份分别是云南、辽宁、西藏、青海。

（二）基础教育

2021 年，我国县域小学、普通中学在校学生数分别为 6 190.11 万人、4 451.66 万人（见表 3–15），比 2020 年分别增长 –1.36%、2.39%，分别为全国小学、普通中学在校学生总数的 57.4%、58.4%，比 2020 年分别下降了 1.1、0.3 个百分点。从四大经济区域来看，2021 年，东部地区小学、普通中学在校学生数分别为 1 978.53 万人、1 363.18 万人，比 2020 年分别增长 –0.09%、4.03%，分别占全国县域小学、普通中学在校学生总数的 31.96%、30.62%，比 2020 年分别提高了 0.4、0.48 个百分点。中部地区小学、普通中学在校学生数分别为 2 023.29 万人、1 522.13 万人，比 2020 年分别增长 –2.97%、2.95%，分别为全国县域小学、普通中学在校学生总数的 32.69%、34.19%，比 2020 年分别提高了 –0.54、0.19 个百分点。西部地区小学、普通中学在校学生数分别为 1 986.4 万人、1 365.41 万人，比 2020 年分别增长 –0.31%、0.69%，分别为全国县域小学、普通中学在校学生总数的 32.09%、30.67%，比 2020 年分别提高了 0.34、–0.52 个百分点。东北地区小学、普通中学在校学生数分别为 201.89 万人、200.94 万人，比 2020 年分别减少 7.13%、0.98%，分别为全国县域小学在校学生总数、普通中学在校学生总数的 3.26%、4.51%，比 2020 年分别降低了 0.2、0.15 个百分点。

表 3–15　2021 年县域中小学在校学生区域分布情况

地区	县域数量 / 个	普通小学在校学生数 / 万人	普通中学在校学生数 / 万人
东部地区	413	1 978.53	1 363.18
中部地区	475	2 023.29	1 522.13
西部地区	827	1 986.40	1 365.41

续表

地区	县域数量/个	普通小学在校学生数/万人	普通中学在校学生数/万人
东北地区	147	201.89	200.94
合计	1 862	6 190.11	4 451.66

数据来源：2022 年《中国县域统计年鉴》，个别县（市）没有提供数据，本次统计已剔除。

基础教育资源由乡村向镇区尤其是向城区集中态势明显。在学前教育方面，2015—2020 年，幼儿园专任教师在乡村和镇区的占比从 53.4% 降低至 50.9%，而在城区的占比由 46.6% 升高至 49.1%。在义务教育方面，2015—2021 年，全国小学和初中专任教师数、在校学生数仅有乡村是负增长（见表 3–16），分别年均减少 3%、4.08%；镇区年均增长分别为 2.28%、1.75%；城区增长幅度最大，年均增长分别为 6.77%、6.21%。

表 3–16　2015—2021 年全国分地区小学和初中情况

年度	学校数/所	专任教师数/万人				在校学生数/万人			
		城区	镇区	乡村	合计	城区	镇区	乡村	合计
2015 年	242 930	273.14	374.82	268.12	916.08	4 511.89	5 823.85	3 668.39	14 004.13
2020 年	210 784	375.89	419.25	234.35	1 029.49	6 106.03	6 445.12	3 088.29	15 639.44
2021 年	207 150	404.72	429.21	223.27	1 057.19	6 477.48	6 463.55	2 857.34	15 798.37
2015—2021 年均增长/%	−2.62	6.77	2.28	−3.00	2.42	6.21	1.75	−4.08	2.03

注：乡村是指以从事农业活动的农业人口为主的聚落，包括乡中心区和村庄；镇区是指建制镇建成区域；城区是指在市辖区和不设区的市，区、市政府驻地的实际建设连接到的居民委员会和其他区域。

数据来源：历年中国统计年鉴。

（三）医疗卫生

2021 年，全国县域医疗卫生机构床位数达到 447.97 万张，为全国医疗卫生机构床位数的 47.4%，县域每千人口医疗卫生机构床位、每千人口卫生技术人员、每千人口执业（助理）医师、每千人口注册护士的数量分别为 6.01 张、6.27 人、2.42 人、2.64 人，分别低于全国 6.7 张、7.97 人、3.04 人、3.56 人的平均水平。2015—2021 年全国每千人口卫生技术人员和医疗卫生机构床位数量见表 3–17。2022 年全国县域三级医院仅有 964 家，不到全国三级医院总数的 30%。从区域层面看，四大经济区域床位数均有所增加，但每千人口医疗卫生机构床位数均低于全国平均水平，东部地区每千人口医疗卫生机构床位数最低。在 2021 年全国 1 862 个县（市）统计中，东部、中部、西部、东北地区县域医疗卫生机构床位总数分别为 124.06 万张、146.45 万张、141.26 万张、27.55 万张（见表 3–18），比 2020 年分别增加 3.2%、4.8%、4.3%、5.6%，占全国县域医疗卫生机构床位总数的比重分别为 28.24%、33.34%、32.15%、6.27%，比 2020 年分别提高了 –0.27、0.18、0.02、0.08 个百分点；县域每千人口医疗卫生机构床位数分别达到 5.23 张、6.24 张、6.35 张、6.00 张，比 2020 年分别增加 2.38%、5.41%、4.40%、7.09%，但均低于全国每千人口医疗卫生机构床位数为 6.7 张的平均水平。分省份看，2021 年县域每千人口医疗卫生机构床位数前十位的省份分别是四川（7.26 张）、湖北（7.07 张）、重庆（7.06 张）、贵州（6.99 张）、陕西（6.91 张）、湖南（6.80 张）、云南（6.32 张）、辽宁（6.17 张）、河南（6.06 张）、江西（6.04 张），排名最后的为西藏（3.94 张）（见图 3–11）。

表 3–17　2015—2021 年全国每千人口卫生技术人员和医疗卫生机构床位数量

年份	卫生技术人员数量 / 人			每千人口医疗卫生机构床位数 / 张		
	城市	县域	合计	城市	县域	合计
2015	10.21	3.90	5.84	8.27	3.71	5.11
2016	10.42	4.08	6.12	8.41	3.91	5.37
2017	10.87	4.28	6.47	8.75	4.19	5.72
2018	10.91	4.63	6.83	8.70	4.56	6.03
2019	11.10	4.96	7.26	8.78	4.81	6.30
2020	11.46	5.18	7.57	8.81	4.95	6.46
2021	9.87	6.27	7.97	7.47	6.01	6.70

数据来源：历年中国统计年鉴。

表 3–18　2021 年全国县域医疗卫生机构床位数区域分布情况

地区	县域数量 / 个	医疗卫生机构床位总数 / 万张	占全国县域医疗卫生机构床位总数的比重 / %	县域常住人口数量 / 万人	每千人口医疗卫生机构床位数 / 张
东部地区	413	124.06	28.24	23 712.37	5.23
中部地区	475	146.45	33.34	23 486.79	6.24
西部地区	827	141.26	32.15	22 253.75	6.35
东北地区	147	27.55	6.27	4 592.23	6.00
全国县域合计	1 862	439.31	100	74 045.14	5.93

数据来源：2022 年《中国县域统计年鉴》，个别县域没有提供数据，本次统计已剔除。

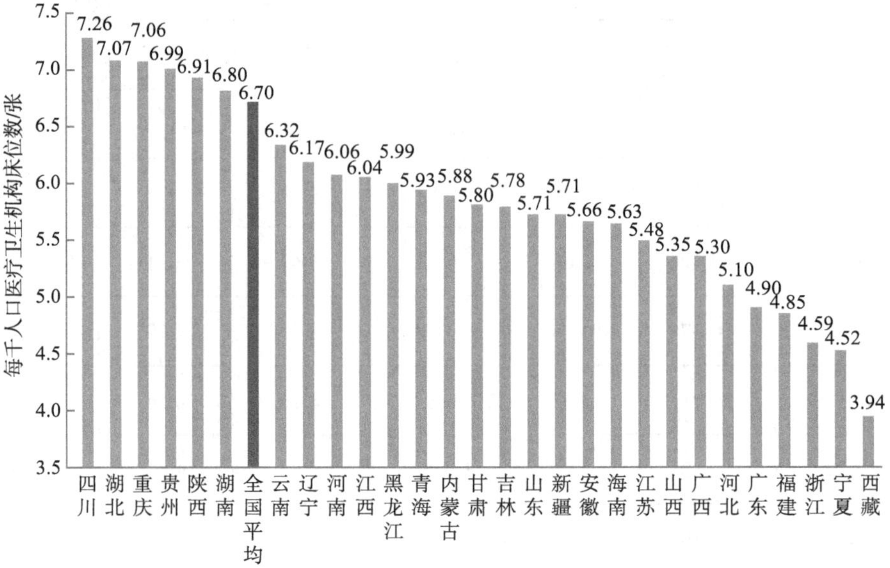

图 3–11　2021 年全国部分省份县域每千人口医疗卫生机构床位数

数据来源：根据 2022 年《中国县域统计年鉴》计算。

（四）养老托育

养老服务方面，2020 年，全国县域 65 岁及以上老龄人口占比达 14.67%，高于全国 13.5% 的平均水平，更早步入中度老龄化阶段。分区域看，东部、中部、西部、东北地区县域为每千人口 65 岁及以上老人提供住宿的民政机构养老床位数分别为 26.4 张、27.9 张、23.4 张、29.6 张，西部地区最少，均低于全国县域 26.3 张和全国 25.6 张的平均水平。分省份看，2020 年县域为每千人口 65 岁及以上老人提供住宿的民政机构养老床位数排名前十位的省份（见图 3–12）分别是西藏（61.5 张）、浙江（43.8 张）、新疆（39.7 张）、宁夏（37.9 张）、安徽（37.9 张）、黑龙江（37.2 张）、青海（34.4 张）、江苏（33 张）、吉林（32.3 张）、江西（31.4 张），排名最后的为甘肃（仅 9.8 张）。

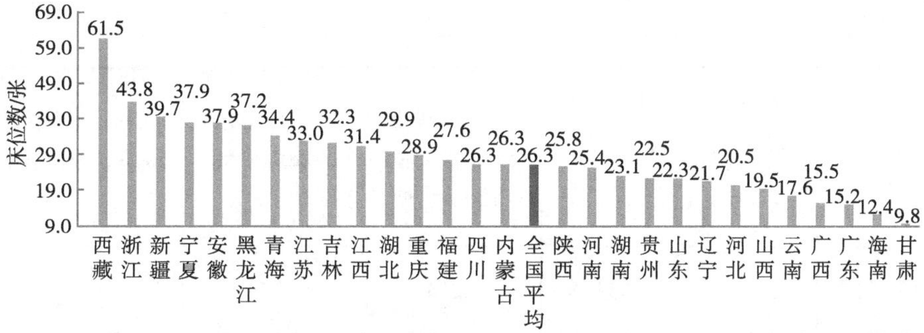

图 3-12 2020 年部分省份县域为每千人口 65 岁及以上老人提供住宿的民政机构养老床位数

数据来源：2021 年《中国县域统计年鉴》，个别县域没有提供数据，本次统计已剔除。2020 年按照全国提供住宿的民政服务机构养老床位数占民政机构床位总数 94.72% 的比例折算县域提供住宿的民政服务机构养老床位数。

尽管县域人口老龄化面临较大压力，但县域提供住宿的民政机构养老床位数不增反降。2021 年，全国县域提供住宿的民政机构养老床位数为 257.5 万张，比 2020 年减少 9.8%，占全国的比重为 51.1%，比 2020 年下降了 7.35 个百分点。分区域看，在 2021 年全国 1 862 个县（市）统计中，东部、中部、西部、东北地区提供住宿的民政机构养老床位数分别为 78.88 万张、96.67 万张、66.04 万张、15.92 万张（见表 3-19），比 2020 年分别减少 15.0%、1.9%、6.1%、33.2%，东北地区下降幅度最大。

表 3-19 2021 年全国县域提供住宿的民政服务机构养老床位区域分布情况

地区	县域数量 / 个	各种社会福利收养性单位数 / 个	各种社会福利收养性单位养老床位数 / 万张	各种社会福利收养性单位养老床位数占比 / %	县均各种社会福利收养性单位养老床位数 / 张
东部地区	413	8 305	78.88	30.63	1 910
中部地区	475	10 625	96.67	37.54	2 035

续表

地区	县域数量 / 个	各种社会福利收养性单位数 / 个	各种社会福利收养性单位养老床位数 / 万张	各种社会福利收养性单位养老床位数占比 / %	县均各种社会福利收养性单位养老床位数 / 张
西部地区	827	8 953	66.04	25.64	798
东北地区	147	1 790	15.92	6.18	1 083
全国县域合计	1 862	29 673	257.51	100	1 382

数据来源：2022 年《中国县域统计年鉴》，个别县域没有提供数据，本次统计已剔除。2021 年按照全国提供住宿的民政服务机构养老床位数占民政机构床位数 94.93% 的比例折算县域提供住宿的民政服务机构养老床位数。

托育服务方面，县域托育服务需求旺盛，第七次全国人口普查数据显示，全国 1 861 个县域有 0 岁人口 664.3 万人，占全国出生总人口的比重为 55.4%。县域内 0 ~ 4 岁人口占比 5.75%，比全国平均水平高 0.23 个百分点，比直辖市、省会城市（含计划单列市）和地级市分别高 1.66、0.49 和 0.29 个百分点；0 岁人口比重为 8.95‰，比直辖市、省会城市和地级市分别高 3.01、0.76 和 0.74 个千分点。从区域层面看，东北地区县域托育需求相对较小。在 2020 年全国 1 861 个县（市）统计中，县域每万常住人口中 0 岁人口数量平均为 89 人，东部、中部、西部、东北地区分别为 87 人、92 人、100 人、42 人。分省份看，县域每万常住人口中 0 岁人口数量排名前十位的省份（见图 3–13）分别是西藏（166 人）、贵州（139 人）、广东（131 人）、青海（129 人）、宁夏（122 人）、广西（117 人）、甘肃（111 人）、云南（111 人）、海南（101 人）、江西（98 人），排名最后的为黑龙江（35 人）。

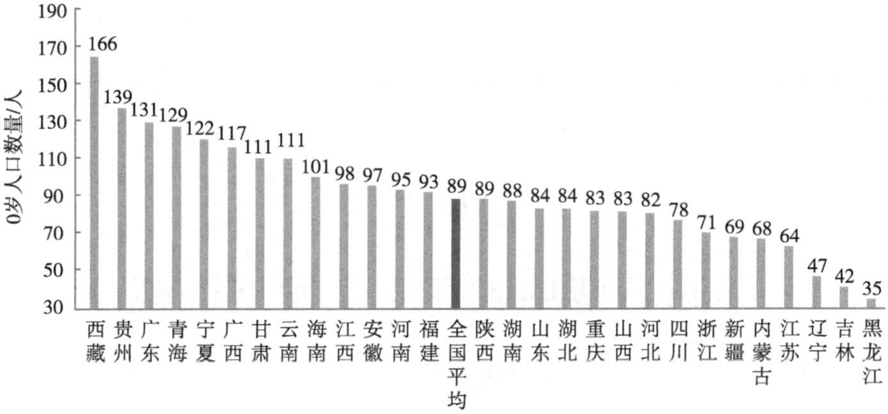

图 3-13　2020 年部分省份县域每万常住人口中 0 岁人口数量

数据来源：2021 年《中国县域统计年鉴》，个别县域没有提供数据，本次统计已剔除。

第四章
不同类型县域高质量发展透视

我国县域众多，自然地理、区位条件、资源禀赋各异，发展模式和发展路径各不相同。对所有县域一概而论，难以准确反映其地域性、复杂性和多样性。要尊重县城发展规律，顺应人口流动趋势，立足资源环境承载能力、区位条件、产业基础、功能定位等，因地制宜，突出特色，推动县域高质量发展，推动县城差异化发展。为推动不同类型县域探索各具特色的发展道路，将县域分为大城市周边县、专业功能县、农产品主产区县、重点生态功能区县、陆地边境县和人口减少县六大类型，并对不同类型县域单元的人口变动、经济发展、产业发展进行透视分析。

一、大城市周边县

（一）类型界定

大城市周边县，是指位于城市群和都市圈范围内，相对靠近中心城市，容易受到中心城市辐射带动的县级行政区划。界定标准为位于都市圈中心城市城区或I类大城市城区80公里范围内的县域，全国大城市周边县共计420个（详见附表3）。

在空间分布上，大城市周边县主要分布在胡焕庸线以东地区，环绕在直辖市、计划单列市、省会城市等大城市周边。东部、中部、西部、东北地区的大城市周边县数量分别为136个、116个、122个和46个，占全国大城市周边县总数量的比重分别为32.4%、27.6%、29.0%和11.0%。河北、四川、福建、湖南、浙江等省份的大城市周边县数量较多，分别有37个、32个、27个、25个和25个。大城市周边县空间分布情况和分布密度分别见图4–1和图4–2。

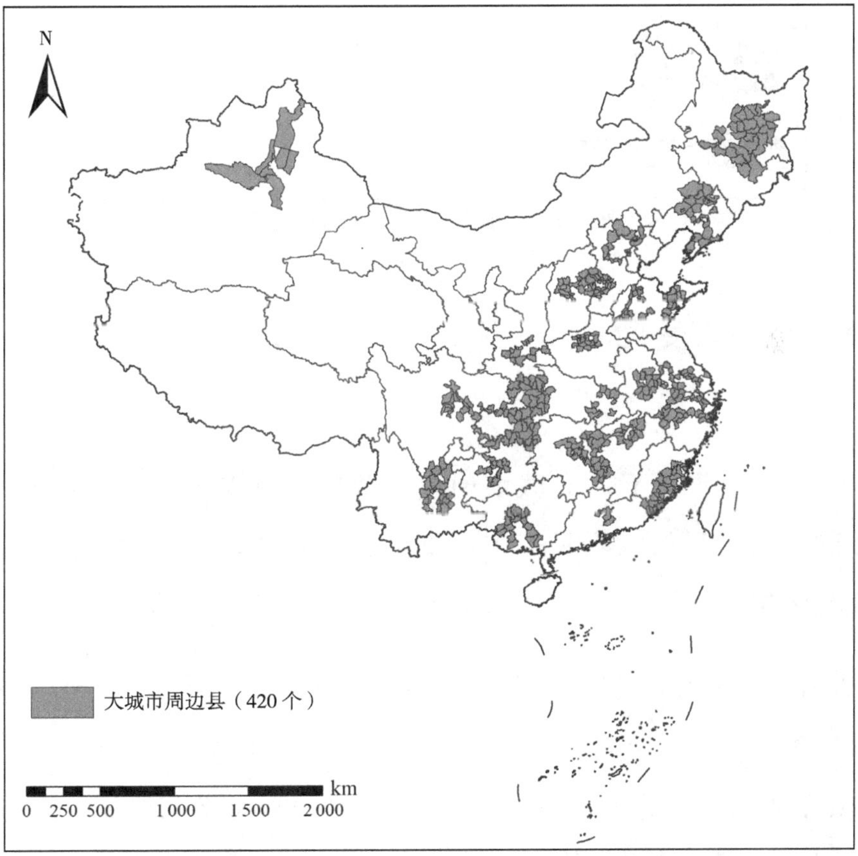

图4–1　大城市周边县空间分布情况示意图

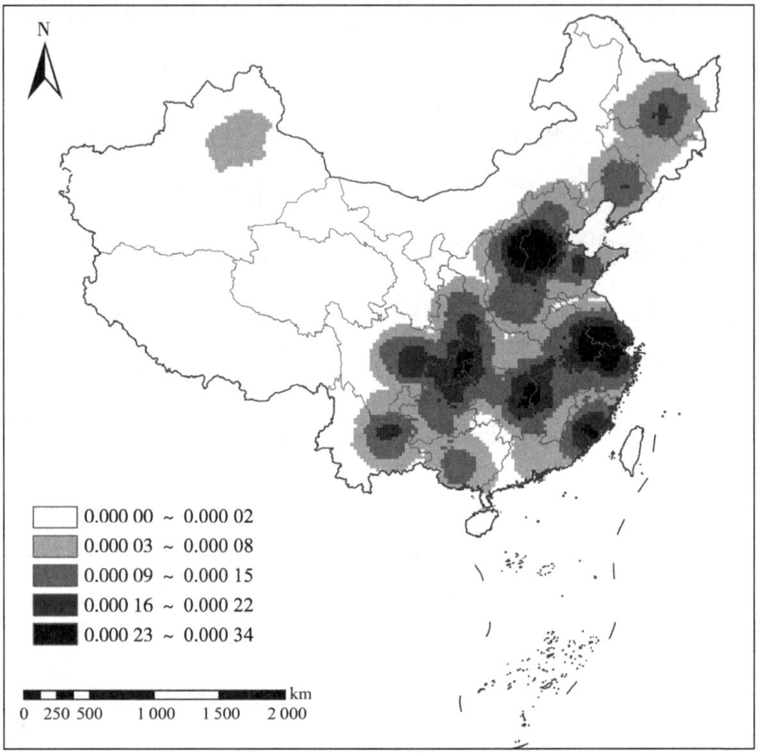

图 4-2 大城市周边县空间分布密度

（二）人口变动

1. 从人口规模看，大城市周边县常住人口规模占全国县域人口总数的三成，且持续增长，中部地区增速较快，东部次之，西部和东北地区均负增长

2021 年，全国 420 个大城市周边县的常住人口总数为 2.21 亿人，相较于 2020 年增加了 60.55 万人，占全国总人口的比重达 15.6%，占全国县域总人口的比重从 2020 年的 29.6% 提高到 2021 年的 29.8%。分区域看，东部地区大城市周边县常住人口最多且持续增加，中部地区大城市周边县常住人口增量最大，东北地区大城市周边县人口最少且呈负增长。2021 年东部、中部、西部和东北地区的大城市周边县常住人口分别为 0.85 亿、0.65 亿、0.54 亿和 0.17 亿人，比 2020 年分别变化了 15.42 万、85.95 万、–23.51 万和 –17.31 万人，占全国大城市周边县的比重分别为 38.3%、29.6%、24.4% 和 7.7%，相较于 2020 年，东部地区的比重基本稳定，中部地区增加了 0.3 个百分点，西部和东北地区则分别下降了 0.2 和 0.1 个百分点。

2. 从县域城镇化看，大城市周边县城镇化率明显高于全国县域的平均水平，超三成人口集聚在县城，西部地区县域城镇化推进较快

2021 年，大城市周边县城镇化率达到 52.5%，相较于 2020 年，提高了 1.4 个百分点，比 2021 年全国县域城镇化率高 4.4 个百分点，比 2021 年全国城镇化率低 12.2 个百分点；大城市周边县的县城人口为 0.72 亿人，占大城市周边县县域总人口的 32.6%。四大区域大城市周边县的城镇化率全面提升，推进速度不一。东部地区大城市周边县城镇化率最高，但推进较慢，西部地区大城市周边县城镇化率较低，但推进最快，东北地区大城市周边县城镇化率最低，且推进最为缓慢。2021 年，东部、中部、西部和东北地区大城市周边县的县域城镇化率分别为 57.4%、53.4%、48.2% 和 47.3%，相较于 2020 年，分别提高了 1.0、1.5、2.0 和 0.7 个百分点；大城市周边县的县城人口占县域总人口的比重分别为 33.9%、31.5%、32.0% 和 33.0%（见表 4–1）。

表 4–1　2020 年和 2021 年大城市周边县城镇化变化情况

地区	2020 年城镇化率 / %	2021 年城镇化率 / %	2021 年县城人口占比 / %
东部地区	56.4	57.4	33.9
中部地区	51.9	53.4	31.5
西部地区	46.2	48.2	32.0
东北地区	46.6	47.3	33.0

续表

地区	2020 年城镇化率 / %	2021 年城镇化率 / %	2021 年县城人口占比 / %
全国	51.1	52.5	32.6

数据来源：根据各县（市）2021 年国民经济和社会发展统计公报、第七次全国人口普查资料、中国县域统计年鉴、各县（市）统计年鉴、政府工作报告等公开数据整理。

3. 从人口流动看，大城市周边县人口总体小幅流出，仅东部地区有所增加，其他地区均为净流出

2010—2020 年，全国大城市周边县常住人口总量从 2.29 亿人减少到 2.20 亿人，减少 3.8%。其中，33.7% 的大城市周边县常住人口增长超过 10%，如河南省新郑市、福建省闽侯县、河北省三河市、新疆维吾尔自治区五家渠市等，常住人口分别增长了 54.6%、49.2%、48.0%、46.3%；32.3% 的大城市周边县常住人口减少超过 10%，如安徽省巢湖市、辽宁省抚顺县、安徽省枞阳县、吉林省舒兰市等地区，常住人口分别减少了 81.2%、48.9%、44.1%、39.3%。分区域看，东部地区大城市周边县常住人口呈现流入态势，从 2010 年的 0.81 亿人增加到 2020 年的 0.84 亿人。中部和西部地区略有减少，分别从 2010 年的 0.71 亿人和 0.55 亿人减少到 2020 年的 0.65 亿人和 0.54 亿人。东北地区大城市周边县常住人口总量下降，从 2010 年的 0.22 亿人减少到 2020 年的 0.17 亿人。

（三）经济发展

1. 从经济总量看，大城市周边县 GDP 占全国县域 GDP 近四成，人均 GDP 略低于全国平均水平

2022 年，全国 420 个大城市周边县的 GDP 达到 17.10 万亿元，为全国 GDP 的 14.1%、全国县域 GDP 的 37.0%。大城市周边县人均 GDP 为 7.74

万元，分别为全国平均水平的90.3%和全国县域平均水平的1.24倍。仅有103个大城市周边县人均GDP高于全国平均水平，超七成大城市周边县人均GDP低于全国平均水平。从经济规模分布看，GDP超过1 000亿元的大城市周边县有32个，是大城市周边县总数的7.6%，其GDP占大城市周边县GDP的比重为33.8%；GDP在500亿～100亿元的大城市周边县有263个，是大城市周边县总数的62.7%，GDP占大城市周边县GDP的比重为37.6%；GDP低于100亿元的大城市周边县有59个，是大城市周边县总数的14.0%，其GDP占大城市周边县GDP的比重为2.4%（见表4–2）。

表4–2　2022年大城市周边县GDP规模分布情况

GDP规模	县域数量/个	县域数量占比/%	县域GDP占比/%
2 000亿元以上	8	1.9	15.1
2 000亿～1 000亿元	24	5.7	18.7
1 000亿～500亿元	65	15.7	26.1
500亿～300亿元	81	19.2	18.0
300亿～100亿元	183	43.5	19.6
100亿～50亿元	49	11.6	2.2
50亿元以下	10	2.4	0.2
合计	420	100	100

数据来源：根据各县（市）2022年国民经济和社会发展统计公报、中国县域统计年鉴、各县（市）统计年鉴、政府工作报告等公开数据整理。

2. 从经济增速看，大城市周边县经济发展较为缓慢，低于全国平均水平及全国县域平均水平

2021—2022年，大城市周边县GDP从16.36万亿元增长至17.10万亿元，名义增长4.5%，低于全国平均水平0.3个百分点、低于全国县域平均水平1.3个百分点；大城市周边县GDP占全国GDP的比重基本保持在14.1%

左右，占全国县域 GDP 的比重略有下降，从 37.5% 降低至 37.0%。其中，吉木萨尔县、阜康市、平果市、托克逊县等地区经济增速较高，名义增速均超过 30.0%（见表 4–3）。

表 4–3　2022 年 GDP 同比增速较高的大城市周边县

大城市周边县	所属省份	增速（名义）/%	大城市周边县	所属省份	增速（名义）/%
吉木萨尔县	新疆	48.0	五台县	山西	17.5
阜康市	新疆	46.3	平利县	陕西	16.8
平果市	广西	34.7	瓦房店市	辽宁	16.8
托克逊县	新疆	32.0	洛南县	陕西	16.3
柞水县	陕西	27.1	罗源县	福建	16.1
宣汉县	四川	25.1	兴平市	陕西	16.0
扶绥县	广西	22.2	静乐县	山西	15.6
东山县	福建	22.0	金堂县	四川	15.0
古交市	山西	21.4	漳浦县	福建	14.7
寿阳县	山西	21.3	大冶市	湖北	14.6
岚县	山西	20.5	闽侯县	福建	14.5
清徐县	山西	20.3	闽清县	福建	14.5
勃利县	黑龙江	20.3	昌吉	新疆	14.0
会泽县	云南	19.7	龙里县	贵州	13.8
昔阳县	山西	19.0	三原县	陕西	13.6

数据来源：根据各县（市）2021 年、2022 年国民经济和社会发展统计公报、中国县域统计年鉴、各县（市）统计年鉴、政府工作报告等公开数据整理。

3. 从区域发展看，东部地区大城市周边县经济发展水平相对较高，西部地区经济发展速度相对较快

在经济规模方面，东部地区大城市周边县贡献了全国大城市周边县 GDP

的五成以上，人均 GDP 显著高于其他三个区域。2022 年，东部、中部、西部、东北地区大城市周边县的 GDP 分别为 8.97 万亿元、4.38 万亿元、2.98 万亿元和 0.77 万亿元，占全国大城市周边县 GDP 的比重分别为 52.5%、25.6%、17.4% 和 4.5%，占所在区域县域 GDP 的比重分别为 48.2%、33.0%、24.4% 和 39.3%；人均 GDP 分别为 10.56 万元、6.84 万元、5.54 万元和 4.52 万元，分别是全国大城市周边县人均 GDP 的 135.9%、88.1%、71.2% 和 58.2%。在经济增速方面，2022 年，东部、中部、西部和东北地区大城市周边县 GDP 分别同比增长 5.1%、2.7%、7.5% 和 5.4%（见表 4–4）。

表 4–4　2022 年四大经济区域大城市周边县 GDP 总量和增速情况

地区	GDP 总量 / 万亿元	人均 GDP/ 万元	GDP 同比增速 / %
东部地区	8.97	10.56	5.1
中部地区	4.38	6.84	2.7
西部地区	2.98	5.54	7.5
东北地区	0.77	4.52	5.4

数据来源：根据各县（市）2021 年、2022 年国民经济和社会发展统计公报、中国县域统计年鉴、各县（市）统计年鉴、政府工作报告等公开数据整理。

（四）产业发展

1. 从产业结构看，大城市周边县产业结构呈现“二三一”格局，第二产业发展相对较快，第一产业和第三产业发展相对缓慢

2021 年，全国 420 个大城市周边县的三次产业结构为 10.5∶45.4∶44.1，呈现“二三一”格局（见表 4–5）。其中，第二产业占最大比重，达 45.4%，较全国县域平均水平高 3.7 个百分点，较全国平均水平高出 6.0 个百分点。第

二产业增加值为 7.43 万亿元，占全国县域第二产业增加值的比重为 40.9%。与 2020 年相比，2021 年的第二产业增加值增加了 0.98 万亿元，增长 15.1%，占比提升了 1.3 个百分点。第三产业发展水平相对不高，仅占 44.1%，较全国县域平均水平高 0.2 个百分点，较全国平均水平低 9.2 个百分点。第三产业增加值为 7.21 万亿元，占全国县域第三产业增加值的比重为 37.7%。与 2020 年相比，第三产业增加值增加了 0.65 万亿元，增长 9.9%，占比下降了 0.8 个百分点。第一产业占比为 10.5%，较全国县域平均水平低 3.9 个百分点，较全国平均水平高 3.2 个百分点。第一产业增加值为 1.71 万亿元，占全国县域第一产业增加值的比重为 27.2%。与 2020 年相比，第一产业增加值增加了 0.10 万亿元，增长 6.1%，占比下降了 0.5 个百分点。

表 4–5　2021 年大城市周边县三次产业结构

产业	增加值 / 万亿元		比重 / %	
	大城市周边县	全国县域	大城市周边县	全国县域
第一产业	1.71	6.28	10.5	14.4
第二产业	7.43	18.17	45.4	41.7
第三产业	7.21	19.12	44.1	43.9

数据来源：根据各县（市）2021 年国民经济和社会发展统计公报、中国县域统计年鉴、各县（市）统计年鉴、政府工作报告等公开数据整理。

2. 从区域发展看，东部和中部地区第二产业占主导地位，西部和东北地区第三产业占主导地位，四大经济区域第二产业占比均有提高，第一产业和第三产业占比均有下降

2021 年，东部地区大城市周边县的三次产业结构为 6.5∶49.1∶44.4（见表 4–6），第二产业占主导地位；与 2020 年相比，第二产业增加值占比提高了 1.5 个百分点，第一产业和第三产业占比分别下降了 0.4 和 1.1 个百分点。中

部地区大城市周边县的三次产业结构为 10.3∶46.4∶43.3，第二产业占主导地位；与 2020 年相比，第二产业增加值占比提高了 0.5 个百分点，第一产业和第三产业分别下降了 0.3 和 0.2 个百分点。西部地区大城市周边县的三次产业占比结构为 17.3∶38.2∶44.5，第三产业占主导地位；与 2020 年相比，第二产业增加值占比提高了 1.7 个百分点，第一产业和第三产业占比分别下降了 1.0 和 0.7 个百分点。东北地区大城市周边县的三次产业结构为 31.6∶24.8∶43.6，第三产业占主导地位；与 2020 年相比，第二产业增加值占比提高了 1.7 个百分点，第一产业和第三产业占比分别下降了 0.9 和 0.8 个百分点。

表 4–6　四大经济区域大城市周边县三次产业结构

地区	2021 年三次产业结构	2020 年三次产业结构
东部地区	6.5∶49.1∶44.4	6.9∶47.6∶45.5
中部地区	10.3∶46.4∶43.3	10.6∶45.9∶43.5
西部地区	17.3∶38.2∶44.5	18.3∶36.5∶45.2
东北地区	31.6∶24.8∶43.6	32.5∶23.1∶44.4

数据来源：根据各县（市）2021 年国民经济和社会发展统计公报、第七次全国人口普查资料、中国县域统计年鉴、各县（市）统计年鉴、政府工作报告等公开数据整理。

二、专业功能县

（一）类型界定

专业功能县，是指远离中心城市，能够依托自身较好的产业基础、资源禀赋和地理位置等因素，形成高度专业化和聚集化的产业格局，形成鲜明的特色优势产业的县级行政区划。界定标准是，满足以下两个条件之一的即为专业功能县：一是县域第二产业、第三产业增加值之和占县域 GDP 比重大于

85%、人均 GDP 高于全国县域平均水平、城镇人口年均增长率大于 3%；二是获得有关文化、资源等国家级、省级荣誉称号，且区位条件优越、特色资源丰富。全国专业功能县共计 447 个（详见附表 4）。

在空间分布上，专业功能县主要聚集在山东、浙江等东部沿海地区以及晋陕蒙能源“金三角”地区，东北地区数量较少。东部、中部、西部和东北地区的专业功能县数量分别为 124 个、106 个、192 个和 25 个，占全国专业功能县数量的比重分别为 27.7%、23.7%、43.0% 和 5.6%。河北、山西、山东、西藏、浙江等省份专业功能县数量较多，分别有 34 个、29 个、28 个、26 个和 20 个。专业功能县空间分布情况和分布密度分别见图 4-3 和图 4-4。

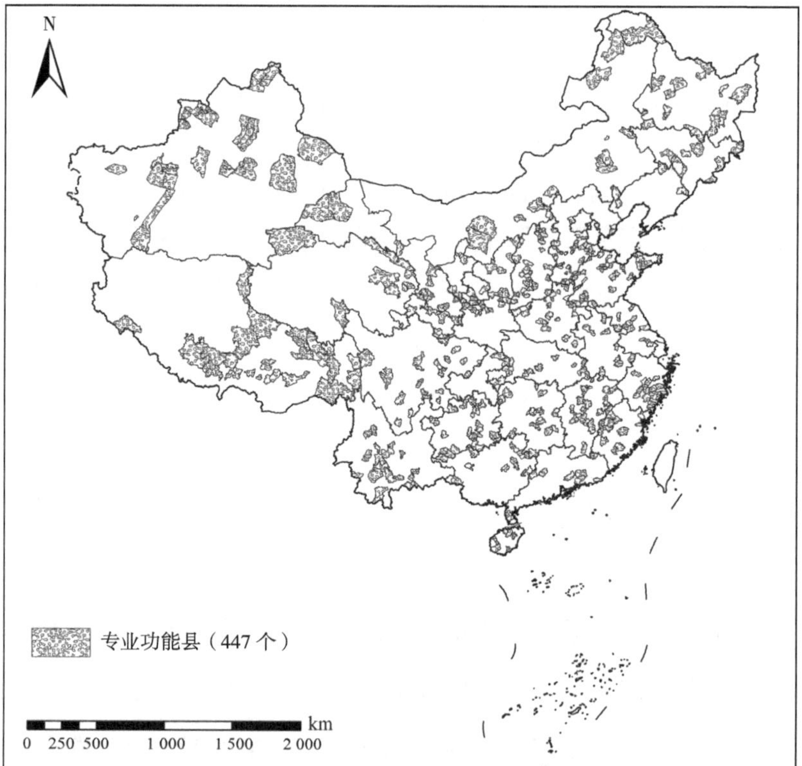

图 4-3　专业功能县空间分布情况示意图

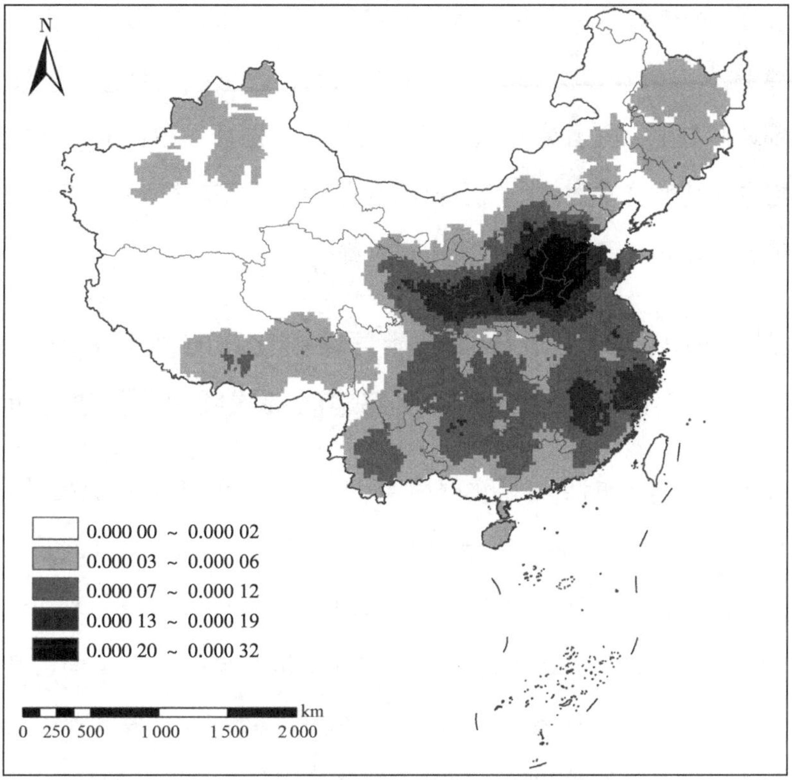

图 4-4　专业功能县空间分布密度

（二）人口变动

1. 从人口规模看，专业功能县常住人口规模占全国县域总人口近 1/4，略有下降，除东北地区外，其他地区均为负增长

2021 年，全国 447 个专业功能县常住人口总数为 1.75 亿人，相较于 2020 年减少了 77.10 万人，占全国总人口的比重从 2020 年的 12.5% 下降到 2021 年的 12.4%，占全国县域总人口的比重从 2020 年的 23.7% 下降到 2021 年的 23.6%。分区域看，2021 年，东部、中部、西部和东北地区的专业功能县常住人口分别为 0.70 亿人、0.49 亿人、0.48 亿人和 0.08 亿人，比 2020 年

分别变化了 –6.77 万人、–31.77 万人、–39.72 万人和 1.17 万人，占全国专业功能县常住人口的比重分别为 40.0%、28.1%、27.4% 和 4.5%。相较于 2020 年，东部地区专业功能县常住人口所占比重略有提升，增长了 0.1 个百分点，西部地区专业功能县常住人口所占比重略有下降，回落了 0.1 个百分点，中部和东北地区专业功能县常住人口所占比重维持不变。

2. 从县域城镇化看，专业功能县城镇化率略高于全国县域的平均水平，1/3 人口集聚在县城，西部地区县域城镇化推进速度最快

2021 年，专业功能县城镇化率为 48.8%，相较于 2020 年提高了 1.2 个百分点，比 2021 年全国城镇化率低 15.9 个百分点，较 2021 年全国县域城镇化率高 0.7 个百分点；专业功能县的县城人口为 0.60 亿人，占专业功能县县域总人口的比重为 34.3%。四大经济区域专业功能县城镇化率全面提升，但增速不一。东部、中部地区专业功能县的城镇化率较高，且发展速度较快；东北地区专业功能县的城镇化率在四大经济区域中位列第二，但发展速度最慢；西部地区专业功能县的城镇化率较低，但发展速度最快。2021 年，东部、中部、西部和东北地区专业功能县的城镇化率分别为 55.3%、49.5%、43.8% 和 52.5%，相较于 2020 年，分别提高了 1.0、0.8、1.8 和 0.2 个百分点；专业功能县的县城人口占县域总人口的比重分别为 33.9%、33.6%、35.3% 和 36.0%（见表 4–7）。

表 4–7　2020 年和 2021 年专业功能县城镇化率及县城人口占比情况

地区	2020 年城镇化率 / %	2021 年城镇化率 / %	2021 年县城人口占比 / %
东部地区	54.3	55.3	33.9
中部地区	48.7	49.5	33.6
西部地区	42.0	43.8	35.3
东北地区	52.3	52.5	36.0

续表

地区	2020 年城镇化率 / %	2021 年城镇化率 / %	2021 年县城人口占比 / %
全国	47.6	48.8	34.3

数据来源：根据各县（市）2021 年国民经济和社会发展统计公报、第七次全国人口普查资料、中国县域统计年鉴、各县（市）统计年鉴、政府工作报告等公开数据整理。

3. 从人口流动看，专业功能县人口总体小幅流出，仅东部地区略有增加，中部、西部和东北地区均为净流出

2010—2020 年，全国专业功能县常住人口总量从 1.82 亿人减少到 1.76 亿人，减少 3.3%，年平均减少率为 0.3%。其中，15% 的专业功能县常住人口增长超过 10%，如新疆维吾尔自治区和田市、贵州省六枝特区、浙江省青田县、浙江省义乌市等，常住人口分别增长了 87.7%、53.5%、51.3%、50.7%；31.8% 的专业功能县常住人口减少超过 10%，如广西壮族自治区苍梧县、黑龙江省拜泉县、陕西省佳县、青海省茫崖市等，常住人口分别减少了 49.7%、45.7%、44.8%、43.6%。分区域看，2010—2020 年，四大区域人口变动差异明显，呈现“一增三减”态势。东部地区专业功能县的常住人口总量略有增加，从 2010 年的 0.69 亿人上升至 2020 年的 0.70 亿人；中部、西部和东北地区的常住人口总量略有减少，分别从 2010 年的 0.53 亿、0.50 亿和 0.11 亿人下降至 2020 年的 0.49 亿、0.48 亿和 0.08 亿人。

（三）经济发展

1. 从经济总量看，专业功能县 GDP 占全国县域 GDP 1/4，人均 GDP 仅相当于全国平均水平的 76.3%，近三成县域 GDP 低于 100 亿元

2022 年，全国 447 个专业功能县 GDP 达到 11.47 万亿元，占全国 GDP

的比重为 9.5%，占全国县域 GDP 的比重为 24.7%。专业功能县的县域人均 GDP 为 6.54 万元，是全国平均水平的 76.3%，是全国县域平均水平的 1.05 倍，近八成低于全国平均水平。从经济规模分布看，GDP 超过 1 000 亿元的专业功能县有 13 个，占专业功能县总数的比重为 2.9%，其 GDP 占专业功能县 GDP 的比重为 17.6%；GDP 在 500 亿～ 100 亿元的数量最多，有 261 个，占专业功能县总数的比重为 58.4%，其 GDP 占专业功能县 GDP 的比重为 51.9%；GDP 低于 100 亿元的专业功能县有 133 个，占专业功能县总数的比重为 29.8%，其 GDP 占专业功能县 GDP 的比重为 6.3%（见表 4–8）。

表 4–8　2022 年专业功能县 GDP 规模分布情况

GDP 规模	县域数量 / 个	县域数量占比 / %	县域 GDP 占比 / %
2 000 亿元以上	2	0.4	5.3
2 000 亿～ 1 000 亿元	11	2.5	12.3
1 000 亿～ 500 亿元	40	9.0	24.2
500 亿～ 300 亿元	69	15.2	22.1
300 亿～ 100 亿元	192	43.0	29.8
100 亿～ 50 亿元	74	16.6	5.0
50 亿元以下	59	13.2	1.3
合计	447	100	100

数据来源：根据各县（市）2022 年国民经济和社会发展统计公报、中国县域统计年鉴、各县（市）统计年鉴、政府工作报告等公开数据整理。

2. 从经济增速看，专业功能县经济增速下降明显，但仍高于全国平均水平

2021—2022 年，专业功能县 GDP 从 10.75 万亿元增长至 11.47 万亿元，名义增长 6.5%，与 2020—2021 年的经济增速相比，下降了 6.7 个百分点，名义增速高于全国平均水平 1.3 个百分点，高于全国县域平均水平 0.3 个百分

点。2022 年全国经济增速较高的专业功能县见表 4–9。2021—2022 年，专业功能县 GDP 占全国 GDP 的比重略有上升，由 9.4% 增长至 9.5%，占全国县域 GDP 的比重保持在 25% 左右。

表 4–9　2022 年 GDP 同比增速较高的专业功能县

专业功能县	所属省份	增速（名义）/ %	专业功能县	所属省份	增速（名义）/%
雅江县	四川	52.7	灵台县	甘肃	22.2
安泽县	山西	32.5	库尔勒市	新疆	21.8
普兰县	西藏	31.5	广河县	甘肃	21.7
黎城县	山西	31.3	河津市	山西	21.7
霍林郭勒市	内蒙古	27.1	彬州市	陕西	20.8
府谷县	陕西省	26.3	索县	西藏	20.1
突泉县	内蒙古	24.5	察哈尔右翼后旗	内蒙古	19.9
陈巴尔虎旗	内蒙古	24.5	灵武市	宁夏	19.8
鄯善县	新疆	24.2	陵川县	山西	19.4
华亭市	甘肃	24.1	介休市	山西	19.3
墨竹工卡县	西藏	24.1	河曲县	山西	19.2
靖边县	陕西	23.9	鄂托克旗	内蒙古	18.3
和顺县	山西	23.5	永宁县	宁夏	18.3
灵石县	山西	22.3	个旧市	云南	18.3
子长市	陕西	22.2	徽县	甘肃	18.2

数据来源：根据各县（市）2021 年、2022 年国民经济和社会发展统计公报、中国县域统计年鉴、各县（市）统计年鉴、政府工作报告等公开数据整理。

3. 从区域发展看，东部地区专业功能县经济发展水平相对较高，西部地区经济发展速度相对较快

2022 年，东部、中部、西部和东北地区专业功能县的 GDP 分别为 5.59 万

亿、2.87 万亿、2.70 万亿和 0.31 万亿元，占全国专业功能县 GDP 的比重分别为 48.7%、25.1%、23.7% 和 2.7%，占所在区域县域 GDP 的比重分别为 29.8%、21.2%、22.3% 和 15.8%；人均 GDP 分别为 7.92 万、5.85 万、5.67 万和 3.85 万元，分别是全国专业功能县人均 GDP 的 121.2%、89.5%、86.7% 和 58.8%。在经济增速方面，四大经济区域专业功能县全面提升，西部地区发展速度相对较快，东部、中部和东北地区增速相当。2022 年，东部、中部、西部和东北地区专业功能县 GDP 分别同比增长 5.5%、5.4%、9.7% 和 5.5%（见表 4–10）。

表 4–10　2022 年四大经济区域专业功能县 GDP 总量和增速情况

地区	GDP 总量 / 万亿元	人均 GDP/ 万元	GDP 同比增速 /%
东部地区	5.59	7.92	5.5
中部地区	2.87	5.85	5.4
西部地区	2.70	5.67	9.7
东北地区	0.31	3.85	5.5

数据来源：根据各县（市）2021 年、2022 年国民经济和社会发展统计公报、中国县域统计年鉴、各县（市）统计年鉴、政府工作报告等公开数据整理。

（四）产业发展

1. 从产业结构看，专业功能县产业结构呈现“三二一”格局，第二产业发展相对较快，第三产业发展相对缓慢

2021 年，全国 447 个专业功能县的三次产业结构为 13.0∶42.6∶44.4，呈现为“三二一”格局（见表 4–11）。其中，第三产业占最大比重，达 44.4%，较全国平均水平低 8.9 个百分点，较全国县域平均水平高 0.5 个百分点。第三产业增加值为 4.76 万亿元，占全国县域第三产业增加值的比重为 24.9%。与 2020 年相比，2021 年的第三产业增加值增加了 0.44 万亿元，增长 10.3%，占

比下降了 1.0 个百分点。第二产业占比为 42.6%，较全国平均水平高 3.2 个百分点，较全国县域平均水平高 0.9 个百分点。第二产业增加值为 4.58 万亿元，占全国县域第二产业增加值的比重为 25.2%。与 2020 年相比，第二产业增加值增加了 0.70 万亿元，增长 17.9%，占比提升了 1.7 个百分点。第一产业占比为 13.0%，较全国平均水平高 5.7 个百分点，较全国县域平均水平低 1.4 个百分点。第一产业增加值为 1.40 万亿元，占全国县域第一产业增加值的比重为 22.3%。与 2020 年相比，第一产业增加值增加了 0.10 万亿元，增长 7.9%，占比下降了 0.7 个百分点。

表 4–11　2021 年专业功能县三次产业结构

产业	增加值 / 万亿元		比重 / %	
	专业功能县	全国县域	专业功能县	全国县域
第一产业	1.40	6.28	13.0	14.4
第二产业	4.58	18.17	42.6	41.7
第三产业	4.76	19.12	44.4	43.9

数据来源：根据各县（市）2021 年国民经济和社会发展统计公报、中国县域统计年鉴、各县（市）统计年鉴、政府工作报告等公开数据整理。

2. 从区域发展看，东部和东北地区第三产业占主导地位，中部和西部地区第二产业占主导地位，四大经济区域第二产业占比均有提高，西部和东北地区尤为突出，第一产业和第三产业则均有下降

2021 年，东部地区专业功能县三次产业结构为 9.9∶43.5∶46.6，第三产业占主导地位；与 2020 年相比，专业功能县第二产业增加值占比提高了 1.5 个百分点，第一产业、第三产业占比则分别下降了 0.4、1.1 个百分点。中部地区专业功能县三次产业结构为 12.9∶44.4∶42.7，第二产业占主导地位；与 2020 年相比，专业功能县第二产业增加值占比提高了 1.5 个百分点，第一产业、第三产业占比则分别下降了 0.6、0.9 个百分点。西部地区专业功能县三

次产业结构为17.8∶41.5∶40.7，第二产业占主导地位；与2020年相比，专业功能县第二产业增加值占比提高了2.3个百分点，第一产业、第三产业占比则分别下降了0.7、1.6个百分点。东北地区专业功能县三次产业结构为32.0∶20.7∶47.3，第三产业占主导地位；与2020年相比，专业功能县第二产业增加值占比上升了2.1个百分点，第一产业、第三产业占比则分别下降了1.8、0.3个百分点（见表4–12）。

表4–12　四大经济区域专业功能县三次产业结构

地区	2021年三次产业结构	2020年三次产业结构
东部地区	9.9∶43.5∶46.6	10.3∶42.0∶47.7
中部地区	12.9∶44.4∶42.7	13.5∶42.9∶43.6
西部地区	17.8∶41.5∶40.7	18.5∶39.2∶42.3
东北地区	32.0∶20.7∶47.3	33.8∶18.6∶47.6

数据来源：根据各县（市）2021年国民经济和社会发展统计公报、第七次全国人口普查资料、中国县域统计年鉴、各县（市）统计年鉴、政府工作报告等公开数据整理。

三、农产品主产区县

（一）类型界定

农产品主产区县，是指在我国农业生产中占有重要地位，经过长期的发展和积累，具有较高的农业生产技术和管理水平的县级行政区划。界定标准为被纳入《畜禽粪污资源化利用行动方案（2017—2020年）》和《关于2005年全国粮食生产先进县和粮食生产大户及标兵评选结果的公示》的县级行政区划，全国农产品主产区县共计883个（详见附表5）。

在空间分布上，东部、中部、西部和东北地区的农产品主产区县数量分别为192个、284个、336个和71个，占全国农产品主产区县总数量的比重分别为 21.7%、32.2%、38.1% 和 8.1%。河南、河北、四川、湖南和云南等省份的农产品主产区县数量相对较多，分别有 78 个、68 个、58 个、54 个和 51 个。农产品主产区县的空间分布情况和分布密度分别见图 4–5 和图 4–6。

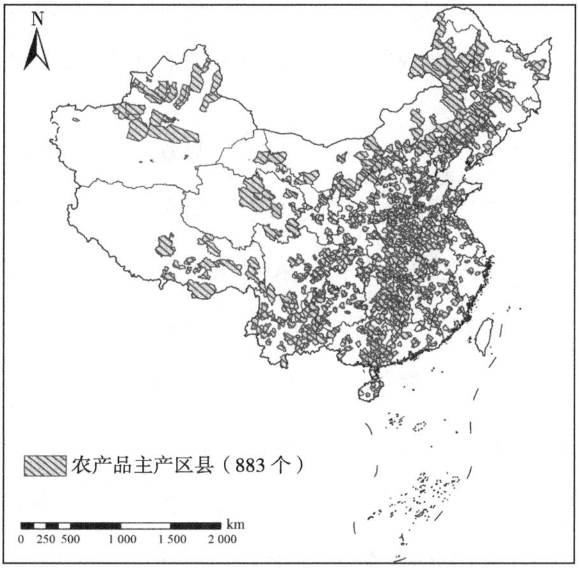

图 4–5　农产品主产区县空间分布情况示意图

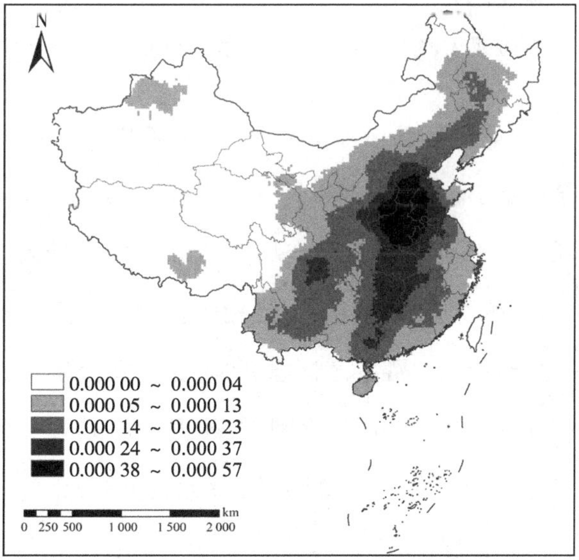

图 4–6　农产品主产区县空间分布密度

（二）人口变动

1. 从人口规模看，农产品主产区县常住人口规模占全国县域人口总数的六成，四大经济区域农产品主产区县人口均负增长

2021 年，全国 883 个农产品主产区县的常住人口总数为 4.35 亿人，相较于 2020 年减少了 147.50 万人，占全国总人口的比重从 2020 年的 30.9% 下降到 2021 年的 30.8%，占全国县域总人口的比重维持在 58.8% 左右。分区域看，2021 年，东部、中部、西部和东北地区的农产品主产区县常住人口分别为 1.21 亿、1.67 亿、1.19 亿和 0.29 亿人，比 2020 年分别减少 24.58 万、86.06 万、10.68 万和 26.17 万人，占全国农产品主产区县常住人口总数的比重分别为 27.7%、38.3%、27.3% 和 6.7%，相较于 2020 年，东部和东北地区的比重相对稳定，中部和西部地区分别变化了 –0.1 和 0.1 个百分点。

2. 从县域城镇化看，农产品主产区县城镇化率略高于全国县域的平均水平，超三成人口集聚在县城，东北地区县域城镇化推进最快

2021 年，农产品主产区县域城镇化率达到 47.7%，相较于 2020 年，提高了 0.9 个百分点，比 2021 年全国城镇化率低 17.0 个百分点，比 2021 年全国县域城镇化率高 0.3 个百分点；农产品主产区县的县城人口为 1.39 亿人，占农产品主产区县县域总人口的比重为 31.9%。分区域看，2021 年，东部、中部、西部和东北地区农产品主产区县的城镇化率分别为 52.3%、48.8%、45.1% 和 44.0%，相较于 2020 年，分别提高了 0.9、0.8、1.0 和 1.5 个百分点；农产品主产区县的县城人口占县域总人口的比重分别为 32.7%、31.2%、32.2% 和 31.0%（见表 4–13）。

表 4-13　2020 年和 2021 年农产品主产区县城镇化率变化情况

地区	2020 年 城镇化率 / %	2021 年 城镇化率 / %	2021 年 县城人口占比 / %
东部地区	51.4	52.3	32.7
中部地区	48.0	48.8	31.2
西部地区	44.1	45.1	32.2
东北地区	42.5	44.0	31.0
全国	46.8	47.7	31.9

注：表中数据四舍五入。

数据来源：根据各县（市）2021 年国民经济和社会发展统计公报、第七次全国人口普查资料、中国县域统计年鉴、各县（市）统计年鉴、政府工作报告等公开数据整理。

3. 从人口流动看，农产品主产区县人口总体净流出，且四大经济区域均呈现净流出态势

2010—2020 年，全国农产品主产区县常住人口总量从 4.60 亿人减少到 4.37 亿人，减少 5.1%。其中，7.1% 的农产品主产区县常住人口增长超过 10%，如新疆维吾尔自治区双河市、河南省新郑市、新疆维吾尔自治区喀什市、贵州省六枝特区、宁夏回族自治区贺兰县等，常住人口分别增长了 62.4%、54.6%、54.5%、53.5%、53.2%；35.9% 的农产品主产区县常住人口减少超过 10%，如新疆维吾尔自治区铁门关市、新疆维吾尔自治区可克达拉市、安徽省枞阳县、内蒙古自治区察哈尔右翼中旗、黑龙江省克东县等，常住人口分别减少了 54.5%、50.3%、44.1%、42.4%、40.6%。分区域看，2010—2020 年，四大经济区域常住人口均呈现净流出态势。东部、中部、西部和东北地区农产品主产区县常住人口分别从 2010 年的 1.22 亿、1.77 亿、1.24 亿和 0.37 亿人减少到 2020 年的 1.21 亿、1.68 亿、1.19 亿和 0.29 亿人。

（三）经济发展

1. 从经济总量看，农产品主产区县 GDP 占全国县域 GDP 一半以上，人均 GDP 仅为全国平均水平的七成

2022 年，全国 883 个农产品主产区县的 GDP 达到 25.66 万亿元，占全国 GDP 的比重为 21.2%，占全国县域 GDP 的比重为 55.4%。农产品主产区县的县域人均 GDP 仅为 5.89 万元，是全国平均水平的 68.8%，是全国县域平均水平的 94.3%。仅有 136 个（占 15.4%）农产品主产区县人均 GDP 高于全国平均水平，八成以上农产品主产区县人均 GDP 低于全国平均水平。从经济规模分布看，GDP 超过 1 000 亿元的农产品主产区县有 28 个，占农产品主产区县总数的比重为 3.2%，其 GDP 占农产品主产区县 GDP 的 15.5%；GDP 在 500 亿 ~ 100 亿元的农产品主产区县数量最多，有 608 个，占农产品主产区县总数的比重为 68.9%，其 GDP 占农产品主产区县 GDP 的比重为 58.4%；GDP 低于 100 亿元的农产品主产区县有 161 个，占农产品主产区县总数的比重为 18.2%，其 GDP 占农产品主产区县 GDP 的比重为 3.9%（见表 4–14）。

表 4–14　2022 年农产品主产区县 GDP 规模分布情况

GDP 规模	县域数量 / 个	县域数量占比 / %	县域 GDP 占比 / %
2 000 亿元以上	3	0.3	2.7
2 000 亿 ~ 1 000 亿元	25	2.9	12.8
1 000 亿 ~ 500 亿元	86	9.7	22.2
500 亿 ~ 300 亿元	183	20.7	27.4
300 亿 ~ 100 亿元	425	48.1	31.0
100 亿 ~ 50 亿元	109	12.3	3.4

续表

GDP 规模	县域数量 / 个	县域数量占比 / %	县域 GDP 占比 / %
50 亿元以下	52	5.9	0.6
合计	883	100	100

注：表中数据四舍五入。

数据来源：根据各县（市）2022 年国民经济和社会发展统计公报、中国县域统计年鉴、各县（市）统计年鉴、政府工作报告等公开数据整理。

2. 从经济增速看，农产品主产区县经济增速略低于全国县域平均水平，但高于全国平均水平

2021—2022 年，农产品主产区县 GDP 从 24.25 万亿元增长至 25.66 万亿元，名义增长 5.8%，高于全国平均水平 0.6 个百分点，低于全国县域平均水平 0.4 个百分点；占全国 GDP 的比重略有提升，从 2021 年的 21.0% 提高到 2022 年的 21.2%；占全国县域 GDP 的比重保持在 55% 左右。其中，沁源县、双河市、岱山县、柳林县等农产品主产区县经济增速较高，均超过 36.0%（见表 4–15）。

表 4–15　2022 年 GDP 同比增速较高的农产品主产区县

农产品主产区县	所属省份	增速（名义）/ %	农产品主产区县	所属省份	增速（名义）/ %
沁源县	山西	53.9	鄂托克前旗	内蒙古	32.2
双河市	新疆	50.5	沁水县	山西	28.9
岱山县	浙江	42.0	泽州县	山西	28.6
柳林县	山西	36.2	林周县	西藏	28.2
比如县	西藏	35.6	曲水县	西藏	28.1
武乡县	山西	34.0	麟游县	陕西	25.9
拜城县	新疆	33.1	田林县	广西	25.6

续表

农产品主产区县	所属省份	增速（名义）/%	农产品主产区县	所属省份	增速（名义）/%
宣汉县	四川	25.1	阳城县	山西	22.0
高平市	山西	25.0	准格尔旗	内蒙古	21.4
孝义市	山西	25.0	寿阳县	山西	21.3
奇台县	新疆	23.2	庆城县	甘肃	21.0
乌审旗	内蒙古	23.2	神木市	陕西	20.7
聂荣县	西藏	23.1	崇信县	甘肃	20.7
伊金霍洛旗	内蒙古	23.1	清徐县	山西	20.3
鄂温克族自治旗	内蒙古	23.0	灵武市	宁夏	19.8

数据来源：根据各县（市）2021 年、2022 年国民经济和社会发展统计公报、中国县域统计年鉴、各县（市）统计年鉴、政府工作报告等公开数据整理。

3. 从区域发展看，东部地区农产品主产区县经济发展水平相对较高，西部地区经济发展速度相对较快

在经济规模方面，东部和中部地区农产品主产区县 GDP 占全国农产品主产区县 GDP 七成，东部地区人均 GDP 显著高于其他三个区域。2022 年，东部、中部、西部、东北地区农产品主产区县的 GDP 分别为 8.20 万亿、9.60 万亿、6.65 万亿和 1.21 万亿元，占全国农产品主产区县 GDP 的比重分别为 32.0%、37.4%、25.9% 和 4.7%，占所在区域县域 GDP 的比重分别为 44.2%、70.8%、54.5% 和 61.7%；人均 GDP 分别为 6.80 万、5.76 万、5.60 万和 4.14 万元，分别是全国农产品主产区县人均 GDP 的 115.3%、97.7%、95.0%、70.2%。在经济增速方面，2022 年，东部、中部、西部和东北地区农产品主产区县 GDP 分别同比增长 5.2%、4.3%、9.8% 和 4.2%，西部地区增长速度最

快，其次是东部、中部和东北地区（见表 4–16）。

表 4–16　2022 年四大经济区域农产品主产区县 GDP 总量和增速情况

地区	GDP 总量 / 万亿元	人均 GDP/ 万元	GDP 同比增速 / %
东部地区	8.20	6.80	5.2
中部地区	9.60	5.76	4.3
西部地区	6.65	5.60	9.8
东北地区	1.21	4.14	4.2

数据来源：根据各县（市）2021 年、2022 年国民经济和社会发展统计公报、中国县域统计年鉴、各县（市）统计年鉴、政府工作报告等公开数据整理。

（四）产业发展

1. 从产业结构看，农产品主产区县产业结构呈现“三二一”格局，第一产业占比相对较高，第二产业发展相对较快

2021 年，全国 883 个农产品主产区县三次产业结构比重为 15.8∶40.8∶43.4，呈现为“三二一”格局（见表 4–17）。其中，第三产业占最大比重，达 43.4%，较全国县域平均水平低 0.5 个百分点，较全国平均水平低 9.9 个百分点。第三产业增加值为 10.49 万亿元，占全国县域第三产业增加值的比重为 54.9%。与 2020 年相比，2021 年的农产品主产区县第三产业增加值增加了 0.99 万亿元，增长 10.4%，占 GDP 比重下降了 0.7 个百分点。第二产业占比为 40.8%，较全国县域第二产业占 GDP 的比重低 0.9 个百分点，较全国平均水平高 1.4 个百分点。第二产业增加值为 9.87 万亿元，占全国县域第二产业增加值的比重为 54.3%。与 2020 年相比，第二产业增加值增加了 1.37 万亿元，增长 16.2%，占比提升了 1.4 个百分点。第一产业占比为 15.8%，较全国县域平均水平高 1.4 个百分点，较全国平均水平高 8.5 个百分点。第一产业增

加值为 3.83 万亿元，占全国县域第一产业增加值的比重为 61.0%。与 2020 年相比，2021 年的第一产业增加值增加了 0.24 万亿元，增长 6.7%，占比下降了 0.8 个百分点。

表 4–17　2021 年农产品主产区县三次产业结构

产业	增加值 / 万亿元		比重 / %	
	农产品主产区县	全国县域	农产品主产区县	全国县域
第一产业	3.83	6.28	15.8	14.4
第二产业	9.87	18.17	40.8	41.7
第三产业	10.49	19.12	43.4	43.9

数据来源：根据各县（市）2021 年国民经济和社会发展统计公报、中国县域统计年鉴、各县（市）统计年鉴、政府工作报告等公开数据整理。

2. 从区域发展看，四大经济区域均为第三产业占主导地位，第一产业占比均有下降，第二产业占比均有提高

2021 年，东部地区农产品主产区县三次产业结构为 12.8∶42.7∶44.5，第三产业占主导地位；与 2020 年相比，第二产业增加值占比提高了 1.5 个百分点，第一产业、第三产业占比分别下降了 0.8 和 0.7 个百分点。中部地区农产品主产区县三次产业结构为 14.1∶42.0∶43.9，第三产业占主导地位；与 2020 年相比，第二产业、第三产业增加值占比分别提高了 0.4 和 0.1 个百分点，第一产业占比下降了 0.5 个百分点。西部地区农产品主产区县三次产业结构为 19.1∶40.0∶40.9，第三产业占主导地位；与 2020 年相比，第二产业增加值占比提高了 2.9 个百分点，第一产业、第三产业增加值占比分别下降了 1.1 和 1.8 个百分点。东北地区农产品主产区县三次产业结构为 32.6∶23.2∶44.2，第三产业占主导地位；与 2020 年相比，第二产业增加值占比提高了 1.6 个百分点，第一产业、第三产业增加值占比分别下降了 1.3 和 0.3 个百分点。2020

年、2021年四大经济区域农产品主产区县三次产业结构见表4–18。

表4–18　四大经济区域农产品主产区县三次产业结构

地区	2021年三次产业结构	2020年三次产业结构
东部地区	12.8 : 42.7 : 44.5	13.6 : 41.2 : 45.2
中部地区	14.1 : 42.0 : 43.9	14.6 : 41.6 : 43.8
西部地区	19.1 : 40.0 : 40.9	20.2 : 37.1 : 42.7
东北地区	32.6 : 23.2 : 44.2	33.9 : 21.6 : 44.5

数据来源：根据各县（市）2021年国民经济和社会发展统计公报、第七次全国人口普查资料、中国县域统计年鉴、各县（市）统计年鉴、政府工作报告等公开数据整理。

四、重点生态功能区县

（一）类型界定

重点生态功能区县，是指位于国家重点生态功能区的县级行政区划。国家重点生态功能区是保障国家生态安全、促进人与自然和谐相处的重要区域，其主要任务是保护和修复生态环境，为生态产品供给提供支撑。界定标准为位于国家重点生态功能区范围内的县域，全国重点生态功能区县共计641个（详见附表6）。

在空间分布上，重点生态功能区县主要集中在西部地区，在中部和东部地区呈现群体式分布，中部地区的县域集群较密集。具体而言，东部、中部、西部和东北地区的重点生态功能区县分别为77个、135个、372个和57个，占全国重点生态功能区县总数量的比重分别为12.0%、21.1%、58.0%和8.9%。四川、新疆、内蒙古、黑龙江、湖南等省份的重点生态功能区县数量较多，分别有55个、48个、44个、40个和40个。重点生态功能区县的空间分布情况和分布密度分别见图4–7和图4–8。

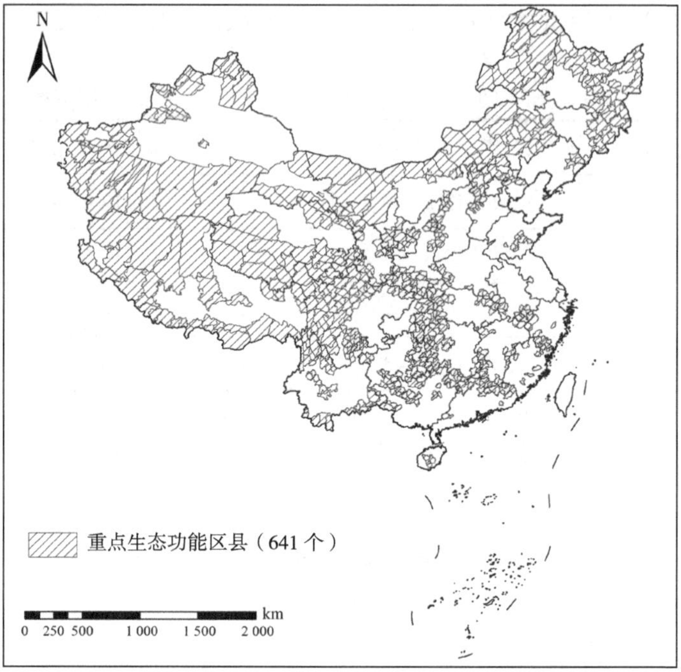

图 4–7　重点生态功能区县空间分布情况示意图

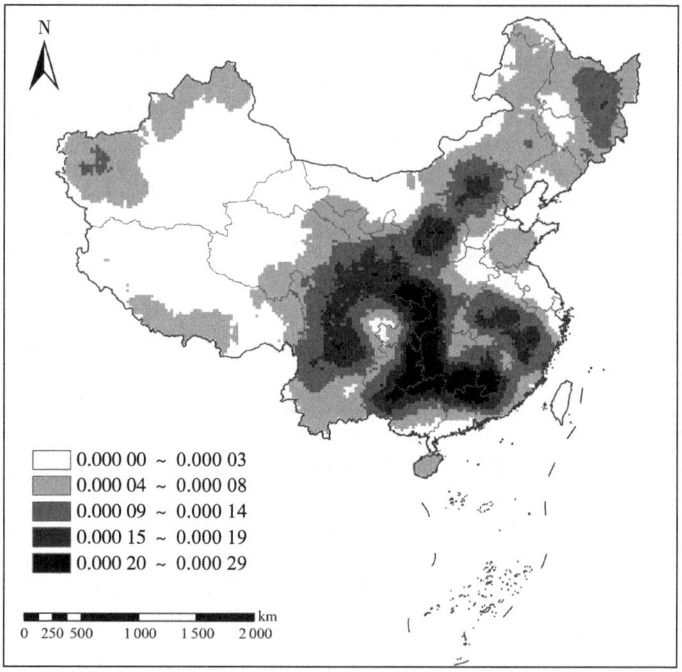

图 4–8　重点生态功能区县空间分布密度

（二）人口变动

1. 从人口规模看，重点生态功能区县常住人口规模占全国县域人口总数的两成，略有减少，除西部地区外，其他地区均负增长

2021 年，全国 641 个重点生态功能区县常住人口总数为 1.47 亿人，相较于 2020 年减少了 19.06 万人，占全国总人口的比重为 10.4%，占全国县域总人口的比重为 19.8%。分区域看，2021 年，东部、中部、西部和东北地区的重点生态功能区县常住人口分别为 0.24 亿、0.43 亿、0.68 亿和 0.12 亿人，比 2020 年分别变化了 –8.42 万、–33.92 万、38.69 万、–15.42 万人，占全国重点生态功能区县常住人口总数的比重分别为 16.7%、29.0%、46.3% 和 8.0%，相较于 2020 年，分别变化了 0.0、–0.2、0.3 和 –0.1 个百分点。

2. 从县域城镇化看，重点生态功能区县城镇化水平相对滞后，城镇化率低于全国县域的平均水平，1/3 人口集聚在县城，东北地区县域城镇化率较高，西部地区推进相对较快

2021 年，重点生态功能区县城镇化率为 45.5%，相较于 2020 年提高了 1.1 个百分点，比 2021 年全国城镇化率低 19.2 个百分点，比 2021 年全国县域城镇化率低 2.5 个百分点。重点生态功能区县县城人口为 0.49 亿人，占重点生态功能区县县域总人口的比重为 33.6%。分区域看，2021 年，东部、中部、西部和东北地区重点生态功能区县城镇化率分别为 49.6%、48.6%、41.2% 和 60.6%，相较于 2020 年，东部、中部、西部地区分别提高了 0.6、0.8、1.5 个百分点，东北地区则降低了 0.1 个百分点。2021 年，东部、中部、西部和东北地区重点生态功能区县县城人口占县域总人口的比重分别为 32.9%、

37.6%、30.5% 和 39.2%（见表 4–19）。

表 4–19　2020 年和 2021 年重点生态功能区县城镇化率变化情况

地区	2020 年 城镇化率 / %	2021 年 城镇化率 / %	2021 年 县城人口占比 / %
东部地区	49.0	49.6	32.9
中部地区	47.8	48.6	37.6
西部地区	39.7	41.2	30.5
东北地区	60.7	60.6	39.2
全国	44.4	45.5	33.6

数据来源：根据各县（市）2021 年国民经济和社会发展统计公报、第七次全国人口普查资料、中国县域统计年鉴、各县（市）统计年鉴、政府工作报告等公开数据整理。

3. 从人口流动看，重点生态功能区县人口总体净流出，东北地区人口流出尤为严重

2010—2020 年，全国重点生态功能区县常住人口总量从 1.58 亿人减少到 1.47 亿人，减少 7.0%。其中，11.7% 的重点生态功能区县常住人口增长超过 10%，如新疆维吾尔自治区图木舒克市、黑龙江省大箐山县、西藏自治区丁青县、浙江省文成县和西藏自治区墨脱县等，常住人口分别增长 94.0%、78.9%、41.2%、35.9% 和 35.8%。37.6% 的重点生态功能区县常住人口减少超过 10%，如内蒙古自治区阿尔山市、黑龙江省塔河县、陕西省佳县、内蒙古自治区察哈尔右翼中旗、黑龙江省桦南县等，常住人口分别减少 52.7%、44.8%、44.8%、42.4%、38.8%。分区域看，2010—2020 年，四大经济区域常住人口均有所减少，东北地区最为显著。东部、中部和西部地区分别减少了 112.94 万、350.48 万和 302.56 万人。东北地区重点生态功能区县常住人口则大幅减少，从 2010 年的 0.15 亿人下降至 2020 年的 0.12 亿人，人口减少率高达 20%。

（三）经济发展

1. 从经济总量看，重点生态功能区县 GDP 占全国县域 GDP 的 1/7，人均 GDP 仅为全国平均水平的一半

2022 年，全国 641 个重点生态功能区县 GDP 为 6.82 万亿元，占全国 GDP 的比重为 5.6%，占全国县域 GDP 的比重为 14.7%，县均 GDP 仅为 106.47 亿元。重点生态功能区县域人均 GDP 为 4.64 万元，是全国平均水平的 54.2%，是全国县域平均水平的 74.3%，仅有 62 个（占 9.7%）重点生态功能区县人均 GDP 高于全国平均水平，超过九成重点生态功能区县人均 GDP 低于全国平均水平。从经济规模分布看，GDP 超过 500 亿元的重点生态功能区县有 5 个，仅占重点生态功能区县总数 0.8%，其 GDP 占全国重点生态功能区县 GDP 的比重为 4.0%；GDP 在 500 亿 ~ 100 亿元的重点生态功能区县有 270 个，占重点生态功能区县总数的比重为 42.1%，其 GDP 占全国重点生态功能区县 GDP 的比重为 68.3%；GDP 低于 100 亿元的重点生态功能区县有 366 个，占重点生态功能区县总数的比重为 57.1%，其 GDP 占全国重点生态功能区县 GDP 的比重为 27.7%（见表 4–20）。

表 4–20　2022 年重点生态功能区县 GDP 规模分布情况

GDP 规模	县域数量 / 个	县域数量占比 /%	县域 GDP 占比 /%
1 000 亿 ~ 500 亿元	5	0.8	4.0
500 亿 ~ 300 亿元	22	3.4	11.8
300 亿 ~ 100 亿元	248	38.7	56.5
100 亿 ~ 50 亿元	190	29.6	21.1
50 亿元以下	176	27.5	6.6

续表

GDP 规模	县域数量 / 个	县域数量占比 /%	县域 GDP 占比 /%
合计	641	100	100

数据来源：根据各县（市）2022 年国民经济和社会发展统计公报、中国县域统计年鉴、各县（市）统计年鉴、政府工作报告等公开数据整理。

2. 从经济增速看，重点生态功能区县经济增速放缓，但仍高于全国平均水平和全国县域平均水平

2021—2022 年，重点生态功能区县 GDP 增长较快，GDP 总量从 6.39 万亿元增长至 6.82 万亿元，名义增长 6.8%。但与 2020—2021 年经济增速相比，下降了 5.2 个百分点。其中，北屯市、雅江县、若羌县、嘉黎县等重点生态功能区县经济增速较高，名义增速均超过 40%（见表 4–21）。2021—2022 年，重点生态功能区县 GDP 名义增速高于全国平均水平 1.6 个百分点，高于全国县域平均水平 0.6 个百分点；占全国 GDP 的比重和占全国县域 GDP 的比重基本不变，分别保持在 5.6% 和 14.7% 左右。

表 4–21　2022 年 GDP 同比增速较高的重点生态功能区县

重点生态功能区县	所属省份	增速（名义）/ %	重点生态功能区县	所属省份	增速（名义）/ %
北屯市	新疆	53.0	蒲县	山西	33.5
雅江县	四川	52.7	普兰县	西藏	31.5
若羌县	新疆	52.0	肃北蒙古族自治县	甘肃	31.0
嘉黎县	西藏	41.9	德保县	广西	30.4
柯坪县	新疆	37.8	华池县	甘肃	27.8
柳林县	山西	36.2	柞水县	陕西	27.1
乡宁县	山西	34.4	西乌珠穆沁旗	内蒙古	25.3
秭归县	湖北	34.1	固阳县	内蒙古	24.0

续表

重点生态功能区县	所属省份	增速（名义）/%	重点生态功能区县	所属省份	增速（名义）/%
富蕴县	新疆	23.7	勃利县	黑龙江	20.3
鄂温克族自治旗	内蒙古	23.0	察哈尔右翼后旗	内蒙古	19.9
子长市	陕西	22.2	屏南县	福建	19.3
格尔木市	青海	21.6	河曲县	山西	19.2
庆城县	甘肃	21.0	中阳县	山西	19.0
周宁县	福建	20.9	苏尼特左旗	内蒙古	19.0
房县	湖北	20.4	环江毛南族自治县	广西	18.8

数据来源：根据各县（市）2021 年、2022 年国民经济和社会发展统计公报、中国县域统计年鉴、各县（市）统计年鉴、政府工作报告等公开数据整理。

3. 从区域发展看，重点生态功能区县区域间经济发展水平较为均衡，西部地区发展速度相对较快

在经济规模方面，西部地区重点生态功能区县的 GDP 占全国重点生态功能区县 GDP 的近一半。2022 年，东部、中部、西部和东北地区重点生态功能区县 GDP 分别为 1.25 万亿、2.07 万亿、2.98 万亿和 0.53 万亿元，占全国重点生态功能区县 GDP 的比重分别为 18.2%、30.4%、43.6% 和 7.8%，占所在区域县域 GDP 的比重分别为 6.7%、15.3%、24.4%、27.1%；人均 GDP 分别为 5.09 万、4.86 万、4.37 万和 4.52 万元，分别是全国重点生态功能区县人均 GDP 的 109.6%、104.6%、94.2%、97.4%。在经济增速方面，2022 年，东部、中部、西部和东北地区重点生态功能区县 GDP 分别同比增长 5.1%、5.5%、8.7% 和 5.2%，相较于 2021 年，东部、中部和西部地区重点生态功能区县 GDP 的同比增速分别降低了 5.6、8.8 和 3.6 个百分点，东北地区则增长

了 0.4 个百分点（见表 4-22）。

表 4-22　2022 年四大经济区域重点生态功能区县 GDP 总量和增速情况

地区	GDP 总量 / 万亿元	人均 GDP/ 万元	GDP 同比增速 / %
东部地区	1.25	5.09	5.1
中部地区	2.07	4.86	5.5
西部地区	2.98	4.37	8.7
东北地区	0.53	4.52	5.2

数据来源：根据各县（市）2021 年、2022 年国民经济和社会发展统计公报、中国县域统计年鉴、各县（市）统计年鉴、政府工作报告等公开数据整理。

（四）产业发展

1. 从产业结构看，重点生态功能区县产业结构呈现“三二一”格局，第二产业和第三产业发展相对较快

2021 年，全国 641 个重点生态功能区县三次产业结构比重为 21.2∶32.8∶46.0，呈现“三二一”格局（见表 4-23）。其中，第三产业占比最高，达 46.0%，较全国水平低 7.3 个百分点，较全国县域平均水平高 2.1 个百分点。第三产业增加值为 2.94 万亿元，占全国县域第三产业增加值的比重为 15.4%。与 2020 年相比，2021 年的第三产业增加值增加了 0.27 万亿元，增长 10.0%，占比下降了 0.7 个百分点。第二产业发展水平相对不高，仅占 32.8%，较全国水平低 6.6 个百分点，较全国县域平均水平低 8.9 个百分点。第二产业增加值为 2.09 万亿元，占全国县域第二产业增加值的比重为 11.5%。与 2020 年相比，第二产业增加值增加了 0.30 万亿元，增长 16.9%，占比提升了 1.5 个百分点。第一产业占比为 21.2%，较全国水平高 13.9 个百分点，较全国

县域平均水平高 6.8 个百分点。第一产业增加值为 1.36 万亿元，占全国县域第一产业增加值的比重为 21.7%。与 2020 年相比，第一产业增加值增加了 0.09 万亿元，增长 7.4%，占比下降了 0.8 个百分点。

表 4–23　2021 年重点生态功能区县三次产业结构

产业	增加值 / 万亿元		比重 /%	
	重点生态功能区县	全国县域	重点生态功能区县	全国县域
第一产业	1.36	6.28	21.2	14.4
第二产业	2.09	18.17	32.8	41.7
第三产业	2.94	19.12	46.0	43.9

数据来源：根据 2021 年各县（市）国民经济和社会发展统计公报、中国县域统计年鉴、各县（市）统计年鉴、政府工作报告等公开数据整理。

2. 从区域发展看，四大经济区域均为第三产业占主导地位，第二产业占比均有提高，第一产业和第三产业占比均略有下降

2021 年，东部地区重点生态功能区县三次产业结构为 18.0∶34.1∶47.9，第三产业占主导地位；与 2020 年相比，第二产业增加值占比提高了 1.6 个百分点，第一产业、第三产业增加值占比均下降了 0.8 个百分点。中部地区重点生态功能区县三次产业结构为 16.4∶36.7∶46.9，第三产业占主导地位。与 2020 年相比，第二产业增加值占比提高了 1.2 个百分点，第一产业、第三产业增加值占比分别下降了 0.9 和 0.3 个百分点。西部地区重点生态功能区县三次产业结构为 23.0∶32.2∶44.8，第三产业增加值占主导地位。与 2020 年相比，第二产业增加值占比提高了 1.4 个百分点，第一产业、第三产业增加值占比分别下降了 0.4 和 1.0 个百分点。东北地区重点生态功能区县三次产业结构为 38.0∶17.8∶44.2，第三产业占主导地位。与 2020 年相比，第二产业增加值占比提高了 1.5 个百分点，第一产业、第三产业增加值占比分别下降了 1.3 和

0.2 个百分点（见表 4–24）。

表 4–24　四大经济区域重点生态功能区县三次产业结构

地区	2021 年三次产业结构	2020 年三次产业结构
东部地区	18.0：34.1：47.9	18.8：32.5：48.7
中部地区	16.4：36.7：46.9	17.3：35.5：47.2
西部地区	23.0：32.2：44.8	23.4：30.8：45.8
东北地区	38.0：17.8：44.2	39.3：16.3：44.4

数据来源：根据 2020 年和 2021 年各县（市）国民经济和社会发展统计公报、中国县域统计年鉴、各县（市）统计年鉴、政府工作报告等公开数据整理。

五、陆地边境县

（一）类型界定

陆地边境县，是指国家边境线上、与邻国陆地接壤的县级行政区划。陆地边境县直接与国际边境线接壤，具有重要的战略地位和地缘政治意义，是国家领土和国家安全的重要组成部分。依据国家民族事务委员会的《中国陆地边境县（旗）、市（市辖区）一览表》名单，结合地理区位进行识别，全国陆地边境县共计 132 个（详见附表 7）。

在空间分布上，陆地边境县环绕在我国陆地边境，仅分布在西部地区和东北地区。具体而言，西部和东北地区的陆地边境县数量分别为 104 个和 28 个，占比分别为 78.8% 和 21.2%。新疆、云南、内蒙古、西藏、黑龙江等省份的陆地边境县数量较多，分别为 34 个、25 个、19 个、18 个、17 个。陆地边境县的空间分布情况和分布密度分别见图 4–9 和图 4–10。

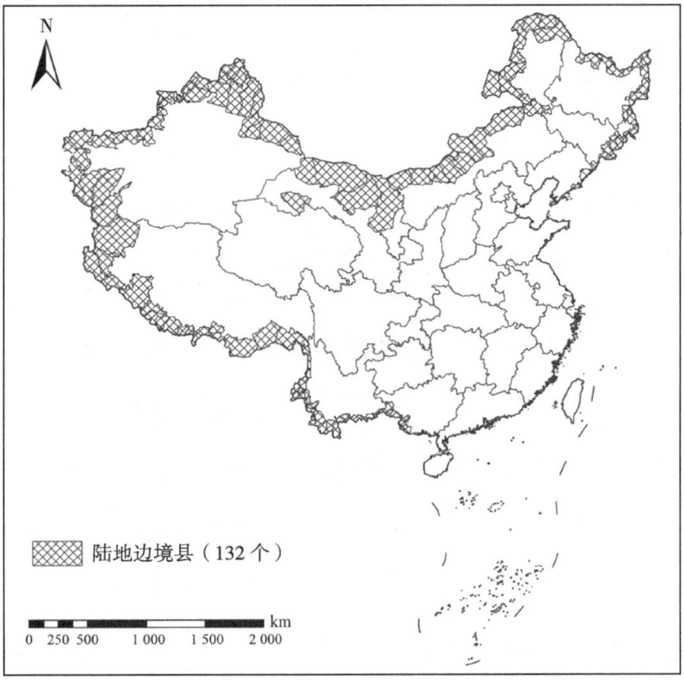

图 4-9　陆地边境县空间分布情况示意图

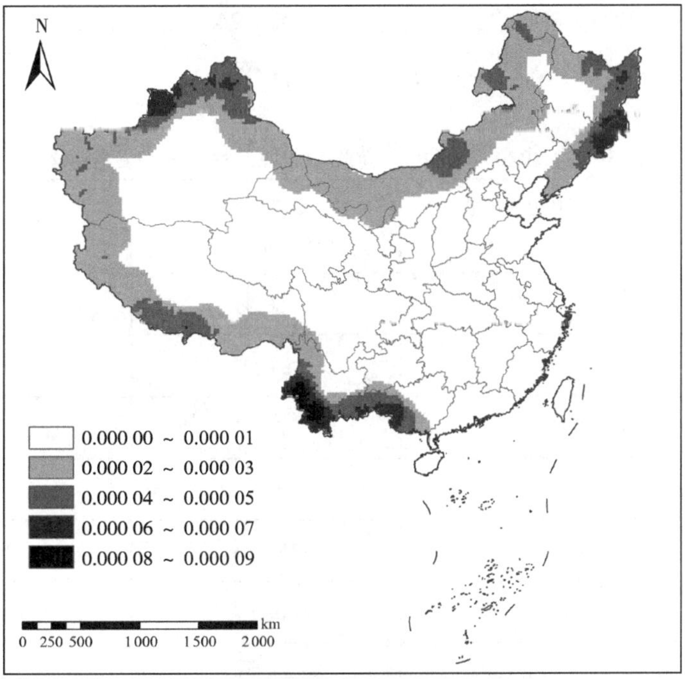

图 4-10　陆地边境县空间分布密度

（二）人口变动

1. 从人口规模看，陆地边境县常住人口两千万，略有增加，其中新疆和黑龙江陆地边境县人口增加较多

2021 年，全国 132 个陆地边境县的常住人口总数为 2 005.61 万人，相较于 2020 年增加了 13.23 万人，占全国总人口和全国县域总人口的比重分别为 1.4% 和 2.7%。分省份看，2021 年，云南陆地边境县常住人口最多，高达 668.87 万人，其次是新疆和黑龙江，常住人口数量分别为 502.62 万人和 247.02 万人，甘肃陆地边境县常住人口最少，为 1.51 万人。2020—2021 年，云南、新疆和黑龙江常住人口的变化分别是 –7.21 万、16.23 万和 4.10 万人，甘肃陆地边境县常住人口数量基本保持稳定（见表 4–25）。2021 年，云南、新疆、黑龙江和甘肃常住人口占全国陆地边境县的比重分别为 33.1%、24.9%、12.2% 和 0.1%，相较于 2020 年，分别变化了 –0.6、0.6、0.1 和 0 个百分点。

表 4–25　2020 年和 2021 年陆地边境县常住人口变化情况

地区	2020 年 常住人口 / 万人	2021 年 常住人口 / 万人	增长率 / %
内蒙古	154.38	160.53	3.98
辽宁	90.32	89.11	–1.34
吉林	132.27	123.46	–6.66
黑龙江	242.93	247.02	1.69
广西	184.09	184.13	0.02
云南	676.08	668.87	–1.07
西藏	37.65	41.59	10.47

续表

地区	2020 年 常住人口 / 万人	2021 年 常住人口 / 万人	增长率 / %
甘肃	1.51	1.51	0
新疆	486.38	502.62	3.34
合计	2 005.61	2 018.84	0.66

数据来源：根据各县（市）2021 年国民经济和社会发展统计公报、第七次全国人口普查资料、中国县域统计年鉴、各县（市）统计年鉴、政府工作报告等公开数据整理。

2. 从县域城镇化看，陆地边境县城镇化水平略高于全国县域的平均水平，吉林和内蒙古边境县城镇化水平较高，西藏推进较快

2021 年，陆地边境县城镇化率达到 50.6%，相较于 2020 年提高了 1.0 个百分点，比 2021 年全国城镇化率低 14.1 个百分点，比 2021 年全国县域城镇化率高 2.6 个百分点。其中，陆地边境县县城人口为 705.59 万人，占陆地边境县县域总人口的比重为 35.0%。分省份看，吉林和内蒙古陆地边境县城镇化相对较高，但推进较慢。吉林陆地边境县城镇化率最高，为 69.7%，但相比 2020 年降低了 1.2 个百分点。其次是内蒙古，陆地边境县城镇化率为 69.3%，与 2020 年持平。两省份的陆地边境县县城人口占县域人口的比重相对较高，分别为 60.6% 和 45.6%。西藏陆地边境县城镇化率最低，为 29.3%，相比 2020 年提高了 3.9 个百分点（见表 4–26）。

表 4–26　2020 年和 2021 年陆地边境县城镇化率变化情况

省份	2020 年城镇化率 / %	2021 年城镇化率 / %
内蒙古	69.3	69.3
辽宁	53.6	54.2
吉林	70.9	69.7
黑龙江	65.7	65.8

续表

省份	2020 年城镇化率 / %	2021 年城镇化率 / %
广西	42.1	43.1
云南	39.1	39.9
西藏	25.4	29.3
甘肃	65.8	66.1
新疆	46.4	47.6

数据来源：根据各县（市）2021 年国民经济和社会发展统计公报、第七次全国人口普查资料、中国县域统计年鉴、各县（市）统计年鉴、政府工作报告等公开数据整理。

3. 从人口流动看，陆地边境县人口总体净流出，东北地区和内蒙古边境县人口流出较多，其他省份边境县人口均有增加

2010—2020 年，全国陆地边境县常住人口总量从 0.21 亿人减少到 0.20 亿人，减少 5.0%。其中，24.2% 的陆地边境县常住人口增长超过 10%，如西藏自治区噶尔县、新疆维吾尔自治区伊吾县、广西壮族自治区东兴市、云南省瑞丽市和内蒙古自治区陈巴尔虎旗等，常住人口分别增长 83.7%、55.2%、49.3%、48.2 和 39.1%。33.3% 的陆地边境县常住人口减少超过 10%，如内蒙古自治区阿尔山市、黑龙江省塔河县、内蒙古自治区满洲里市、吉林省和龙市和内蒙古自治区额尔古纳市等，常住人口分别减少 52.7%、44.8%、39.7%、38.2% 和 38.0%。分省份看，西藏陆地边境县常住人口大幅流入，从 2010 年的 33.35 万人增加到 2020 年的 37.65 万人，增加 12.9%；其次是广西和新疆，分别增加了 7.58 万人和 17.76 万人，人口增长率分别为 4.3% 和 3.8%。甘肃和云南常住人口相对稳定，分别增长了 0.8% 和 1.5%。吉林陆地边境县常住人口大幅流出，从 2010 年的 174.67 万人减少到 2020 年的 132.27 万人，减少了 24.3%；其次是黑龙江、内蒙古和辽宁，分别减少了 18.4%、18.2% 和 12.7%。

（三）经济发展

1. 从经济总量看，陆地边境县 GDP 普遍较少，县均 GDP 不足百亿元，人均 GDP 仅为全国平均水平的六成

2022 年，全国 132 个陆地边境县 GDP 达到 1.12 万亿元，占全国 GDP 的比重为 0.9%，占全国县域 GDP 的比重为 2.4%，县均 GDP 为 84.97 亿元。陆地边境县的人均 GDP 仅为 5.56 万元，是全国平均水平的 64.8%，是全国县域平均水平的 88.9%。全国仅有 25 个（占 18.9%）陆地边境县人均 GDP 高于全国平均水平，八成以上陆地边境县人均 GDP 低于全国平均水平。从经济规模分布看，GDP 在 500 亿～300 亿元的陆地边境县有 3 个，仅占陆地边境县总数的比重为 2.3%，其 GDP 占陆地边境县 GDP 的比重为 9.5%；GDP 在 300 亿～100 亿元的数量较多，有 44 个，占陆地边境县总数的比重为 33.3%，其 GDP 占陆地边境县 GDP 的比重为 57.2%；GDP 低于 100 亿元的陆地边境县有 85 个，占陆地边境县总数的比重为 64.4%，其 GDP 占陆地边境县 GDP 的比重为 33.3%（见表 4–27）。

表 4–27　2022 年陆地边境县 GDP 规模分布情况

GDP 规模	县域数量 / 个	县域数量占比 / %	县域 GDP 占比 / %
500 亿～300 亿元	3	2.3	9.5
300 亿～100 亿元	44	33.3	57.2
100 亿～50 亿元	36	27.3	22.7
50 亿元以下	49	37.1	10.6
合计	132	100	100

数据来源：根据各县（市）2022 年国民经济和社会发展统计公报、中国县域统计年鉴、各县（市）统计年鉴、政府工作报告等公开数据整理。

2. 从经济增速看，陆地边境县经济增速略有下降，但仍高于全国平均水平和全国县域平均水平

2021—2022 年，陆地边境县 GDP 从 1.04 万亿元增长至 1.12 万亿元，名义增长 8.0%，与 2020—2021 年相比，经济增速下降了 3.9 个百分点。其中，伊吾县、普兰县、肃北蒙古族自治县、木垒哈萨克自治县等陆地边境县经济增速较高，均超过 25%（见表 4–28）。2021—2022 年，陆地边境县 GDP 名义增速高于全国平均水平 2.8 个百分点，高于全国县域平均水平 1.8 个百分点，占全国 GDP 的比重由 0.90% 增长至 0.93%，占全国县域 GDP 的比重由 2.38% 增长至 2.42%。

表 4–28　2022 年 GDP 同比增速较高的陆地边境县

陆地边境县	所属省份	增速（名义）/%	陆地边境县	所属省份	增速（名义）/%
伊吾县	新疆	59.0	阿拉善右旗	内蒙古	17.0
普兰县	西藏	31.5	额尔古纳市	内蒙古	16.5
肃北蒙古族自治县	甘肃	31.0	靖西市	广西	16.2
木垒哈萨克自治县	新疆	30.0	布尔津县	新疆	14.8
陈巴尔虎旗	内蒙古	24.5	乌恰县	新疆	14.3
富蕴县	新疆	23.7	哈巴河县	新疆	13.9
奇台县	新疆	23.2	河口瑶族自治县	云南	13.9
苏尼特左旗	内蒙古	19.0	镇康县	云南	13.6
凭祥市	广西	17.8	阿拉山口市	新疆	13.4

续表

陆地边境县	所属省份	增速（名义）/%	陆地边境县	所属省份	增速（名义）/%
福贡县	云南	13.3	温宿县	新疆	12.3
漠河市	黑龙江	13.1	阿拉善左旗	内蒙古	12.3
绥芬河市	黑龙江	12.8	贡山独龙族怒族自治县	云南	12.2
乌拉特后旗	内蒙古	12.8	和布克赛尔蒙古自治县	新疆	12.2
科尔沁右翼前旗	内蒙古	12.8	绿春县	云南	12.1
四子王旗	内蒙古	12.4	阿克陶县	新疆	12.1

数据来源：根据各县（市）2021 年、2022 年国民经济和社会发展统计公报、中国县域统计年鉴、各县（市）统计年鉴、政府工作报告等公开数据整理。

3. 从区域发展看，陆地边境县省际发展极不平衡，云南陆地边境县经济体量相对较大，甘肃、新疆、西藏发展相对较快

在经济规模方面，2022 年，云南陆地边境县 GDP 规模最大，达到 3 188.63 亿元，其次是新疆、内蒙古和黑龙江，GDP 分别是 3 044.09 亿元、1 723.02 亿元和 1 340.19 亿元。上述四个省份陆地边境县 GDP 分别占陆地边境县 GDP 的 28.4%、27.1%、15.4% 和 11.9%，占所在省份县域 GDP 的比重分别为 17.0%、22.9%、13.1% 和 19.8%。甘肃陆地边境县人均 GDP 最高，达到 17.15 万元，是同期全国平均水平的 2.00 倍，是同期全国陆地边境县平均水平的 3.09 倍。其次是内蒙古，人均 GDP 达到 10.73 万元，是同期全国平均水平的 1.25 倍，是同期全国陆地边境县平均水平的 1.93 倍。在经济增速方面，2022 年，甘肃陆地边境县（肃北蒙古族自治县）GDP 同比增速最快，其次是西藏、内蒙古，其陆地边境县名义 GDP 增速均超过 8.0%，相较于 2021 年增

速，分别变化了 14.0、0.1、–9.8 个百分点（见表 4–29）。

表 4–29　2022 年各省份陆地边境县 GDP 总量和增速情况

省份	GDP 总量 / 亿元	人均 GDP/ 万元	GDP 同比增速 / %
内蒙古	1 723.02	10.73	8.0
辽宁	368.50	4.14	5.1
吉林	568.12	4.60	2.7
黑龙江	1 340.19	5.43	6.8
广西	761.12	4.13	6.6
云南	3 188.63	4.77	6.8
西藏	197.08	4.74	8.4
甘肃	25.90	17.15	31.0
新疆	3 044.09	6.06	7.0

数据来源：根据各县（市）2021 年、2022 年国民经济和社会发展统计公报、中国县域统计年鉴、各县（市）统计年鉴、政府工作报告等公开数据整理。

（四）产业发展

1. 从产业结构看，陆地边境县产业结构呈现“三二一”格局，第一产业和第二产业发展相对较快

2021 年，全国 132 个陆地边境县三次产业结构比重为 24.1∶31.2∶44.7，呈现“三二一”格局（见表 4–30）。其中，第三产业占最大比重，达 44.7%，较全国平均水平低 8.6 个百分点，较全国县域平均水平高 0.8 个百分点。第三产业增加值为 0.46 万亿元，占全国县域第三产业增加值的比重为 2.4%。与 2020 年相比，第三产业增加值增加了 0.03 万亿元，增长 6.4%，占比下降

了 1.4 个百分点。第二产业发展水平相对较低，仅占 31.2%，较全国平均水平低 8.2 个百分点，较全国县域平均水平低 10.5 个百分点。第二产业增加值为 0.32 万亿元，占全国县域第二产业增加值的比重为 1.8%。与 2020 年相比，第二产业增加值增加了 0.04 万亿元，增长 15.7%，占 GDP 的比重提升了 1.7 个百分点。第一产业占比 24.1%，较全国平均水平高 16.8 个百分点，较全国县域平均水平高 9.7 个百分点。第一产业增加值 0.25 万亿元，占全国县域第一产业增加值的比重为 4.0%。与 2020 年相比，第一产业增加值增加了 0.02 万亿元，增长 8.3%，占 GDP 的比重下降了 0.3 个百分点。

表 4–30　2021 年陆地边境县三次产业结构

产业	增加值 / 万亿元		比重 / %	
	陆地边境县	全国县域	陆地边境县	全国县域
第一产业	0.25	6.28	24.1	14.4
第二产业	0.32	18.17	31.2	41.7
第三产业	0.46	19.12	44.7	43.9

数据来源：根据各县（市）2021 年国民经济和社会发展统计公报、中国县域统计年鉴、各县（市）统计年鉴、政府工作报告等公开数据整理。

2. 从区域发展看，内蒙古、广西、甘肃边境县第二产业发展相对较快，西藏边境县第三产业发展相对较快，其他省份产业结构相对稳定

2021 年，内蒙古、广西、甘肃陆地边境县第二产业增加值占比均有明显提高，与 2020 年相比，第二产业增加值占比分别提高了 5.2、3.9、3.8 个百分点。西藏陆地边境县第三产业增加值占比明显提高，从 2020 年的 46.2% 提高至 2021 年的 51.2%，提升了 5 个百分点。新疆陆地边境县第一产业增加值占比略有提高，从 2020 年的 19.4% 提高至 2021 年的 20.6%。吉林、辽宁、黑龙江、云南陆地边境县产业结构相对稳定，第二产业增加值占比均略有提高（见表 4–31）。

表 4-31　各省份陆地边境县三次产业结构

省份	2021 年三次产业结构	2020 年三次产业结构
内蒙古	17.6：46.9：35.5	18.3：41.7：40.0
辽宁	34.4：23.1：42.5	33.7：21.6：44.7
吉林	13.2：30.4：56.4	13.7：27.8：58.5
黑龙江	47.3：14.9：37.8	49.6：13.5：36.9
广西	22.1：31.9：46.0	23.1：28.0：48.9
云南	23.1：29.7：47.2	22.7：28.5：48.8
西藏	11.3：37.5：51.2	11.4：42.4：46.2
甘肃	7.1：47.3：45.6	7.3：43.5：49.2
新疆	20.6：31.7：47.7	19.4：32.8：47.8

数据来源：根据各县（市）2021 年国民经济和社会发展统计公报、第七次全国人口普查资料、中国县域统计年鉴、各县（市）统计年鉴、政府工作报告等公开数据整理。

六、人口减少县

（一）类型界定

人口减少县，是指由于人口大规模外流导致人口减少和人口结构失衡的县级行政区划。将 2010—2021 年县域常住人口减少率超过 30%，或 2010—2020 年县级行政区内城镇人口负增长的县界定为人口减少县。全国人口减少县共计 217 个（详见附表 8）。

在空间分布上，人口减少县主要分布在东北地区、中部和西部的欠发达地区与资源型地区等区域（见图 4-11、图 4-12）。东部、中部、西部和东北地区的人口减少县的数量分别为 30 个、32 个、71 个和 84 个，占全国人口减少县数量的比重分别为 13.8%、14.8%、32.7% 和 38.7%。黑龙江、吉林、内蒙古、陕西、湖南等省份的人口减少县数量较多，分别有 43 个、31 个、23

个、13 个、11 个。

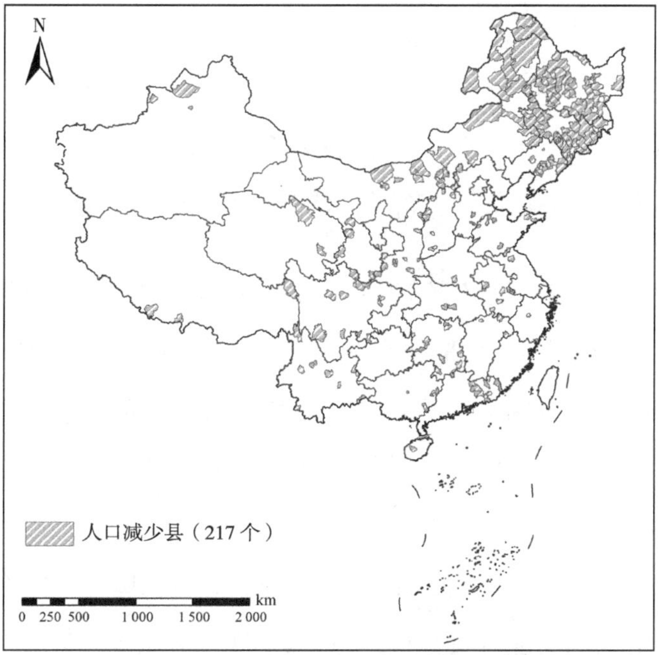

图 4–11 人口减少县空间分布情况示意图

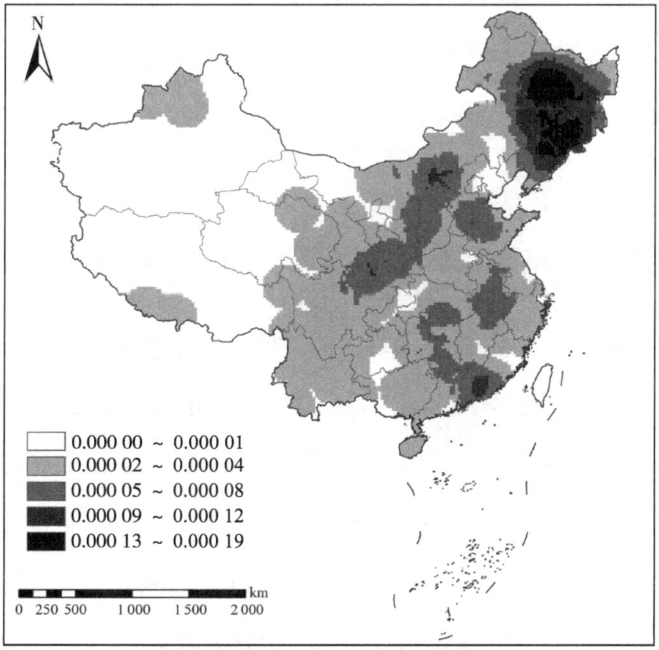

图 4–12 人口减少县空间分布密度

（二）人口变动

1. 从人口规模看，人口减少县常住人口规模不足全国县域人口总数一成，且持续减少，西部和中部地区减少相对更多

2021年，全国217个人口减少县常住人口总数为0.65亿人，相较于2020年减少356.00万人，占全国总人口的比重从2020年的4.8%减少到2021年的4.6%，占全国县域总人口的比重从2020年的9.2%减少到2021年的8.7%。分区域看，2021年，东部、中部、西部和东北地区的人口减少县常住人口分别为0.15亿、0.13亿、0.13亿和0.24亿人，比2020年分别减少了21.53万、112.90万、168.22万和53.34万人，占全国人口减少县常住人口总数的比重分别为23.9%、19.7%、19.8%和36.6%，相较于2020年，东部、东北地区人口减少县常住人口所占比重略有提升，分别增长了0.9、1.1个百分点。中部、西部地区人口减少县常住人口所占比重略有下降，分别回落了0.6、1.4个百分点。

2. 从县域城镇化看，人口减少县城镇化率略低于全国县域的平均水平，超1/3人口集聚在县城，东部地区县域城镇化推进相对较快

2021年，人口减少县城镇化率达到47.7%，相较于2020年，提高了1.0个百分点，比2021年全国城镇化率低17.0个百分点，比2021年全国县域城镇化率低0.3个百分点；人口减少县的县城人口为0.23亿人，占人口减少县县域总人口的比重为35.3%。分区域看，2021年，东部、中部、西部和东北地区人口减少县的城镇化率分别为46.7%、49.6%、46.2%和48.7%，相较于2020年，分别提高了1.9、1.2、1.3和0.5个百分点，人口减少县县城人口占

县域总人口的比重分别为 33.7%、36.3%、35.4% 和 35.6%（见表 4–32）。

表 4–32　2020 年和 2021 年人口减少县城镇化率及县城人口占比情况

地区	2020 年 城镇化率 / %	2021 年 城镇化率 / %	2021 年 县城人口占比 / %
东部地区	44.8	46.7	33.7
中部地区	48.4	49.6	36.3
西部地区	44.9	46.2	35.4
东北地区	48.2	48.7	35.6
全国	46.7	47.7	35.3

数据来源：根据各县（市）2021 年国民经济和社会发展统计公报、第七次全国人口普查资料、中国县域统计年鉴、各县（市）统计年鉴、政府工作报告等公开数据整理。

3. 从人口流动看，人口减少县十年流失人口超过两千万人，东北地区人口流失尤为突出

2010—2020 年，全国人口减少县常住人口总量从 0.90 亿人减少到 0.68 亿人，十年间人口净流失 2147.82 万人，人口减少率为 24.0%，年平均人口减少率为 2.4%。其中，83% 的人口减少县常住人口减少超过 10%，如安徽省巢湖市、新疆维吾尔自治区奎屯市、内蒙古自治区阿尔山市、广西壮族自治区苍梧县等，常住人口分别减少了 81.2%、55.5%、52.7% 和 49.7%。分区域看，2010—2020 年，东部、中部、西部和东北地区人口减少县的常住人口总量分别减少 233.62 万、639.86 万、332.08 万和 942.26 万人。东部、中部、西部和东北地区人口减少县常住人口减少率大于 30% 的县域数量分别为 3 个、9 个、19 个和 33 个，占各区域人口减少县总数量的比重分别为 10.0%、28.1%、26.8% 和 39.3%。其中，东北地区近四成人口减少县常住人口减少率大于 30%；中部和西部地区近三成人口减少县常住人口减少率大于 30%。

（三）经济发展

1. 从经济总量看，人口减少县经济发展较为滞后，人均 GDP 不足全国平均水平的六成

2022 年，全国 217 个人口减少县的县域 GDP 为 3.27 万亿元，占全国 GDP 的比重为 2.7%，占全国县域 GDP 的比重为 7.1%。县域人均 GDP 为 5.06 万元，是全国平均水平的 59.1%，是全国县域平均水平的 81.0%。仅有 28 个人口减少县人均 GDP 高于全国平均水平，近九成人口减少县人均 GDP 低于全国平均水平。从经济规模分布看，GDP 超过 1 000 亿元的人口减少县仅有 1 个，其 GDP 占人口减少县 GDP 的比重为 4.0%；GDP 在 300 亿～100 亿元的人口减少县数量最多，有 104 个，占人口减少县总数的比重为 47.9%，其 GDP 占人口减少县 GDP 的比重为 53.4%；GDP 低于 100 亿元的人口减少县有 92 个，占人口减少县总数的比重为 42.4%，其 GDP 占人口减少县 GDP 的比重为 17.3%（见表 4–33）。

表 4–33　2022 年人口减少县 GDP 规模分布情况

GDP 规模	县域数量 / 个	县域数量占比 / %	县域 GDP 占比 / %
2 000 亿～1 000 亿元	1	0.5	4.0
1 000 亿～500 亿元	5	2.3	8.9
500 亿～300 亿元	15	6.9	16.4
300 亿～100 亿元	104	47.9	53.4
100 亿～50 亿元	64	29.5	14.8
50 亿元以下	28	12.9	2.5
合计	217	100	100

数据来源：根据各县（市）国民经济和社会发展统计公报、中国县域统计年鉴、各县（市）统计年鉴、政府工作报告等公开数据整理。

2. 从经济增速看，人口减少县经济增速大幅回落，低于全国平均水平和全国县域平均水平

2021—2022 年，人口减少县经济总量从 3.11 万亿元增长至 3.27 万亿元，名义增长 5.1%，与 2020—2021 年相比，经济增速下降了 5.5 个百分点。人口减少县的经济名义增速低于全国平均水平 0.1 个百分点，低于全国县域平均水平 1.1 个百分点。2021—2022 年，人口减少县经济总量占全国 GDP 的比重维持在 2.7% 左右，占全国县域 GDP 的比重维持在 7.1% 左右。2022 年全国经济名义增速较高的人口减少县见表 4–34。

表 4–34　2022 年 GDP 同比增速较高的人口减少县

人口减少县	所属省份	增速（名义）/%	人口减少县	所属省份	增速（名义）/%
柞水县	陕西	27.1	科尔沁右翼中旗	内蒙古	14.2
固阳县	内蒙古	24.0	正蓝旗	内蒙古	14.2
鄂温克族自治旗	内蒙古	23.0	闻喜县	山西	13.5
勃利县	黑龙江	20.3	磴口县	内蒙古	13.4
察哈尔右翼后旗	内蒙古	19.9	佳县	陕西	13.3
林甸县	黑龙江	18.5	乌拉特后旗	内蒙古	12.8
古浪县	甘肃	18.0	凉城县	内蒙古	12.7
额尔古纳市	内蒙古	16.5	沭阳县	江苏	12.6
磁县	河北	16.4	宾川县	云南	12.5
旬阳市	陕西	15.7	禄丰市	云南	12.5
卓资县	内蒙古	15.2	肇州县	黑龙江	11.8
凤县	陕西	14.6	康县	甘肃	11.8

续表

人口减少县	所属省份	增速（名义）/%	人口减少县	所属省份	增速（名义）/%
扎兰屯市	内蒙古	11.7	麻栗坡县	云南	11.2
鄂伦春自治旗	内蒙古	11.5	略阳县	陕西	11.1
和县	安徽	11.3	呼玛县	黑龙江	11.0

数据来源：根据各县（市）国民经济和社会发展统计公报、中国县域统计年鉴、各县（市）统计年鉴、政府工作报告等公开数据整理。

3. 从区域发展看，中部和西部地区人口减少县经济发展水平较高，西部地区经济增速较快

在经济规模方面，2022 年，东部、中部、西部和东北地区人口减少县的 GDP 分别为 0.76 万亿、0.79 万亿、0.76 万亿和 0.95 万亿元，占全国人口减少县 GDP 的比重分别为 23.3%、24.2%、23.3% 和 29.2%，占所在区域县域 GDP 的比重分别为 4.1%、5.8%、6.2% 和 48.5%；人均 GDP 分别为 4.93 万、6.22 万、5.95 万和 4.04 万元，分别是全国人口减少县人均 GDP 的 97.4%、122.9%、117.6% 和 79.8%。在经济增速方面，2022 年，东部、中部、西部和东北地区人口减少县 GDP 分别同比增长 5.5%、3.7%、7.6% 和 4.1%（见表 4–35）。

表 4–35　2022 年四大经济区域人口减少县 GDP 总量和增速情况

地区	GDP 总量 / 万亿元	人均 GDP/ 万元	GDP 同比增速 / %
东部地区	0.76	4.93	5.5
中部地区	0.79	6.22	3.7
西部地区	0.76	5.95	7.6
东北地区	0.95	4.04	4.1

数据来源：根据各县（市）国民经济和社会发展统计公报、中国县域统计年鉴、各县（市）统计年鉴、政府工作报告等公开数据整理。

（四）产业发展

1. 从产业结构看，人口减少县产业结构呈现“三二一”格局，第二产业占比相对较低，但发展有所提速

2021 年，全国 217 个人口减少县三次产业结构比重为 22.3∶33.0∶44.7，呈现为“三二一”格局（见表 4–36）。其中，第三产业占最大比重，占比为 44.7%，较全国平均水平低 8.6 个百分点，较全国县域平均水平高 0.8 个百分点。第三产业增加值为 1.39 万亿元，占全国县域第三产业增加值的比重为 7.3%。与 2020 年相比，第三产业增加值增加了 0.10 万亿元，增长 7.9%，占比下降了 1.2 个百分点。第二产业占比 33.0%，较全国平均水平低 6.5 个百分点，较全国县域平均水平低 8.7 个百分点。第二产业增加值为 1.02 万亿元，占全国县域第二产业增加值的比重为 5.6%。与 2020 年相比，第二产业增加值增加了 0.16 万亿元，增长 18.4%，占比提升了 2.3 个百分点。第一产业占比 22.3%，较全国平均水平高 15.0 个百分点，较全国县域平均水平高 7.9 个百分点。第一产业增加值为 0.69 万亿元，占全国县域第一产业增加值的比重为 11.0%。与 2020 年相比，第一产业增加值增加了 0.03 万亿元，增长 4.6%，占比下降了 1.1 个百分点。

表 4–36　2021 年人口减少县三次产业结构

产业	增加值 / 万亿元		比重 / %	
	人口减少县	全国县域	人口减少县	全国县域
第一产业	0.69	6.28	22.3	14.4
第二产业	1.02	18.17	33.0	41.7
第三产业	1.39	19.12	44.7	43.9

数据来源：根据各县（市）国民经济和社会发展统计公报、中国县域统计年鉴、各县（市）统计年鉴、政府工作报告等公开数据整理。

2. 从区域发展看，四大经济区域人口减少县产业结构特征一致，第三产业占主导地位，但占比均有下降，第二产业发展相对较快

2021 年，东部地区人口减少县三次产业结构为 16.0：35.5：48.5，第三产业占主导地位；与 2020 年相比，人口减少县第二产业增加值占比提高了 2.0 个百分点，第一产业、第三产业增加值占比则分别下降了 0.7、1.3 个百分点。中部地区人口减少县三次产业结构为 15.0:41.7：43.3，第三产业占主导地位；与 2020 年相比，第二产业增加值占比提高了 2.3 个百分点，第一产业、第三产业增加值占比则分别下降了 0.9、1.4 个百分点。西部地区人口减少县三次产业结构为 21.9：37.1：41.0，第三产业占主导地位；与 2020 年相比，第二产业增加值占比提高了 2.8 个百分点，第一产业、第三产业增加值占比则分别下降了 0.8、2.0 个百分点。东北地区人口减少县三次产业结构为 33.7：20.5：45.8，第三产业占主导地位；与 2020 年相比，第二产业增加值占比上升了 1.3 个百分点，第一产业、第三产业增加值占比则分别下降了 1.2、0.1 个百分点（见表 4–37）。

表 4–37　四大经济区域人口减少县三次产业结构

地区	2021 年三次产业结构	2020 年三次产业结构
东部地区	16.0：35.5：48.5	16.7：33.5：49.8
中部地区	15.0：41.7：43.3	15.9：39.4：44.7
西部地区	21.9：37.1：41.0	22.7：34.3：43.0
东北地区	33.7：20.5：45.8	34.9：19.2：45.9

数据来源：根据各县（市）国民经济和社会发展统计公报、第七次全国人口普查资料、中国县域统计年鉴、各县（市）统计年鉴、政府工作报告等公开数据。

第五章
不同区域县域高质量发展透视

京津冀协同发展、长江经济带发展、粤港澳大湾区建设、长三角一体化发展、黄河流域生态保护和高质量发展是联南接北、承东启西的五个区域重大战略，与四大区域板块交错互融，形成了优势互补、互促发展的区域经济布局。本章从黄河流域和长江流域、京津冀地区和长三角地区[①]入手，着重从人口变动、经济增长和产业发展三个方面，透视不同区域县域高质量发展，为重大战略发展提供支撑。

一、黄河流域

习近平总书记指出，黄河流域是我国重要的生态屏障和重要的经济地带，是打赢脱贫攻坚战的重要区域，在我国经济社会发展和生态安全方面具有十分重要的地位。推动黄河流域高质量发展，对维护社会稳定、促进民族团结具有重要意义。根据 2021 年中共中央、国务院印发的《黄河流域生态保护和

① 由于粤港澳大湾区所含县域样本数量过少，因此在本书中不予重点探究。

高质量发展规划纲要》，黄河流域规划范围涵盖黄河干支流流经的青海、四川、甘肃、宁夏、内蒙古、山西、陕西、河南、山东9省区的相关县级行政区，国土面积约130万平方公里，共包含了675个县。本部分对黄河流经9省区的675个县进行透视分析。

（一）人口变动

1. 从人口总量看，黄河流域县域人口规模占全国县域总人口的三成，县均常住人口规模略低于全国县域平均水平，下游县域常住人口规模明显高于上游地区

2021年黄河流域县域常住人口总体规模约为2.49亿人，占全国县域总人口的比重为33.1%，占全国总人口的比重为17.3%，县均常住人口规模为36.1万人，低于全国县域平均水平（39.68万人）。2017—2021年，黄河流域县域常住总人口增加了2 000万人，占全国总人口的比重提高了1.2个百分点，平均单个县域人口规模增加了0.4万人。从空间分布上看，黄河流域下游地区县域常住人口较高，2021年河南省和山东省的县域平均人口规模达到了70万人左右。2021年黄河流域各省份县域常住人口情况见表5-1。

表5-1　2021年黄河流域各省份县域常住人口情况

省份	县域人口总量 / 万人	县域平均人口 / 万人
青海	364.2	9.8
四川	4 535.0	35.4
甘肃	1 573.0	22.6
宁夏	331.5	25.5
内蒙古	1 404.9	17.6

续表

省份	县域人口总量 / 万人	县域平均人口 / 万人
陕西	1 809.1	24.0
山西	2 032.3	22.3
河南	6 844.5	66.2
山东	5 469.9	70.1

数据来源：根据 2022 年各县（市）统计年鉴整理。

2. 从人口规模分布看，黄河流域以中小规模人口县为主，“百万人口县”集中在下游，“袖珍县”集中在中上游

2021 年黄河流域县域常住人口规模为 20 万 ~ 50 万人的县有 253 个、5 万 ~ 20 万人的县有 205 个，两者之和占黄河流域县域数量的比重达 67.8%。人口规模在 50 万 ~ 100 万人以及 20 万 ~ 50 万人的县占比达 57.7%，人口规模占黄河流域县域总人口的比重接近八成。黄河流域县域人口规模呈现“两极化”现象，人口规模 100 万人以上的县有 22 个，虽仅占流域县域数量 3.3%，却承载了流域 10.7% 的县域人口；人口规模 20 万人以下的县有 251 个，占流域县域数量的比重为 37.1%，仅承载了流域 10.8% 的县域人口（见表 5–2）。

表 5–2　2021 年黄河流域县域常住人口规模分布情况

人口规模	县域数量 / 个	县域数量占比 / %	人口占比 / %
5 万人以下	46	6.8	0.7
5 万 ~ 20 万人	205	30.3	10.1
20 万 ~ 50 万人	253	37.5	34.7
50 万 ~ 100 万人	149	22.2	43.9
100 万人以上	22	3.3	10.7

注：表中数据四舍五入。

数据来源：根据 2022 年各县（市）统计年鉴整理。

分省份看，黄河流域的22个“百万人口县”，下游地区县域数量占比86.4%，其中山东有10个、河南有9个；人口不足5万人的“袖珍县”有46个，全部集中在中上游地区，其中青海最多，高达13个，其次是四川和内蒙古，分别为11个和10个（见表5–3）。

表5–3　2021年黄河流域各省份县域常住人口规模分布情况

省份	百万人口县/个	袖珍县/个
青海	0	13
四川	3	11
甘肃	0	6
宁夏	0	0
内蒙古	0	10
陕西	0	5
山西	0	1
河南	9	0
山东	10	0
合计	22	46

数据来源：根据2022年各县（市）统计年鉴整理。

3. 从人口变动看，黄河流域县域常住人口[①]在减少的县超八成，下游地区人口减少量占流域人口减少量超四成

2000—2010年、2011—2021年黄河流域县域常住人口减少的县数量分别为160个和563个，占比从23.8%增加至83.8%，提高了60个百分点。2000—2010年黄河流域县域常住人口减少了173万人，占全国县域总人口减少量的比重为26%，2011—2021年减少了5 795.1万人，占全国县域总人口减少量的比重为36%，较上一个十年增加了10个百分点，县域人口总量大幅减

① 2011—2020年数据来源于《中国县域统计年鉴》数据中的年末总人口，2021年数据来源于统计公报中的县域常住人口。

少。2011—2021 年，黄河流域下游地区人口减少的县域数量占比更高，山东和河南人口减少的县域占比均超过了 80%，且人口流失更为严重，下游地区的人口减少量（2 352.5 万人）占流域人口减少量超四成（见表 5–4）。

表 5–4　2000—2010 年、2011—2021 年黄河流域县域常住人口减少情况

省份	2000—2010 年			2011—2021 年		
	人口减少县域数量 / 个	人口减少县域数量占所在区域县域数量比重 /%	人口减少量 / 万人	人口减少县域数量 / 个	人口减少县域数量占所在区域县域数量比重 /%	人口减少量 / 万人
青海	7	20.0	0	16	45.7	33.8
四川	34	26.6	40	104	81.3	1 584.8
甘肃	24	35.8	15	51	76.1	377.1
宁夏	2	15.4	7	9	69.2	67.9
内蒙古	29	36.3	13	67	83.8	457.6
陕西	25	32.5	4	72	93.5	547.7
山西	18	20.2	5	83	93.3	373.7
河南	9	8.6	47	95	90.5	1 744.4
山东	12	15.4	42	66	84.6	608.1
合计	160	23.8	173	563	83.8	5 795.1

数据来源：根据 2001—2021 年各县（市）统计年鉴整理。

（二）经济增长

1. 从经济总量看，黄河流域县域 GDP 占全国县域 GDP 超三成，入海口省份县域平均 GDP 是源头省份的 9 倍

2022 年黄河流域县域 GDP 总量为 14.1 万亿元。2011—2022 年，黄河流域县域 GDP 占全国县域 GDP 的比重先升后降，从 2011 年的 32.4% 上升至 2014

年的最高点34.6%，后又下降至2022年的30.8%，尤其是2018年以后降速明显加快。黄河流域县域GDP占全国GDP的比重也从2011年的13.1%下降至2022年的11.7%。2022年黄河流域县域平均GDP为214.4亿元，明显低于全国县域平均水平（248.20亿元）；县域人均GDP为6万元，略低于全国县域人均水平（6.3万元）。流域内县域经济两极分化严重（见表5–5），既有GDP超过1 000亿元的县（8个，占比1.2%）[①]，又有GDP不足百亿元的县（240个，占比36.2%）。在"千亿县"中，陕西省神木市是流域内的"领头雁"，GDP超过了2 000亿元；山东省有5个，数量最多。GDP不足百亿元的县主要集中在黄河中上游地区，其中上游青海、甘肃两省超过80%的县GDP不足百亿元。

表5–5　2022年黄河流域各省份不同GDP规模的县域数量对比

省份	1 000亿元以上		1 000亿～500亿元		500亿～300亿元		300亿～100亿元		100亿元以下	
	数量/个	占比/%	数量/个	占比/%	数量/个	占比/%	数量/个	占比/%	数量/个	占比/%
青海	0	0	0	0	1	2.7	6	16.2	30	81.1
四川	0	0	8	6.3	20	15.6	47	36.7	53	41.4
甘肃	0	0	0	0	0	0	13	19.1	55	80.9
宁夏	0	0	1	7.7	0	0	7	53.9	5	38.5
内蒙古	2	2.5	1	1.3	4	5.0	38	47.5	35	43.8
陕西	1	1.3	2	2.6	5	6.5	46	59.7	23	29.9
山西	0	0	1	1.1	12	13.2	40	44.0	38	41.8
河南	0	0	11	12.1	35	38.5	44	48.4	1	1.1
山东	5	6.4	20	25.6	19	24.4	34	43.6	0	0
合计	8	1.2	44	6.6	96	14.5	275	41.5	240	36.2

数据来源：根据各县（市）2022年国民经济和社会发展统计公报、各县（市）统计年鉴、政府工作报告等公开数据整理。

① 包括内蒙古自治区2个（准格尔旗、伊金霍洛旗），陕西省1个（神木市），山东省5个（荣成市、龙口市、邹城市、胶州市、寿光市）。

黄河流域从源头到入海口的不同省份间县域经济规模差距明显。从源头到入海口，各省份 GDP 在 300 亿元以下的县域数量比重呈减小趋势，作为黄河发源地的青海省的比重高达 97.3%，而作为黄河入海口的山东省的比重仅为 43.6%。青海省、山东省县域 GDP 规模分别为 1 838.5 亿元、35 420.0 亿元，县域平均 GDP 分别为 49.7 亿元、454.1 亿元（见表 5–6），县域人均 GDP 分别为 4.8 万元和 6.6 万元，后者分别是前者的 19 倍、9 倍和 1.4 倍。黄河流域县域经济增长随海拔落差而变化，从源头到入海口县域经济逐渐崛起。

表 5–6　2022 年黄河流域依次流经省份县域 GDP 情况 / 亿元

省份	县域 GDP 总量	县域平均 GDP
青海	1 838.5	49.7
四川	24 330.0	190.1
甘肃	4 858.8	71.5
宁夏	2 383.8	183.4
内蒙古	13 150.0	164.3
陕西	14 670.0	190.5
山西	14 190.0	155.9
河南	31 280.0	343.8
山东	35 420.0	454.1

数据来源：根据各县（市）2022 年国民经济和社会发展统计公报、各县（市）统计年鉴、政府工作报告等公开数据整理。

2. 从经济增速看，黄河流域县域 GDP 年均增长率略高于全国县域水平，“千亿县”增加迟缓

2011—2022 年，流域内县域 GDP 从 6.4 万亿元增长至 14.1 万亿元，年均增长 7.5%，比同期全国县域 GDP 年均增长率高 1.4 个百分点，比同期全国 GDP 年均增长率低 0.4 个百分点，尤其是 2014 年以后，流域内县域 GDP 增速明显下降，与全国县域 GDP、全国 GDP 相比，增幅差距最大的年份均

在2019年，差距分别为3个百分点和5个百分点。流域内县域平均GDP从2011年的103.4亿元增长至2022年的214.4亿元，年均增长率为6.9%，比全国县均GDP年均增长率高0.1个百分点。

2011年，黄河流域所有县域GDP均未超过千亿元，2022年准格尔旗、伊金霍洛旗、神木市、荣成市、龙口市、邹城市、胶州市、寿光市8个县市GDP突破千亿元大关，“千亿县”GDP总量增长达到1.1万亿元（见表5–7）。

表5–7　2011年和2022年黄河流域县域GDP比较

GDP规模	县域数量/个			GDP总量/万亿元		
	2011年	2022年	变化数量	2011年	2022年	增长额
1 000亿元以上	0	8	8	0	1.1	1.1
1 000亿～500亿元	16	44	28	1.0	3.0	2.0
500亿～300亿元	24	96	72	0.9	3.7	2.8
300亿元以下	580	515	–65	4.5	6.5	2.0

数据来源：根据各县（市）2011—2022年国民经济和社会发展统计公报、各县（市）统计年鉴、政府工作报告等公开数据整理。

3. 从省会城市对县域影响看，黄河流域省会城市对县域经济的辐射带动较为显著，入海口省份省会的辐射带动明显强于源头省份省会

2022年，距离省会城市300公里以内、300～500公里和500公里以外的县域GDP总量分别为114 200亿元、17 240亿元和9 818亿元，县域平均GDP分别为233.6亿元、151.2亿元、169.3亿元（见表5–8）。总体而言，距离省会城市越近，县域经济发展越好。需要指出的是，距离省会城市在500公里以外的县域平均GDP要略高于距离省会城市300～500公里的县域平均

GDP，这可能是由于距离较远的县域受到了其他大城市或相邻省份省会城市的影响。

表 5–8　2022 年黄河流域到省会城市不同距离的县域 GDP 情况 / 亿元

到省会城市的距离	县域 GDP 总量	县域平均 GDP
300 公里以内	114 200	233.6
300 ～ 500 公里	17 240	151.2
500 公里以外	9 818	169.3

数据来源：根据各县（市）2022 年国民经济和社会发展统计公报、各县（市）统计年鉴、政府工作报告等公开数据整理。

分省份看，不同省份省会城市对县域经济的辐射带动作用差异明显。2022 年，黄河流域省会城市高铁 1 小时经济圈内，处于黄河入海口的山东省省会济南辐射带动作用最强，济南高铁 1 小时经济圈内县域 GDP 总量和县域平均 GDP 分别为 31 390 亿元和 435.9 亿元；而处于黄河源头的青海省省会西宁辐射带动作用最弱，西宁高铁 1 小时经济圈内县域 GDP 总量和县域平均 GDP 分别为 978.6 亿元和 46.6 亿元，前者分别约为后者的 32 倍和 9 倍（见图 5–1）。

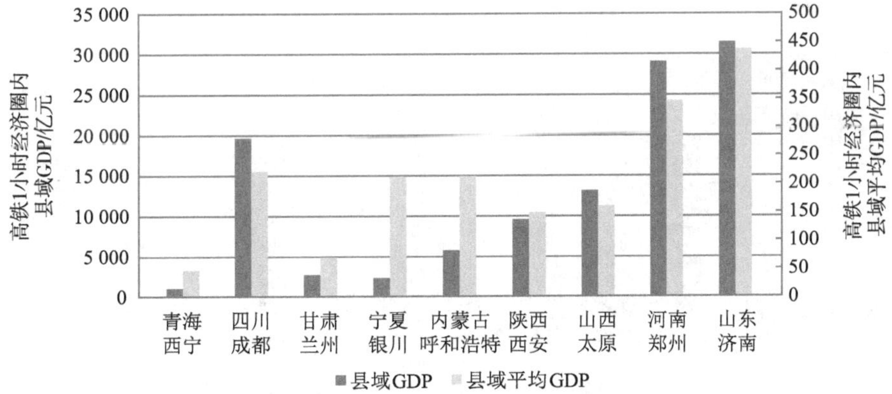

图 5–1　2022 年黄河流域省会城市高铁 1 小时经济圈内县域 GDP 情况

数据来源：根据各县（市）2022 年国民经济和社会发展统计公报、各县（市）统计年鉴、政府工作报告等公开数据整理。

（三）产业发展

1. 从产业结构看，黄河流域县域经济呈现“二三一”格局，且第一产业、第二产业逐步下降，第三产业逐步上升

2021 年，黄河流域县域三次产业结构为 14.3 : 44.1 : 41.6，呈现“二三一”格局，县域经济中第二产业仍然占据主导地位。黄河流域县域第一产业占比为 14.3%，与全国县域 14.4% 的水平基本相当。2011—2021 年，黄河流域县域第一产业增加值占比从 15.0% 下降至 14.3%，下降了 0.7 个百分点，而同期全国县域第一产业增加值占比从 16.0% 下降至 13.7%，下降了 2.3 个百分点。黄河流域县域第一产业占比降幅低于全国县域水平与该流域粮食主产区省份较多有关。相比之下，黄河流域县域第二产业占比下降与第三产业占比上升趋势明显，2011—2021 年分别下降了约 14 个百分点和上升了 15 个百分点（见图 5–2）。需要指出的是，2021 年，黄河流域县域平均第一产业增加值为 28.9 亿元，明显低于全国县域第一产业增加值 36.7 亿元的平均水平。2021 年黄河流域各省份县域产业结构见表 5–9。

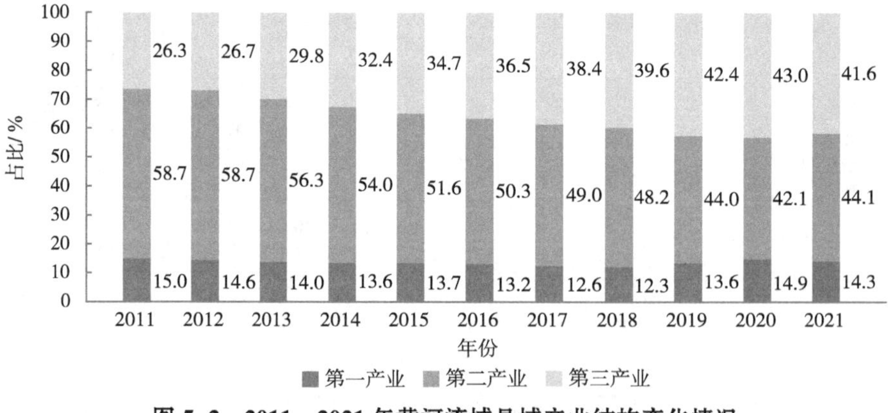

图 5–2　2011—2021 年黄河流域县域产业结构变化情况

数据来源：根据 2012—2022 年各县（市）统计年鉴整理，数据四舍五入。

表 5-9　2021 年黄河流域各省份县域产业结构

省份	三次产业结构
青海	17.4∶46.6∶36.0
四川	18.1∶37.9∶44.0
甘肃	23.2∶30.5∶46.3
宁夏	11.5∶54.0∶34.5
内蒙古	16.8∶49.3∶33.9
陕西	13.8∶54.1∶32.2
山西	9.0∶57.4∶33.6
河南	13.7∶42.4∶43.9
山东	12.5∶40.9∶46.5

数据来源：根据 2022 年各县（市）统计年鉴整理，数据四舍五入。

2. 从县域发展类型看，黄河流域农业县[①]数量占比超四成，粮食主产区省份农业县占比较高

2021 年，黄河流域农业县和非农业县分别有 275 个、402 个，占流域县域数量的 40.6% 和 59.4%（见表 5-10）。从省份来看，上游地区的甘肃、青海、内蒙古的农业县占比位居前三，分别为 69.1%、59.5%、55.0%，均超一半。位于黄河下游的河南和山东的农业县占比分别为 32.4% 和 19.2%，也处于较高水平，体现了两省作为粮食主产区的功能定位。

表 5-10　2021 年黄河流域各省份县域发展类型

省份	数量 / 个			占比 /%	
	农业县	非农业县	合计	农业县	非农业县
青海	22	15	37	59.5	40.5

① 农业县主要是指第一产业增加值占比大于第二产业增加值占比或第一产业增加值占比大于 20% 的县级行政区划。

续表

省份	数量 / 个			占比 /%	
	农业县	非农业县	合计	农业县	非农业县
四川	66	62	128	51.6	48.4
甘肃	47	21	68	69.1	30.9
宁夏	1	12	13	7.7	92.3
内蒙古	44	36	80	55.0	45.0
陕西	28	49	77	36.4	63.6
山西	18	73	91	19.8	80.2
河南	34	71	105	32.4	67.6
山东	15	63	78	19.2	80.8
合计	275	402	677	40.6	59.4

数据来源：根据 2022 年各县（市）统计年鉴整理。

3. 从规模以上工业企业数量看，黄河流域县域规模以上工业企业总数量占全国县域的 26.3%，县均规模以上工业企业数量低于全国县域平均水平，超七成县域规模以上工业企业数量少于 100 个

2020 年，黄河流域有统计数据的县域规模以上工业企业共有 49 146 个，占全国县域规模以上工业企业总量的比重为 26.3%；县均规模以上工业企业有 75 个，低于全国县域平均水平（105 个）。不同省份规模以上工业企业数据存在较大差距，从黄河源头到入海口，规模以上工业企业数量呈增加态势，如山东省县域规模以上工业企业总量（15 281 个）、县均规模以上工业企业数量（196 个）分别为青海省（355 个、15 个）的 43 倍和 13 倍（见图 5–3）。从县域规模以上工业企业的数量分布来看，2020 年，黄河流域有统计数据的县域规模以上工业企业数量小于 100 个的县占比达到七成，说明黄河流域多数县域规模以上工业企业数量相对较少（见表 5–11）。

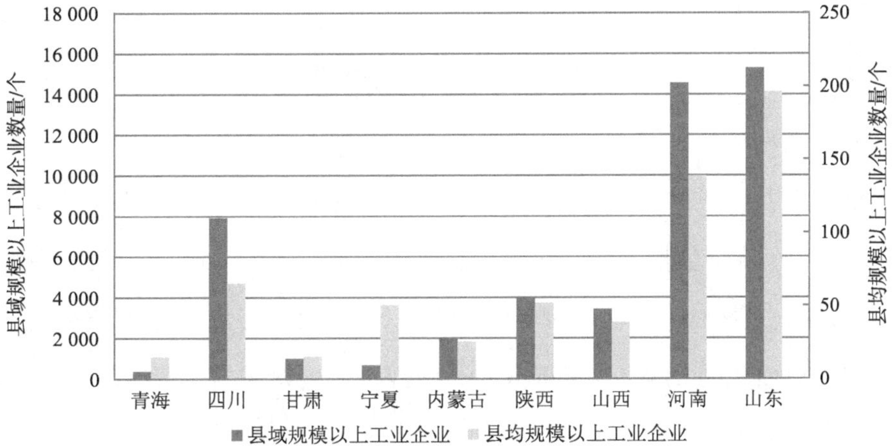

图 5-3　2020 年黄河流域各省份县域规模以上工业企业情况

数据来源：根据 2021 年各县（市）统计年鉴整理。

表 5-11　2020 年黄河流域各省份拥有不同数量规模以上工业企业的县域数量对比

省份	数量 / 个			占比 / %		
	大于 150 个	100 ～ 150 个	小于 100 个	大于 150 个	100 ～ 150 个	小于 100 个
青海	0	0	24	0	0	100.0
四川	11	17	94	9.0	13.9	77.0
甘肃	0	0	66	0	0	100.0
宁夏	0	2	11	0	15.4	84.6
内蒙古	0	2	78	0	2.5	97.5
陕西	3	2	72	3.9	2.6	93.5
山西	0	5	84	0	5.6	94.4
河南	30	34	41	28.6	32.4	39.0
山东	43	27	8	55.1	34.6	10.3
合计	87	89	478	13.3	13.6	73.1

数据来源：根据 2021 年各县（市）统计年鉴整理。

二、长江经济带

根据中共中央政治局2016年3月审议通过的《长江经济带发展规划纲要》，长江经济带包括上海、江苏、浙江、安徽、江西、湖北、湖南、重庆、四川、云南、贵州11个省市的687个县①，总面积约为205万平方公里，占我国国土总面积的21.4%。本部分对长江经济带内覆盖的11省市的687个县进行透视分析。

（一）人口变动

1. 从人口总量看，长江经济带县域人口规模占全国县域总人口超四成，县均人口规模高于全国县域平均水平，下游地区县均人口规模是上游地区的两倍

2021年长江经济带县域常住人口总体规模为3.25亿人，占全国县域总人口的43.9%，占全国总人口的比重为23%，县均常住人口规模为47.3万人，较全国县域平均水平约高出7.6万人。2017—2021年，县域常住人口规模减少了1 000万人，占全国总人口的比重减少了0.3个百分点，平均单个县域人口规模减少了2万人。从空间分布上看，长江经济带上中下游县域总人口差距较小，但在县均人口方面具有较大差距。上中下游的县均人口规模分

① 长江干流宜昌市以上为上游，宜昌市至湖口县段为中游，湖口县以下为下游。按上、中、下游划分，下游地区包括上海、江苏、浙江、安徽四省市，面积约为35.03万平方公里，占长江经济带总面积的17.1%；中游地区包括江西、湖北、湖南三省，面积约为56.46万平方公里，占长江经济带总面积的27.5%；上游地区包括重庆、四川、贵州、云南四省市，面积约为113.74万平方公里，占长江经济带总面积的55.4%。

别为 34.7 万人、48.6 万人和 71.4 万人，下游地区是上游地区的 2 倍。其中，云南省县均人口规模最小，为 32.1 万人，江苏省最多，高达 94.5 万人（见表 5–12）。

表 5–12　2021 年长江经济带上中下游各省份县域常住人口情况 / 万人

地段	省份	县域人口总量	县域平均人口
上游	云南	3 589.8	32.1
	四川	4 535.0	35.4
	贵州	2 703.2	37.5
	合计	10 828.0	34.7
中游	湖北	3 282.8	51.3
	湖南	4 692.4	54.6
	江西	2 866.7	39.3
	合计	10 841.8	48.6
下游	安徽	3 665.4	62.1
	浙江	3 402.3	64.2
	江苏	3 778.2	94.5
	合计	10 845.9	71.4

注：表中数据四舍五入。

数据来源：根据 2022 年各县（市）统计年鉴整理。

2. 从人口规模分布看，“百万人口县”主要集中在下游，“袖珍县”全部在上游

2021 年，长江经济带县域常住人口为 20 万 ~ 50 万人的县数量最多，有 311 个，占流域县域总数量的比重为 45.3%，常住人口规模占流域县域总人口的比重为 32.6%。50 万 ~ 100 万人的县域总人口占流域县域总人口的比重为 42.1%。县域常住人口规模在 100 万人以上的县有 51 个，占流域县域数量的

比重仅为7.4%，却承载了流域县域20.1%的总人口，而20万人以下规模的县占比约为20%，仅承载了流域县域5.3%的人口，流域县域人口规模“两极化”特征明显（见表5–13）。

表5–13 2021年长江经济带县域常住人口规模分布情况

人口规模	县域数量 / 个	县域数量占比 / %	人口占比 / %
5万人以下	12	1.8	0.2
5万～20万人	123	17.9	5.1
20万～50万人	311	45.3	32.6
50万～100万人	190	27.7	42.1
100万人以上	51	7.4	20.1

数据来源：根据2022年各县（市）统计年鉴整理。

分上中下游看，“百万人口县”主要集中在下游地区，人口不足5万人的“袖珍县”全部集中在上游地区。在百万以上人口的51个县中，下游地区占比超过60%，江苏省“百万人口县”数量相当于中游地区三个省份“百万人口县”数量之和，而人口不足5万人的12个“袖珍县”则全部集中在上游地区，其中仅四川省就占了11个（见表5–14）。

表5–14 2021年长江经济带各省份不同人口规模的县域数量

地段	省份	100万人以上	50万～100万人	20万～50万人	5万～20万人	5万人以下
上游	云南	2	13	59	37	1
	四川	3	31	42	41	11
	贵州	3	13	42	14	0
	合计	8	57	143	92	12

续表

地段	省份	100 万人以上	50 万～100 万人	20 万～50 万人	5 万～20 万人	5 万人以下
中游	湖北	3	19	37	5	0
	湖南	6	36	40	4	0
	江西	3	14	45	11	0
	合计	12	69	122	20	0
下游	安徽	8	24	22	5	0
	浙江	11	15	21	6	0
	江苏	12	25	3	0	0
	合计	31	64	46	11	0
总计		51	190	311	123	12

数据来源：根据 2022 年各县（市）统计年鉴整理。

3. 从人口变动看，长江经济带县域常住人口在减少的县达 85%，中上游地区人口减少量占流域人口减少量超七成

2000—2010 年、2011—2021 年长江经济带县域常住人口减少的县数量分别为 148 个和 580 个，占比从 21.8% 增长至 85.2%。2000—2010 年长江经济带县域常住人口减少了 315.8 万人，占全国县域总人口减少量的比重为 47.9%，2011—2021 年减少了 7 166.2 万人，占全国县域总人口减少量的比重为 44.5%，县域人口总量减少趋势明显。2011—2021 年，长江经济带中游地区常住人口减少的县域数量占比最高，超过 90%，中上游地区人口流失明显高于下游地区，超七成县域人口减少，累计减少超 5 000 万人（见表 5–15）。

表 5-15　2000—2010 年、2011—2021 年长江经济带县域常住人口减少情况

地段	省份	2000—2010 年			2011—2021 年		
		人口减少县域数量 / 个	人口减少县域数量占所在区域县域数量比重 / %	人口减少量 / 万人	人口减少县域数量 / 个	人口减少县域数量占所在区域县域数量比重 / %	人口减少量 / 万人
上游	云南	12	10.8	10.0	84	75.0	403.3
	四川	34	26.6	40.0	104	81.3	1 584.8
	贵州	3	4.2	0	67	93.1	696.0
	合计	49	15.8	50.0	255	81.7	2 684.1
中游	湖北	28	45.2	119.8	61	98.4	879.7
	湖南	8	9.4	16.0	81	95.3	1 100.9
	江西	5	7.0	8.0	69	97.2	504.6
	合计	41	18.8	143.8	211	96.8	2 485.3
下游	安徽	21	36.2	49.0	57	96.6	1 196.2
	浙江	19	36.5	6.0	27	51.9	205.3
	江苏	18	45.0	67.0	30	75.0	595.4
	合计	58	38.7	122.0	114	75.5	1 996.9
总计		148	21.8	315.8	580	85.2	7 166.2

数据来源：根据 2001—2022 年各县（市）统计年鉴整理。

（二）经济增长

1. 从经济总量看，长江经济带县域 GDP 占全国县域 GDP 近五成，“千亿县”八成以上集中在下游地区

2022 年，长江经济带县域 GDP 为 22.6 万亿元，占全国县域 GDP 总量的比重为 48.9%，占全国 GDP 的比重为 18.6%；县域平均 GDP 为 328.2 亿元，

远高于全国县域平均水平（248.20 亿元）；县域人均 GDP 为 6.9 万元，比全国县域人均水平高 6 000 元。上下游间县域经济发展差距明显（见表 5–16），“千亿县”有 37 个（详见附表 1），占比为 5.4%；GDP 小于百亿元的县有 148 个，占比为 21.5%。其中，下游地区的“千亿县”多达 31 个，仅江苏省就有 21 个。GDP 不足百亿元的县主要集中在上游地区，占比达 36.5%，其中四川省超四成县域 GDP 低于百亿元。

表 5–16　2022 年长江经济带各省份不同 GDP 规模的县域数量对比

地段	省份	1 000 亿元以上		1 000 亿～500 亿元		500 亿～300 亿元		300 亿～100 亿元		100 亿元以下	
		数量 / 个	占比 / %	数量 / 个	占比 / %	数量 / 个	占比 / %	数量 / 个	占比 / %	数量 / 个	占比 / %
上游	云南	0	0	5	4.5	10	8.9	61	54.5	36	32.1
	四川	0	0	8	6.3	20	15.6	47	36.7	53	41.4
	贵州	1	1.4	2	2.8	3	4.2	41	56.9	25	34.7
	合计	1	0.3	15	4.8	33	10.6	149	47.8	114	36.5
中游	湖北	1	1.6	10	15.6	21	32.8	30	46.9	2	3.1
	湖南	3	3.5	4	4.7	25	29.1	42	48.8	12	14.0
	江西	1	1.4	3	4.1	8	11.0	49	67.1	12	16.4
	合计	5	2.2	17	7.6	54	24.2	121	54.3	26	11.7
下游	安徽	1	1.7	10	17.0	22	37.3	21	35.6	5	8.5
	浙江	9	17.0	17	32.1	11	20.8	13	24.5	3	5.7
	江苏	21	52.5	15	37.5	4	10.0	0	0	0	0
	合计	31	20.4	42	27.6	37	24.3	34	22.4	8	5.3
总计		37	5.4	74	10.8	124	18.1	304	44.3	148	21.5

数据来源：根据各县（市）2022 年国民经济和社会发展统计公报、各县（市）统计年鉴、政府工作报告等公开数据整理。

长江经济带不同省份县均经济规模存在较大差异，县域平均经济规模呈现从上游、中游到下游逐步增大特征。从上游、中游到下游，GDP 在千亿元以上的县域数量逐渐增多，占所在区域县域数量的比重分别为 0.3%、2.2% 和 20.4%；GDP 在 300 亿元以下的县域逐渐减少，占比分别为 84.3%、65.9% 和 27.6%；县域 GDP 和县域平均 GDP 显著增加（见表 5-17），县域 GDP 分别为 56 080 亿元、64 460 亿元和 104 910 亿元，县域平均 GDP 分别为 179.3 亿元、290.2 亿元和 749.3 亿元，县域人均 GDP 分别为 5.2 万元、6.0 万元和 9.5 万元，下游地区县域 GDP、县域平均 GDP 和县域人均 GDP 分别是上游地区的 2 倍、4 倍和 1.8 倍。分省份看，长江经济带县域 GDP 总量最高的为江苏省，最低的为贵州省，分别为 50 390 亿元和 12 980 亿元，前者是后者的近 4 倍；县域平均 GDP 和县域人均 GDP 最高的为江苏省，最低的为云南省，分别为 1 259.8 亿元、12.7 万元和 167.6 亿元、5.5 万元，前者是后者的 7.5 倍和 2.3 倍。

表 5-17　2022 年长江经济带不同省份县域 GDP 情况

地段	省份	县域 GDP/亿元	县域平均 GDP/亿元	县域人均 GDP/万元
上游	云南	18 770	167.6	5.5
	四川	24 330	190.1	5.4
	贵州	12 980	180.2	4.7
	合计	56 080	179.3	5.2
中游	湖北	21 810	340.7	6.9
	湖南	26 340	306.3	5.3
	江西	16 310	223.5	5.7
	合计	64 460	290.2	6.0
下游	安徽	21 140	358.4	6.2
	江苏	50 390	1 259.8	12.7
	浙江	33 380	629.8	9.7

续表

地段	省份	县域 GDP/亿元	县域平均 GDP/亿元	县域人均 GDP/万元
下游	合计	104 910	749.3	9.5

数据来源：根据各县（市）2022 年国民经济和社会发展统计公报、各县（市）统计年鉴、政府工作报告等公开数据整理。

2. 从经济增速看，长江经济带县域 GDP 年均增长率显著高于全国县域水平，“千亿县”持续扩围

2011—2022 年，长江经济带县域 GDP 从 8.1 万亿元增长至 22.6 万亿元，年均增长率为 9.7%，比同期全国县域 GDP 年均增长率高 3.6 个百分点，比同期全国 GDP 年均增长率高 2 个百分点。同期，长江经济带县域平均 GDP 持续增长，从 131.4 亿元增长至 328.2 亿元，年均增长率为 8.7%，比全国县均 GDP 年均增长率高 1.9 个百分点。

2011—2022 年，长江经济带新增 33 个县突破千亿大关。2011 年，长江经济带县域 GDP 超过千亿元的县域共有 4 个①，占流域县域数量的比重为 0.6%；2022 年“千亿县”数量达到 37 个，占流域县域数量的比重为 5.4%。此外，“千亿县”对长江经济带区域经济增长的贡献最大，支撑了长江经济带的发展。2011—2022 年，长江经济带县域 GDP 增长额和年均增长率最大的均为 1 000 亿元以上区间，分别为 5.5 万亿元和 20.1%（见表 5–18）。

表 5–18　2011 年和 2022 年长江经济带县域 GDP 比较

GDP 规模	县域数量 / 个			GDP 总量 / 万亿元			
	2011 年	2022 年	变化数量	2011 年	2022 年	增长额	年均增长率 / %
1 000 亿元以上	4	37	33	0.8	6.3	5.5	20.1

① 分别为江苏省江阴市、张家港市、常熟市和昆山市。

续表

GDP 规模	县域数量 / 个			GDP 总量 / 万亿元			
	2011年	2022年	变化数量	2011年	2022年	增长额	年均增长率 / %
1 000 亿～500 亿元	18	74	56	1.2	5.0	3.8	13.8
500 亿～300 亿元	29	124	95	1.1	4.9	3.8	14.7
300 亿元以下	567	452	–115	5.0	6.4	1.4	2.3

数据来源：根据各县（市）2011—2022 年国民经济和社会发展统计公报、各县（市）统计年鉴、政府工作报告等公开数据整理。

3. 从省会城市的辐射带动作用看，县域距离省会城市越近带动越显著，下游省会城市明显强于上游省会城市

从流域整体看，县域距离省会城市越近，经济发展越好；距离省会城市越远，经济发展越差。2022 年，距离省会城市 300 公里以内、300 ～ 500 公里和 500 公里以外的县域 GDP 分别为 196 000 亿元、20 530 亿元和 875.2 亿元[①]；对应的县域平均 GDP 分别为 367.8 亿元、148.8 亿元、97.3 亿元（见表 5–19），距离最近区间约为最远区间的 4 倍。长江经济带距离省会城市 300 公里以内的县均 GDP（367.8 亿元）明显高于全国平均水平（281.1 亿元）。

表 5–19　2022 年黄河流域到省会城市不同距离的县域 GDP 情况 / 亿元

到省会城市的距离	县域 GDP 总量	平均县域 GDP
300 公里以内	196 000	367.8
300 ～ 500 公里	20 530	148.8

① 长江流域和省会城市的距离在 500 公里以外的县域数量很少，因此其县域 GDP 总量处于较低水平。

续表

到省会城市的距离	县域 GDP 总量	平均县域 GDP
500 公里以外	875.2	97.3

数据来源：根据各县（市）2022 年国民经济和社会发展统计公报、各县（市）统计年鉴、政府工作报告等公开数据整理。

分上中下游看，下游省会城市高铁 1 小时经济圈内县域 GDP 总量和县域平均 GDP 分别为上游的 2 倍和 3 倍。分省份看，省会城市高铁 1 小时经济圈内县域 GDP 最高的是江苏省，县域 GDP 总量和县域平均 GDP 分别为 44 090 亿元和 1 191.6 亿元，最低的是贵州省，县域 GDP 总量和县域平均 GDP 分别为 12 980 亿元和 180.2 亿元（见表 5–20），前者分别约为后者的 3 倍和 7 倍。

表 5–20　2022 年长江经济带省会城市高铁 1 小时经济圈内县域 GDP 情况

地段	省份	GDP 总量 / 亿元	平均 GDP/ 亿元
上游	云南	13 370	202.6
	四川	19 600	220.2
	贵州	12 980	180.2
	合计	45 950	201.0
中游	湖北	14 690	376.8
	湖南	22 900	388.2
	江西	14 150	235.8
	合计	51 740	333.6
下游	安徽	20 880	360.0
	江苏	44 090	1 191.6
	浙江	33 380	629.8
	合计	98 350	727.2

数据来源：根据各县（市）2022 年国民经济和社会发展统计公报、各县（市）统计年鉴、政府工作报告等公开数据整理。

（三）产业发展

1. 从产业结构看，长江经济带县域经济呈现“三二一”格局，下游地区第二产业占比明显高于中上游地区

2021 年，长江经济带县域三次产业结构为 12.2 : 42.4 : 45.5，第三产业对经济增长的贡献相对较大。2011—2021 年，长江经济带县域第一产业、第二产业占比分别下降了 2.6 个百分点和 8.3 个百分点，第三产业占比则上升了 11 个百分点。自 2019 年后第二产业占比开始低于第三产业占比，县域产业结构从“二三一”转变为“三二一”（见图 5-4）。分上中下游看，2021 年，长江经济带上中下游第一产业占比逐渐降低，第二产业和第三产业占比逐渐提高（见表 5-21）。具体而言，上中下游第一产业占比分别为 18.8%、14.6% 和 7.1%，云南最高（占比为 19.9%）、浙江最低（占比为 4.5%）；第二产业占比分别为 36.4%、40.5% 和 46.8%，下游地区明显更高；第三产业占比分别为 44.9%、44.9% 和 46.1%。

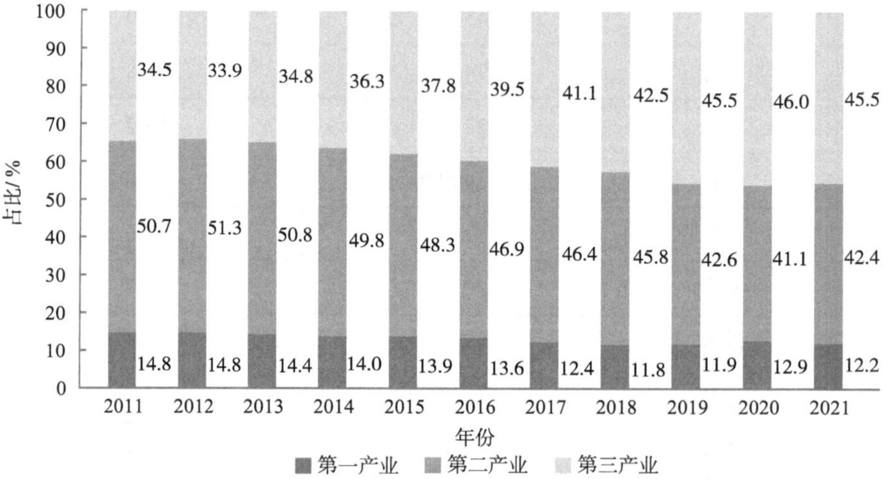

图 5-4　2011—2021 年长江经济带县域产业结构变化情况

数据来源：根据 2012—2022 年各县（市）统计年鉴整理，表中数据四舍五入。

表 5-21　2021 年长江经济带各省份县域产业结构

地段	省份	三次产业结构
上游	云南	19.9 : 34.7 : 45.5
	四川	18.1 : 37.9 : 44.0
	贵州	18.4 : 36.0 : 45.6
	合计	18.8 : 36.4 : 44.9
中游	湖北	17.2 : 37.8 : 45.1
	湖南	14.8 : 39.2 : 46.0
	江西	11.2 : 45.6 : 43.2
	合计	14.6 : 40.5 : 44.9
下游	安徽	13.1 : 40.7 : 46.3
	浙江	4.5 : 49.2 : 46.4
	江苏	6.4 : 47.8 : 45.9
	合计	7.1 : 46.8 : 46.1

数据来源：根据 2022 年各县（市）统计年鉴整理。

2. 从县域发展类型看，长江经济带非农业县数量占比超六成，且从上游到下游占比逐渐上升

2021 年，长江经济带有农业县 263 个、非农业县 424 个，占比分别为四成和六成，县域经济以非农产业为主导。从省份看，从上游到下游非农业县数量占比呈明显上升态势，2021 年上中下游非农业县占比分别为 39.7%、71.7% 和 92.1%（见表 5-22），下游地区非农业县占比超九成，而上游地区非农业县占比则接近四成。

表 5-22　2021 年长江经济带各省份县域发展类型

地段	省份	数量 / 个			占比 / %	
		农业县	非农业县	合计	农业县	非农业县
上游	云南	73	39	112	65.2	34.8
	四川	66	62	128	51.6	48.4

续表

地段	省份	数量 / 个			占比 / %	
		农业县	非农业县	合计	农业县	非农业县
上游	贵州	49	23	72	68.1	31.9
	合计	188	124	312	60.3	39.7
中游	湖北	28	36	64	43.8	56.3
	湖南	29	57	86	33.7	66.3
	江西	6	67	73	8.2	91.8
	合计	63	160	223	28.3	71.7
下游	安徽	11	48	59	18.6	81.4
	浙江	1	52	53	1.9	98.1
	江苏	0	40	40	0.0	100.0
	合计	12	140	152	7.9	92.1
总计		263	424	687	38.3	61.7

数据来源：根据 2022 年各县（市）统计年鉴整理。

3. 从规模以上工业企业数量看，长江经济带县域规模以上工业企业总数量占全国县域的一半以上，县均规模以上工业企业数量是全国县域的 1.5 倍，超五成县域规模以上工业企业数量少于 100 个

2020 年，长江经济带有统计数据的县域规模以上工业企业共有 106 562 个，占全国县域规模以上工业企业总数量的比重为 57%；县均规模以上工业企业有 158 个，是全国县域平均水平（105 个）的 1.5 倍。长江经济带各省份县域规模以上工业企业数量差距明显。2020 年上中下游地区规模以上工业企业数量分别为 14 502 个、30 192 个和 61 868 个，浙江省县域规模以上工业企业数量最多，其数量为最少的云南省的 8 倍；县均规模以上工业企业数量分别为 47 个、138 个、410 个，江苏省县均规模以上工业企业数量最多，其数量为最少的云南省的 20 倍（见表 5-23）。

表 5-23　2020 年长江经济带县域规模以上工业企业数量

地段	省份	规模以上工业企业数量 / 个	县均规模以上工业企业数量 / 个
上游	云南	3 290	29
	四川	7 909	65
	贵州	3 303	46
	合计	14 502	47
中游	湖北	8 513	137
	湖南	12 873	151
	江西	8 806	124
	合计	30 192	138
下游	安徽	10 826	183
	浙江	27 241	524
	江苏	23 801	595
	合计	61 868	410
总计		106 562	158

数据来源：根据 2021 年各县（市）统计年鉴整理。

从分布看，2020 年，长江经济带有统计数据的规模以上工业企业数量大于 150 个、100 ~ 150 个以及小于 100 个的县域分别为 195 个、99 个和 381 个，占比分别为 28.9%、14.7% 和 56.4%，其中超五成县域规模以上工业企业数量少于 100 个。从上中下游看，中下游地区规模以上工业企业数量大于 150 个的县域占比明显高于上游地区，下游地区甚至超过 70%，尤其是江苏省，高达 92.5%（见表 5-24）。

表 5-24　2020 年长江经济带各省份拥有不同数量规模以上工业企业的县域数量对比

地段	省份	数量 / 个			占比 / %		
		大于 150 个	100 ~ 150 个	小于 100 个	大于 150 个	100 ~ 150 个	小于 100 个
上游	云南	0	2	110	0	1.8	98.2
	四川	11	17	94	9.0	13.9	77.0
	贵州	2	5	65	2.8	6.9	90.3

续表

地段	省份	数量 / 个			占比 / %		
		大于 150 个	100 ~ 150 个	小于 100 个	大于 150 个	100 ~ 150 个	小于 100 个
上游	合计	13	24	269	4.3	7.9	87.9
中游	湖北	23	13	26	37.1	21.0	41.9
	湖南	33	17	35	38.8	20.0	41.2
	江西	19	22	30	26.8	31.0	42.3
	合计	75	52	91	34.4	23.9	41.7
下游	安徽	32	18	9	54.2	30.5	15.3
	浙江	38	4	10	73.1	7.7	19.2
	江苏	37	1	2	92.5	2.5	5.0
	合计	107	23	21	70.9	15.2	13.9
总计		195	99	381	28.9	14.7	56.4

数据来源：根据 2021 年各县（市）统计年鉴整理。

三、黄河流域和长江经济带县域发展对比

本部分将从人口变动、经济增长和产业发展三个方面，对比分析黄河流域和长江经济带两大流域县域发展情况。

（一）人口变动

1. 从人口规模看，黄河流域县域人口规模、县均人口规模均小于长江经济带，“百万人口县”少于长江经济带，“袖珍县”多于长江经济带

2021 年，黄河流域和长江经济带县域人口规模分别为 2.49 亿人和 3.25 亿人，县域平均常住人口规模分别为 36.1 万人和 47.3 万人，后者比前者分别

高 8 000 万人和 9 万人。2017—2021 年，黄河流域县域人口规模和县域平均人口规模呈增长趋势，而长江经济带县域人口规模呈减少趋势。

2021 年，黄河流域和长江经济带的“百万人口县”均集中于下游地区、常住人口不足 5 万人的“袖珍县”多集中于上游地区，而长江经济带“百万人口县”多于黄河流域、“袖珍县”少于黄河流域。黄河流域和长江经济带“百万人口县”分别为有 22 个和 51 个、“袖珍县”分别有 46 个和 12 个，后者比前者分别多 29 个、少 34 个。

2. 从人口变动看，黄河流域和长江经济带人口减少县数量均呈增长趋势，其中黄河流域下游和长江经济带中上游人口减少最为明显

2000—2010 年、2011—2021 年，黄河流域和长江经济带人口减少县的比例均增加了六成，人口减少县数量大幅增加。2011—2021 年，黄河流域下游地区人口减少量为 2 352.5 万人，占流域人口减少量的比重超四成；长江经济带中上游地区人口累计减少超 5 000 万人，占流域人口减少总量的比重超七成，其中上游地区人口减少 2 684.1 万人，占比为 37.4%；中游地区人口减少 2 485.3 万人，占比为 34.7%。

（二）经济增长

1. 从经济总量看，长江经济带县域平均 GDP、县域人均 GDP 分别是黄河流域的 1.5 倍、1.15 倍，县域经济在流域内均呈现明显“两极化”特征

从县域平均 GDP 来看，2022 年黄河流域和长江经济带的县均 GDP 分别为 214.4 亿元和 328.2 亿元，后者是前者的 1.5 倍；长江经济带的县域人

均 GDP 是黄河流域的 1.15 倍（黄河流域为 6 万元，长江经济带为 6.9 万元）。从“千亿县”数量来看，2022 年黄河流域和长江经济带“千亿县”分别有 8 个和 37 个，后者比前者多 29 个（见表 5-25）。从上下游发展差距看，2022 年黄河流域入海口省份县域平均 GDP 是源头省份的 9 倍，而长江经济带下游县域平均 GDP 是上游的 4 倍。黄河流域入海口省份县域人均 GDP 是源头省份的 1.4 倍，而长江经济带下游县域人均 GDP 是上游的 1.8 倍。

表 5-25　2022 年黄河流域和长江经济带不同 GDP 规模的县域数量对比

地区	1 000 亿元以上		1 000 亿～500 亿元		500 亿～300 亿元		300 亿～100 亿元		100 亿元以下	
	数量/个	占比/%	数量/个	占比/%	数量/个	占比/%	数量/个	占比/%	数量/个	占比/%
黄河流域	8	1.2	44	6.6	96	14.5	275	41.5	240	36.2
长江经济带	37	5.4	74	10.8	124	18.1	304	44.3	148	21.5

数据来源：根据各县（市）2022 年国民经济和社会发展统计公报、各县（市）统计年鉴、政府工作报告等公开数据整理。

黄河流域和长江经济带县域 GDP 的共同变化规律为：一是经度越大，位置越靠东，县域经济发展越好；二是经济落后县具有平均性、相似性和集中性，而经济强县则较为离散。从图 5-5 可以看出，在经度较小的流域中上游地区，GDP 较低的县域密集地分布在一起，而在经度较大的下游地区，GDP 较高的县域分布则较为分散。相比之下，长江经济带内部的县域经济发展差异更为巨大，黄河流域绝大多数县域 GDP 都在 1 000 亿元以下，仅有少数在 1 000 亿元以上，而长江经济带在东经 110° 之后、1 000 亿元以上的县域数量较多，且差距较大。

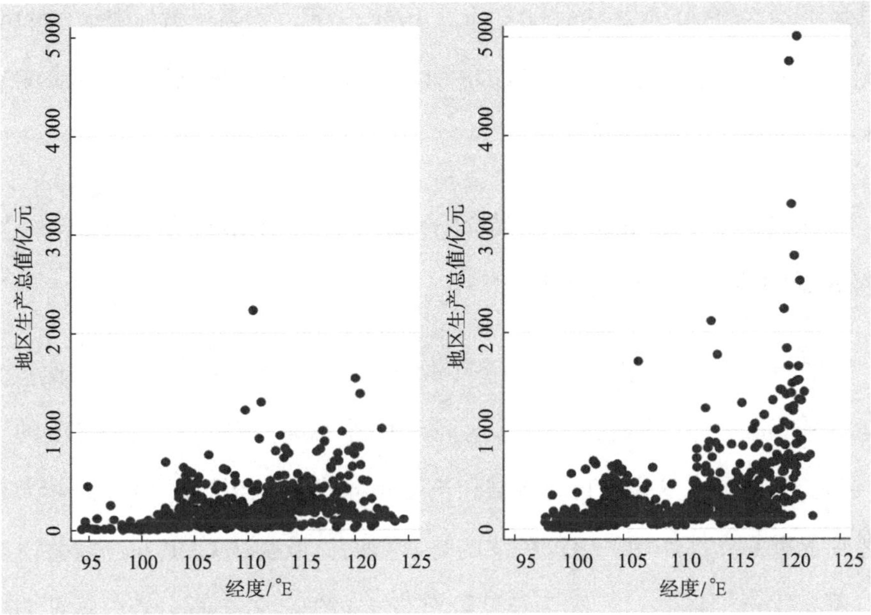

（a）黄河流域　　（b）长江经济带

图 5–5　2022 年黄河流域和长江经济带县域 GDP 经度变化图

数据来源：根据各县（市）2022 年国民经济和社会发展统计公报、各县（市）统计年鉴、政府工作报告等公开数据整理。

2. 从经济增速看，长江经济带明显快于黄河流域，“千亿县”发展更为迅速

2011—2022 年，黄河流域和长江经济带县域 GDP 总量年均增长 7.5% 和 9.7%，县域平均 GDP 年均增长 6.9% 和 8.7%，后者均显著高于前者。就“千亿县”来看，长江经济带增加数量为 33 个，显著高于黄河流域的 8 个，且经济规模增加更加迅速（长江经济带“千亿县”GDP 增加额为 5.5 万亿元，黄河流域为 1.1 万亿元）。

3. 从省会城市的辐射带动看，长江经济带明显强于黄河流域

2022 年，长江经济带的到省会城市距离在 300 公里以内的县域 GDP 总量

和县域平均GDP分别为196 000亿元、367.8亿元，均高于黄河流域的114 200亿元和233.6亿元。就县域平均GDP而言，长江经济带高于全国县域GDP平均水平，而黄河流域则偏低。

4. 从县域经济贡献看，黄河流域和长江经济带县域经济均为流域经济增长起到重要支撑作用

2022年，黄河流域和长江经济带县域GDP占全国县域GDP的比重分别为30.8%、48.9%（见表5-26），均高于两个区域GDP占全国GDP的比重（25.4%、46.5%），这说明黄河流域和长江经济带县域经济发展为流域经济的发展起到了重要支撑作用。值得关注的是，黄河流域县域GDP在流域整体GDP中占更高比重（46.3%），高于长江经济带（40.3%）6个百分点，说明对于黄河流域来讲，推动县域经济高质量发展对全流域经济的发展更为重要。

表5-26　2022年黄河流域和长江经济带“整体和县域”GDP对比

指标		黄河流域		长江经济带	
		总量/万亿元	占全国的比重/%	总量/万亿元	占全国的比重/%
区域整体	GDP	306 985.4	25.4	559 766.4	46.5
	第一产业	26 953.4	30.5	37 785.4	42.8
	第二产业	130 632.1	27.0	224 358.3	46.7
	第三产业	149 400.0	23.4	297 622.7	46.9
区域县域	GDP	142 100.0	30.8	225 500.0	48.9
	第一产业	19 370.0	33.2	27 110.0	46.5
	第二产业	62 430.0	34.7	94 930.0	52.8
	第三产业	60 300.0	27.0	103 460.0	46.3

数据来源：根据《求是》2023年第7期、2022年国民经济和社会发展统计公报、各县（市）统计年鉴、政府工作报告等公开数据整理。

（三）产业发展

1. 从产业结构看，黄河流域、长江经济带分别为“二三一”“三二一”，长江经济带第二产业占比降幅和第三产业占比增幅均小于黄河流域

2021 年，黄河流域县域三次产业结构为 14.3∶44.1∶41.6，县域三次产业占比中最高的为第二产业；长江经济带县域三次产业结构为 12.2∶42.4∶45.4，县域三次产业占比中最高的为第三产业。2011—2021 年，黄河流域第二产业占比降幅（下降 14 个百分点）大于长江经济带（下降 7 个百分点），第三产业占比增幅（上升 15 个百分点）大于长江经济带（上升 12 个百分点）。此外，从省份来看，黄河流域和长江经济带从源头到入海口不同省份的县域 GDP 三次产业占比中，第一产业占比都在下降、第三产业占比都在增加。

2. 从县域规模以上工业企业数量看，长江经济带是黄河流域的 2 倍，两大流域上下游县均数量均相差较大

2020 年黄河流域和长江经济带有统计数据的县域规模以上工业企业分别约有 4.9 万个和 10.7 万个，县均规模以上工业企业分别有 75 个和 158 个，长江经济带是黄河流域的 2 倍。从上下游省份看，黄河流域和长江经济带规模以上工业企业总量最高的省份分别是最低省份的 43 倍和 8 倍，县均规模以上工业企业同比分别为 13 倍和 20 倍。从数量区间看，2020 年黄河流域和长江经济带规模以上工业企业数量大于 100 个的县域数量占比分别为 26.9% 和 43.6%，长江经济带超四成县域拥有多于 100 个的规模以上工业企业。

3. 两流域上游地区县域均处于工业化初期，长江经济带中下游地区县域发展好于黄河流域中下游地区

从表 5-9 和表 5-21 可以看出，黄河流域上游地区处于工业化前期，第一产业占比较高，第二产业占比较低，处于工业化初期阶段；中游地区处于工业化中期，第一产业占比较低，第二产业占比最高，工业化达到鼎盛阶段；下游地区则处于工业化后期，工业化进程基本稳定，第二产业占比相对于中期下降，第三产业占比上升。而长江经济带上游地区与黄河流域上游地区工业化进程相似，中游地区工业化进程相当于黄河流域的下游地区，而下游地区产业结构更加优化，第一产业占比进一步下降，第二产业和第三产业占比在经济增长中贡献更大（见图 5-6）。

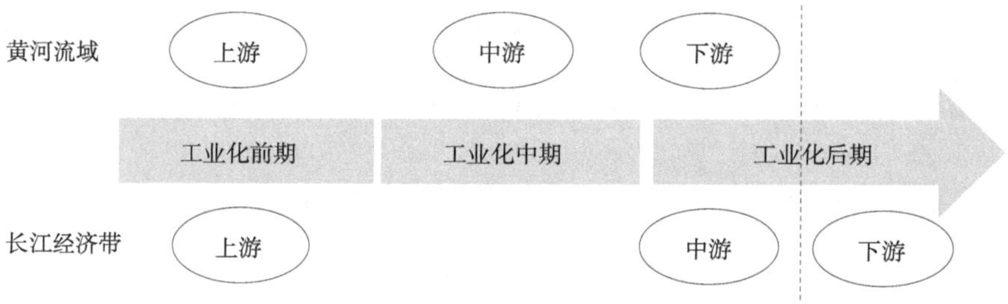

图 5-6　黄河流域和长江经济带工业化进程示意图

四、京津冀地区

习近平总书记强调京津冀协同发展进入到滚石上山、爬坡过坎、攻坚克难的关键阶段，需要下更大气力推进工作。本部分主要对京津冀协同发展战略涵盖的北京、天津、河北 3 个省市的 118 个县进行透视分析，总面积均为 21.6 万平方公里。

（一）人口变动

1. 从人口总量看，京津冀地区县域总人口占全国县域总人口的 6.5%，县均常住人口规模略高于全国县域平均水平，县域总人口和县均人口均呈减少态势

2021 年，京津冀地区县域常住人口总体规模为 4 822.5 万人，占全国县域总人口的比重为 6.5%，占全国总人口的比重为 3.4%；县域平均常住人口规模为 40.9 万人，略高于全国县域平均水平（39.7 万人）。2017—2021 年，县域常住总人口减少了 300 万人，占全国总人口的比重降低了 0.3%，县均人口规模减少了 2.5 万人。

2. 从人口规模分布看，京津冀地区以中小规模人口县为主

2021 年，京津冀地区县域常住人口规模为 20 万 ~ 50 万人的县数量最多（76 个），占地区县域总数的 64.4%；其次是 50 万 ~ 100 万人（27 个）的县，占比为 22.9%，两者之和占比达 87%。同时这两个人口区间的县域也承载了京津冀地区主要的人口，常住人口数量占地区人口总数超九成。需要指出的是，县域人口规模在 100 万人以上的县仅有 2 个，占地区县域数量的比重仅为 1.7%，且不存在常住人口不足 5 万人的“袖珍县”（见表 5–27），京津冀地区中小规模人口县居多。

表 5–27　2021 年京津冀地区县域常住人口规模分布情况

人口规模	县域数量 / 个	县域数量占比 / %	人口占比 / %
5 万人以下	0	0	0
5 万 ~ 20 万人	13	11.0	4.5

续表

人口规模	县域数量 / 个	县域数量占比 / %	人口占比 / %
20 万 ~ 50 万人	76	64.4	55.8
50 万 ~ 100 万人	27	22.9	35.3
100 万人以上	2	1.7	4.4

数据来源：根据 2022 年各县（市）统计年鉴整理。

3. 从人口变动看，2011 年以来京津冀地区县域常住人口在减少的县超八成

2000—2010 年、2011—2021 年京津冀地区县域常住人口减少的县数量分别为 7 个和 98 个，占比分别为 6% 和 83.8%；2000—2010 年京津冀地区县域常住人口减少了 16 万人，占全国县域总人口减少量的比重为 3.9%；2011—2021 年减少了 540 万人，占全国县域总人口减少量的比重为 3.4%。

（二）经济增长

1. 从经济总量看，京津冀地区县域 GDP 占全国县域 GDP 5%，超八成县域 GDP 小于 300 亿元

2022 年，京津冀地区县域 GDP 为 2.4 万亿元，占全国县域 GDP 的比重为 5.2%，占全国 GDP 的比重为 2%；县域平均 GDP 为 203.2 亿元，低于全国县域平均水平（248.20 亿元）；县域人均 GDP 为 4.9 万元，明显低于全国县域人均水平（6.3 万元）。2022 年，京津冀地区县域 GDP 超过 1 000 亿元的县只有 1 个，为河北省迁安市（1281 亿元）。GDP 在 100 亿 ~ 300 亿元的县数量最多（72 个），GDP 在 100 亿元以下的县数量有 27 个，占流域县域数量

的比重分别为 61.0% 和 22.9%，可见 GDP 在 300 亿元以下的县在该地区的占比累计超过了八成，高于全国水平（75%），县域多为小规模经济体。

2. 从经济增速看，京津冀地区县域 GDP 年均增长率显著低于全国县域水平，“千亿县”涨势微弱

2011—2022 年，京津冀地区县域 GDP 从 1.4 万亿元增长至 2.4 万亿元，年均增长 5%，比同期全国县域 GDP 年均增长率低 1.3 个百分点，比同期全国 GDP 年均增长率低 3 个百分点。该地区占全国县域 GDP 的比重从 7.2% 下降至 5.2%。2011—2022 年，县域平均 GDP 从 123.9 亿元增长至 203.2 亿元，年均增长率为 4.6%，低于全国县域平均水平 2.2 个百分点。2011 年京津冀地区所有县域 GDP 均未超过千亿元，2022 年河北省迁安市 GDP 突破千亿元大关。此外，2011—2022 年，由“千亿县”带来的 GDP 增长额仅为 0.1 万亿元，GDP 在 300 亿元以下的县数量有近 100 个，GDP 增长额也仅有 0.3 万亿元（见表 5–28）。

表 5–28　2011 年和 2022 年京津冀地区县域 GDP 比较

GDP 规模	县域数量 / 个			县域 GDP 总量 / 万亿元			
	2011 年	2022 年	变化数量	2011 年	2022 年	增长额	年均增长率 / %
1 000 亿元以上	0	1	1	0	0.1	0.1	—
1 000 亿～500 亿元	3	7	4	0.2	0.5	0.3	8.4
500 亿～300 亿元	5	13	8	0.2	0.5	0.3	8.7
300 亿元以下	107	97	–10	1.1	1.4	0.3	2.3

数据来源：根据各县（市）2011—2022 年国民经济和社会发展统计公报、各县（市）统计年鉴、政府工作报告等公开数据整理。

（三）产业发展

1. 从产业结构看，京津冀地区县域产业结构呈现“三二一”格局，第二产业占比下降、第三产业占比上升

2021 年，京津冀地区县域三次产业结构为 14.8：40.0：45.2，县域经济中第三产业占据主导地位。2011—2021 年，京津冀地区第一产业占比较为稳定，上下波动幅度在 3 个百分点以内。相比之下，第二产业占比整体呈现下降趋势，从 54.1% 下降至 40%，下降了 14.1 个百分点；第三产业占比呈上升趋势，从 30.5% 上升至 45.2%，上升了 14.7 个百分点（见图 5–7）。京津冀地区县域产业结构自 2018 年后第二产业占比开始低于第三产业占比，县域产业结构从“二三一”转变为“三二一”。

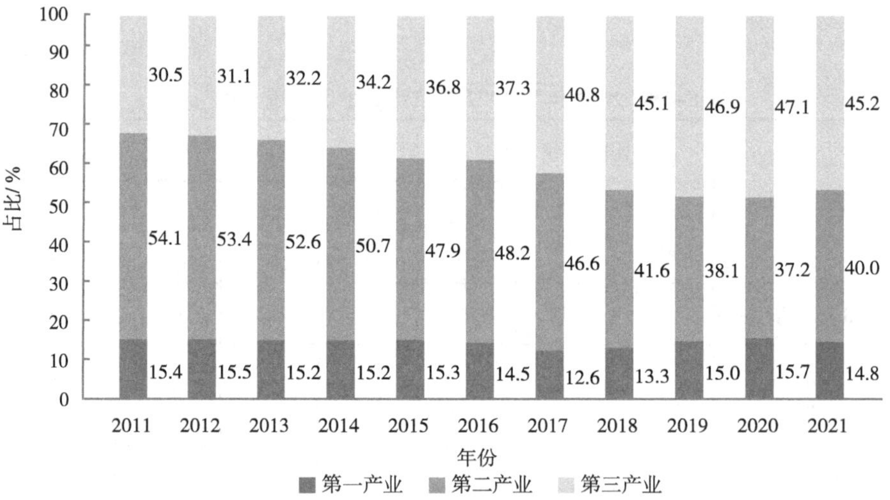

图 5–7　2011—2021 年京津冀地区产业结构变化情况

数据来源：根据各县（市）2011—2022 年国民经济和社会发展统计公报、各县（市）统计年鉴、政府工作报告等公开数据整理，数据四舍五入。

2. 从县域发展类型看，京津冀地区一半以上县以农业为主

2021 年，京津冀地区有农业县 63 个、非农业县 55 个，占该地区县域数量的比重分别为 53.4% 和 46.6%，农业县个数略高于非农业县。相比 2011 年，京津冀地区农业县数量增加了 3 个，这与河北省粮食主产区的地位相契合。

3. 从规模以上工业企业数量看，京津冀地区县域规模以上工业企业总数量仅占全国县域 5%，县均规模以上工业企业数量远低于全国县域平均水平，超七成县域规模以上工业企业数量少于 100 个

2020 年，京津冀地区县域规模以上工业企业共有 9 357 个，仅为全国县域规模以上工业企业总数量的 5%；县均规模以上工业企业有 80 个，远低于全国县域平均水平（105 个）。从分布看，2020 年，京津冀地区有统计数据的规模以上工业企业个数大于 150 个、100 ~ 150 个以及小于 100 个的县域数量分别为 12 个、17 个和 88 个，占比分别为 10.3%、14.5% 和 75.2%，县域规模以上工业企业数量多为 100 个以下。

五、长三角地区

根据 2019 年 12 月中共中央、国务院印发的《长江三角洲区域一体化发展规划纲要》，长三角地区包括上海、江苏、浙江、安徽 3 省 1 市，总面积约为 35.8 万平方公里，共包含 152 个县，是我国经济发展最活跃、开放程度最高、创新能力最强的区域之一。本部分重点从经济增长、产业发展、人口变动三个维度，对长三角地区 152 个县进行透视分析。

（一）人口变动

1. 从人口总量看，长三角地区县域总人口占全国县域总人口的14.9%，县域平均常住人口规模是全国县域的1.8倍，省际间县域总人口和县均人口规模差异较大

2021年，长三角地区县域常住总人口为1.1亿人，占全国县域总人口的14.9%，占全国总人口的7.7 %；县域平均常住人口规模为71.4万人，是全国县域平均水平的1.8倍。2017—2021年，县域常住人口总量和平均规模基本稳定。分省看，长三角地区各省县域人口数量上有较大差别，江苏省县域人口总量和县域平均人口规模均为最高，县域平均人口规模比其他两省均高出30万人以上（见表5-29）。

表5-29　2021年长三角地区各省份县域常住人口情况

省份	县域人口总量/万人	县域平均人口/万人
安徽	3 665.4	62.1
江苏	3 778.2	94.5
浙江	3 402.3	64.2

数据来源：根据2022年各县（市）统计年鉴整理。因上海市没有下辖县，故没有上海市县域数据。

2. 从人口规模分布看，六成以上的县人口规模超50万人，50万人以上人口县集聚了长三角地区县域总人口的82.8%

2021年，长三角地区常住人口规模为50万～100万人的县数量最多，其次是20万～50万人，两者之和占比超过70%；而人口占比最高的两个区间则为50万～100万人和100万人以上，这两个区间人口之和在长三角地区

的人口占比超过 80%（见表 5–30）。分省份看，江苏省“百万人口县”最多，人口规模为 5 万 ~ 20 万的人小规模县最少（见表 5–31）。

表 5–30　2021 年长三角地区县域常住人口规模分布情况

人口规模	县域数量 / 个	县域数量占比 / %	人口占比 / %
5 万人以下	0	0	0
5 万 ~ 20 万人	11	7.2	1.3
20 万 ~ 50 万人	46	30.3	16.0
50 万 ~ 100 万人	64	42.1	44.2
100 万人以上	31	20.4	38.6

数据来源：根据 2022 年各县（市）统计年鉴整理。

表 5–31　2021 年长三角地区各省份县域常住人口规模分布情况

省份	100 万人以上	50 万 ~ 100 万人	20 万 ~ 50 万人	5 万 ~ 20 万人	5 万人以下
安徽	8	24	22	5	0
江苏	12	25	3	0	0
浙江	11	15	21	6	0
合计	31	64	46	11	0

数据来源：根据 2022 年各县（市）统计年鉴整理。

3. 从人口变动看，长三角地区人口减少县占比达 3/4，安徽省县域人口全面减少

2000—2010 年、2011—2021 年长三角地区县域常住人口减少的县数量分别为 58 个和 114 个，占比分别为 38.7% 和 75.5%，提高了约 40 个百分点。2000—2010 年长三角地区县域常住人口减少了 122 万人，占全国县域总人口减少量的比重为 18.5%，2011—2021 年减少了 1 996.9 万人[①]，占全国县域总

① 人口减少的年份主要集中在 2011—2017 年，人口减少量为 1574 万人，占 2011—2021 年人口减少总量的 80%。

人口减少量的比重为12.4%，县域人口总量减幅较大。分省份看，2011—2021年，安徽省人口减少的县域数量占比最高，达到96.6%，同时也是地区人口减少最多的省份（1 196.2万人），人口减少量占地区人口减少总量的六成（见表5-32）。

表5-32　2000—2010年、2011—2021年长三角地区县域常住人口减少情况

省份	2000—2010年			2011—2021年		
	人口减少县域数量/个	人口减少县域数量占所在区域县域数量比重/%	人口减少量/万人	人口减少县域数量/个	人口减少县域数量占所在区域县域数量比重/%	人口减少量/万人
安徽	21	36.2	49	57	96.6	1 196.2
江苏	18	45.0	67	30	75.0	595.4
浙江	19	36.5	6	27	51.9	205.3
合计	58	38.7	122	114	75.5	1 996.9

数据来源：根据2001—2022年各县（市）统计年鉴整理。

（二）经济增长

1. 从经济总量看，长三角地区县域GDP超10万亿元，占全国县域GDP的1/5，占据全国百强县44个席位

2022年，长三角地区的152个县域GDP为10.5万亿元，占全国县域GDP总量的比重为22.7%，占全国GDP的比重为8.7%；县域平均GDP为690.2亿元，是全国县域平均水平（248.20亿元）的2.8倍；县域人均GDP为9.7万元，是全国县域人均水平（6.3万元）的1.5倍。2022年，长三角地区县域GDP超过1 000亿元的县有31个，占该地区县域数量的比重为20.4%，其中安徽省1个、江苏省21个、浙江省9个（见表5-33）。

江苏省的张家港市、江阴市、昆山市县域 GDP 分别超过 3 000 亿元、4 000 亿元和 5 000 亿元，跻身全国百强县之列，霸榜前三位。GDP 在 100 亿元以下的县仅有 8 个，占比为 5.3%。此外，在全国百强县中，有 44 个县位于长三角地区。

表 5–33　2022 年长三角地区各省份不同 GDP 规模的县域数量对比

省份	1 000 亿元以上		1 000 亿 ~ 500 亿元		500 亿 ~ 300 亿元		300 亿 ~ 100 亿元		100 亿元以下	
	数量 / 个	占比 / %	数量 / 个	占比 / %	数量 / 个	占比 / %	数量 / 个	占比 / %	数量 / 个	占比 / %
安徽	1	1.7	10	17.0	22	37.3	21	35.6	5	8.5
江苏	21	52.5	15	37.5	4	10.0	0	0.0	0	0.0
浙江	9	17.0	17	32.1	11	20.8	13	24.5	3	5.7
合计	31	20.4	42	27.6	37	24.3	34	22.4	8	5.3

数据来源：根据各县（市）2022 年国民经济和社会发展统计公报、各县（市）统计年鉴、政府工作报告等公开数据整理。

2. 从经济增速看，长三角地区县均经济增速明显快于全国县域平均水平，对全国县域经济贡献呈上升趋势

2011—2022 年，长三角地区县域 GDP 从 4.3 万亿元增长至 10.5 万亿元，增长了 6.2 万亿元，年均增长 8.5%，比同期全国县域 GDP 年均增长率高 2.4 个百分点，比同期全国 GDP 年均增长率高 0.6 个百分点。长三角地区县域 GDP 占全国县域 GDP 的比重以 2013 年为转折点，呈现先降后升态势，从 2011 年的 21.6% 下降至 2013 年的 19.6%，后又上升至 2022 年的 22.7%。2011—2022 年，长三角地区县域平均 GDP 从 282.1 亿元增长至 690.2 亿元，年均增长率为 8.5%，高于全国县域平均 GDP 年均增长

率 1.7 个百分点。

2011—2022 年，长三角地区“千亿县”数量增加了 27 个。2011 年，长三角地区“千亿县”数量仅为 4 个，均位于江苏省，分别为常熟市、张家港市、昆山市和江阴市，2022 年长三角地区“千亿县”增加到 31 个（见附表 2）。在此期间，“千亿县”经济呈现快速增长态势，GDP 增长 4.5 万亿元，年均增长率为 18.4%，远高于本地区县域 GDP 年均增长速度（8.5%）。2011—2022 年长三角地区县域经济规模区间增速见表 5-34。

表 5-34　2011 年和 2022 年长三角地区县域 GDP 比较

GDP 规模	县域数量 / 个			县域 GDP 总量 / 万亿元			
	2011 年	2022 年	变化数量	2011 年	2022 年	增长额	年均增长率 / %
1 000 亿元以上	4	31	27	0.8	5.3	4.5	18.4
1 000 亿～500 亿元	15	42	27	1.0	2.9	1.9	10.2
500 亿～300 亿元	24	37	13	0.9	1.5	0.6	4.5
300 亿元以下	108	42	-66	1.5	0.8	-0.7	-5.8

数据来源：根据各县（市）2011—2022 年国民经济和社会发展统计公报、各县（市）统计年鉴、政府工作报告等公开数据整理。

3. 从省会城市辐射带动作用看，长三角地区绝大部分县处于省会城市高铁 1 小时经济圈内，不同省会带动作用差别明显

长三角地区县普遍距离省会城市较近，95% 以上的县均处于省会城市高铁 1 小时经济圈内，该经济圈内县域 GDP 总量为 98 350 亿元，县域平均 GDP 为 604.1 亿元，远高于全国平均水平。江苏、浙江、安徽三省省会城市高铁 1 小时经济圈内县域平均 GDP 分别为 1 191.6 亿元、629.8 亿元和 360 亿

元（见图 5–8），县域人均平均 GDP 分别为 12.7 万元、9.7 万元和 6.2 万元。江苏省省会南京对于周边县域辐射带动作用最强，浙江省省会杭州次之，安徽省省会合肥最弱。

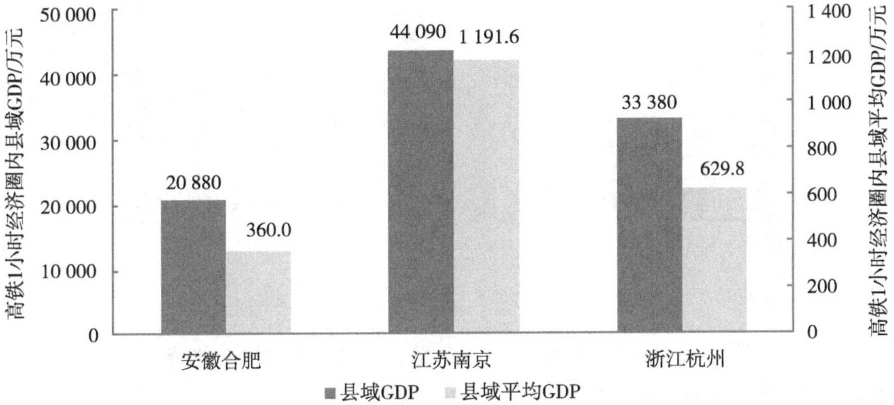

图 5–8　2022 年长三角地区省会城市高铁 1 小时经济圈内县域 GDP 情况

数据来源：根据各县（市）2022 年国民经济和社会发展统计公报、各县（市）统计年鉴、政府工作报告等公开数据整理。

（三）产业发展

1. 从产业结构看，长三角地区县域第二产业、第三产业之和占 GDP 比重超九成，第一产业、第二产业占比下降，第三产业占比上升

2021 年，长三角地区县域三次产业结构为 7.1∶46.8∶46.1，第二产业和第三产业的占比几乎相同。2011—2021 年，长三角地区第一产业占比呈持续下降趋势，从 10.0 % 下降至 7.1%，下降了约 3 个百分点；第二产业占比从 53.7% 下降至 46.8 %，下降了约 7 个百分点；第三产业占比呈上升趋势，从 36.2% 上升至 46.1%，上升了约 10 个百分点（见图 5–9）。分省份看，安徽省在长三角地区的第一产业占比最高（13.1%），浙江省第二产业占比和第三产业占比均较高（分别为 49.2% 和 46.4%），见表 5–35。

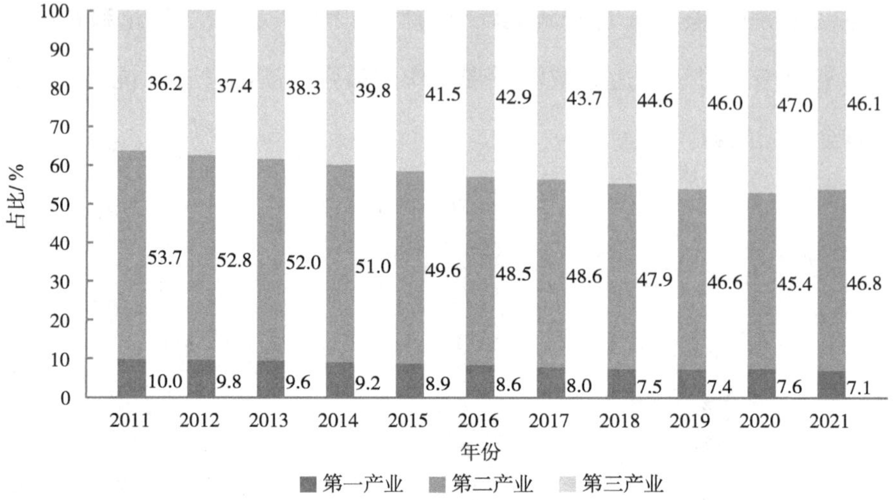

图 5-9　2011—2021 年长三角地区县域产业结构变化情况

数据来源：根据 2012—2022 年各县（市）统计年鉴整理。

表 5-35　2021 年长三角地区各省份县域产业结构

省份	三次产业结构
安徽	13.1 : 40.7 : 46.3
江苏	6.4 : 47.8 : 45.9
浙江	4.5 : 49.2 : 46.4

数据来源：根据 2021 年各县（市）统计年鉴整理。

2. 从县域发展类型看，长三角地区九成以上的县以非农产业为主导

2021 年，长三角地区有农业县 12 个、非农业县 140 个，占该地区县域数量的比重分别为 7.9% 和 92.1%，非农业县个数显著多于农业县，县域经济整体以非农产业为主导。分省份看，江苏省所有县域的第二产业占比均高于第一产业占比，浙江省非农业县的比例达到了 98.1%（见表 5-36）。

表 5–36　2021 年长三角地区各省份县域发展类型

省份	数量 / 个			占比 / %	
	农业县	非农业县	合计	农业县	非农业县
安徽	11	48	59	18.6	81.4
江苏	0	40	40	0	100
浙江	1	52	53	1.9	98.1
合计	12	140	152	7.9	92.1

数据来源：根据 2022 年各县（市）统计年鉴整理。

3. 从规模以上工业企业数量来看，长三角地区县域规模以上工业企业占全国县域总量约三成，85% 的县平均拥有超 100 个规模以上工业企业

2020 年，长三角地区有统计数据的县域规模以上工业企业共有 61 868 个，占全国县域规模以上工业企业总数量的比重为 33%，县均规模以上工业企业有 410 个，是全国县域平均水平的 3.9 倍（见表 5–37）。2020 年，长三角地区有统计数据的县域规模以上工业企业数量大于 150 个、100 ～ 150 个以及小于 100 个的县域数量分别为 107 个、23 个和 21 个，占比分别为 70.9%、15.2% 和 13.9%（见表 5–38），县域规模以上工业企业个数多为 150 个以上。

表 5–37　2020 年长三角地区各省份县域规模以上工业企业情况

省份	规模以上工业企业数量 / 个	县均规模以上工业企业数量 / 个
安徽	10 826	183
江苏	23 801	595
浙江	27 241	524
合计	61 868	410

数据来源：根据 2021 年各县（市）统计年鉴整理。

表 5-38　2020 年长三角地区各省份拥有不同数量规模以上工业企业的县域数量对比

省份	数量 / 个			占比 / %		
	大于 150 个	100 ~ 150 个	小于 100 个	大于 150 个	100 ~ 150 个	小于 100 个
安徽	32	18	9	54.2	30.5	15.3
江苏	37	1	2	92.5	2.5	5.0
浙江	38	4	10	73.1	7.7	19.2
合计	107	23	21	70.9	15.2	13.9

数据来源：根据 2021 年各县（市）统计年鉴整理。

六、京津冀地区和长三角地区县域发展对比

本部分将从人口变动、经济增长和产业发展三个方面，对比京津冀地区和长三角地区两大城市群县域发展情况。

（一）人口变动

1. 从人口规模看，长三角地区县域平均人口规模是京津冀地区的 1.7 倍

2021 年京津冀地区和长三角地区县域常住人口规模分别为 4 822.5 万人和 1.1 亿人，县均常住人口规模分别为 40.9 万人和 71.4 万人，前者分别是后者的 2.3 倍和 1.7 倍。2017—2021 年，京津冀地区县域常住人口总量、县均人口规模呈减少趋势，而长三角地区则保持基本稳定。

2. 从人口变动看，京津冀地区人口减少县数量占比明显高于长三角地区

2011—2021 年京津冀地区县域常住人口减少的县数量为 98 个，占比高达

83.8%，而长三角地区县域常住人口减少的县数量为 114 个，占比为 75.5%，京津冀地区人口减少县的比例高于长三角地区约 8 个百分点。2011—2021 年长三角地区县域常住人口减少了 1 996.9 万人，而京津冀地区县域常住人口减少了 540 万人。

（二）经济增长

1. 从经济总量看，长三角地区县域平均 GDP、县域人均 GDP 分别是京津冀地区的 3.4 倍、2 倍，长三角地区“千亿县”数量更多且规模更大

2022 年京津冀地区和长三角地区县域平均 GDP 分别为 203.2 亿元和 690.2 亿元，后者约是前者的 3.4 倍。2022 年京津冀地区和长三角地区县域人均 GDP 分别为 4.9 万元和 9.7 亿元，后者约是前者的 2 倍。2022 年京津冀地区和长三角地区县域 GDP 超过 1 000 亿元的县分别为 1 个和 31 个，长三角地区“千亿县”明显数量更多且 GDP 处于更高水平。2022 年京津冀地区和长三角地区县域 GDP 规模对比见表 5-39。

表 5-39　2022 年京津冀地区和长三角地区不同 GDP 规模的县域数量对比

地区		1 000 亿元以上		1 000 亿～500 亿元		500 亿～300 亿元		300 亿～100 亿元		100 亿元以下	
		数量/个	占比/%	数量/个	占比/%	数量/个	占比/%	数量/个	占比/%	数量/个	占比/%
京津冀地区		1	0.9	7	5.9	13	11.0	72	61.0	27	22.9
长三角地区	安徽	1	1.7	10	17.0	22	37.3	21	35.6	5	8.5
	江苏	21	52.5	15	37.5	4	10.0	0	0	0	0

续表

地区		1 000 亿元以上		1 000 亿～500 亿元		500 亿～300 亿元		300 亿～100 亿元		100 亿元以下	
		数量/个	占比/%	数量/个	占比/%	数量/个	占比/%	数量/个	占比/%	数量/个	占比/%
长三角地区	浙江	9	17.0	17	32.1	11	20.8	13	24.5	3	5.7
	合计	31	20.4	42	27.6	37	24.3	34	22.4	8	5.3

数据来源：根据各县（市）2022 年国民经济和社会发展统计公报、各县（市）统计年鉴、政府工作报告等公开数据整理。

2. 从经济增速看，长三角地区远高于京津冀地区，“千亿县”发展更为迅速

2011—2022 年，京津冀地区和长三角地区县域 GDP 总量年均增长分别为 4.8% 和 8.5%，县域平均 GDP 年均增长分别为 4.6% 和 8.5%，后者均高于前者约 4 个百分点。从“千亿县”增长看，2011—2022 年，长三角地区“千亿县”增加数量和县域 GDP 增加额（27 个，4.5 万亿元）都远高于京津冀地区（1 个，0.1 万亿元）。

3. 从省会城市的辐射带动作用看，长三角地区强于京津冀地区

2022 年，长三角地区和省会城市距离在 300 公里以内县域 GDP 总量和县域平均 GDP 分别为 98 350 亿元、604.1 亿元，均高于京津冀地区的 17 140 亿元和 182.4 亿元，前者分别约为后者的 6 倍和 3 倍。就县域平均 GDP 而言，前者远高于全国县域 GDP 平均水平（281.1 亿元），而后者则偏低。

（三）产业发展

1. 从产业结构看，长三角地区县域第二产业、第三产业占比相对较高，第二产业占比降幅、第三产业占比增幅均小于京津冀地区

2021 年，京津冀地区县域三次产业结构为 14.8∶40.0∶45.2，长三角地区为 7.1∶46.8∶46.1，京津冀地区以第三产业为主，长三角地区第二产业和第三产业相差无几，但长三角地区第二产业和第三产业占比均高于京津冀地区（分别高 6 个和 1 个百分点）。2011—2021 年，长三角地区第二产业占比降幅低于京津冀地区，前者下降了 7 个百分点，后者下降了 14 个百分点；第三产业占比增幅低于京津冀地区，前者上升了 10 个百分点，后者上升了 15 个百分点。

2. 从规模以上工业企业数量看，长三角地区县域均值是京津冀地区的 6.6 倍

2020 年京津冀地区和长三角地区有统计数据的县域规模以上工业企业分别有 9 357 个和 61 868 个，县均规模以上工业企业分别为 80 个和 410 个，后者分别是前者的 6.6 倍和 5 倍。2020 年京津冀地区县域规模以上工业企业个数大于 100 个的县占比 24.6%，长三角地区占比为 86.1%，后者是前者的 4 倍，可见长三角地区的县域经济规模更大，产业发展基础更好。

第六章
县域发展存在的突出问题

一、县域功能定位亟待进一步明确

（一）县域在城镇体系中功能定位不清

20世纪80年代，乡镇企业是县域经济发展的主要支撑。到20世纪90年代中后期，农业产业化与园区经济成为县域经济发展的主要着力点。自党的十六大首次提出“壮大县域经济”以来，各地陆续开始将目光更多地放在县域经济上，党的十九大后，就县域经济发展陆续出台了《关于县域创新驱动发展的若干意见》《关于推进以县城为重要载体的城镇化建设的意见》等文件，表明我国县域发展进入了一个新阶段。但就更好推进县域高质量发展而言，仍缺少专门文件和明确的功能定位。县域在城镇体系中是什么定位？县域经济在产业分工中起什么作用？县域经济作为一种地方经济在整个经济结构中承担什么样的经济功能？应该辅之以什么样的行政管理体制、投融资管理体制和要素保障策略？这一系列问题都亟需进一步明确。

（二）大中城市对县域发展的辐射带动不够

目前，我国已基本形成以城市群为主体、大中小城市和小城镇协调发展的城镇格局，县域大多依靠地域优势主动融入大城市和城市群发展。京津冀协同发展、粤港澳大湾区建设、长三角一体化发展以及各个城市群的集聚人口和经济作用持续显现，辐射带动了周边县域发展。然而，目前我国大城市周边县面临经济发展活力下降、发展不平衡、常住人口城镇化压力与产业结构转型升级矛盾突出、受大城市“虹吸效应”副作用大、公共服务质量不高等深层问题。另外，在远离城市群的省份内部，则热衷于举全省之力打造省会城市，例如合肥、武汉、长沙等，进而导致省内其他城市的固定资产投资增加有限，距离省会城市远的县域更无法享受到都市圈和城市群的增长红利。总体上看，在城市群辐射半径之外，中西部地区仍旧有大量县域没有真正意义上融入城市群的产业链发展。

（三）县域竞争呈现低端同质化特征

县域经济发展对省会城市或者周边大城市依赖度较高，经济结构和发展资源受城市“扩散效应”的影响较大，这些城市在带动周边县域经济发展的同时，也使得城市周边县域产业结构呈现出单一性、重复性特征。同时，为加快推进县域经济发展，各省市纷纷将县域经济高质量发展考核作为推动干事创业、激发县域活力的重要机制，于是多个临近县域会引入同一个产业链，大多未能形成自身的发展特色和独特的竞争优势，出现了依托相似资源、形成相似结构的“特色产业”同质化。另外，在宏观经济下行压力加大的背景下，县域大多只能围绕本地的自然资源和地理条件，以宽松的政策等作为筹码吸引企业加入，竞相比拼招商引资，但单一的地区竞争模式终将造成严重的产业趋同，需要在未来发展中避免这种低水平的内部竞争。

二、县域内生动力亟待进一步夯实

（一）产业支撑乏力

目前，县域经济的产业结构转型缓慢，尤其是中西部地区已经远远落后于东部地区。四川、湖北、云南和内蒙古第一产业比重高于第二产业比重的县域占比为24%以上，贵州、青海和甘肃的这一比例分别高达47.2%、48.7%和60.3%。同时，县域产业层次低，多数县域工业停留在低附加值环节，除东部发达地区县市外，中西部很多县域工业是依托当地优势资源发展起来的、以原料加工等为主的低附加值产业，承接东部地区向外转移产业的比较优势弱于东南亚国家的城市地区，这导致在新一轮的产业变革中，县域经济发展面临着工业增长乏力和农业产业化不足的双重困境①。县域地方财政支出占全国一般公共预算支出的比例上升到32%左右，但是县域财政自给率从2015年的42%下降至2022年的38%，六成以上的县域财政自给率低于30%，财政支出的略微增加并没有带来快于财政支出增长速度的财政收入的增长。

① 中廉在线：发展县域经济助推新型城镇化建设进程。网址为http://www.chinainc.org.cn/show-353-507345-1.html。

（二）科技支撑乏力

县域经济中科技支撑力量薄弱，县域科技创新水平远低于全国水平。从研发投入看，我国县域研发费用仅为全国当期投入的五分之一。从发明专利拥有量和高新技术企业数量看，县域每万人口有效发明专利拥有量为3.08件，远低于全国15.8件的平均水平；县域拥有高新技术企业数量总和为4.85万个，占全国高新技术企业的比重仅为17.64%，很多县的高新技术产业占比、战略性新兴产业占比仅在10%左右[①]。同时，县域企业主要以中小企业为主，企业创新能力偏弱，研发投入强度低，难以形成市场占有率高和科技含量高的优势品牌产品，县域内尚未形成创新驱动发展的高质量发展格局。

（三）劳动力优势不再

充足而相对低廉的劳动力资源曾是县域参与区域竞争的核心优势之一，但长期以来从县域流向城市的劳动人口以青壮年为主，加之各大城市争相开展的“抢人大战”，县域内部的适龄劳动人口大量外流，导致县域人口年龄结构愈加失衡，不断加深的人口老龄化程度削弱了县域经济的要素优势。从人口流动的趋势来看，人口向外的方向主要是从县域到城市，即使是发达县域，其人口吸力也并不强劲。相比2000—2010年，2011—2021年长江经济带和黄河流域内人口减少县的数量大幅度增加。即便是长江经

① 河南省人民政府：新发展阶段 河南县域经济高质量发展的路径。网址为https://www.henan.gov.cn/2022/04-11/2429026.html。

济带下游的江苏省（有 25 个县进入全国百强名单），人口减少县的比例也迅速增加到 75%，仅有 10 个县实现了人口增长[①]。与此同时，县域人口的深度老龄化加重了县域的人力资源成本和用工难度，持续扩大了县域人力资源的结构性短缺[②]。

三、县域城乡统筹亟待进一步强化

（一）乡镇发展总体滞后

乡镇是县域经济发展的一个重要载体和重要支撑。从长三角和珠三角的发展实践看，县域经济对乡镇发展依赖性较强，很多县域支柱产业以及后来升级成的工业园区，大量的企业都是在乡镇企业的基础上发展起来的。然而对于中西部地区而言，由于受开放政策、区位条件以及市场经济理念等多个方面的影响，乡镇经济没有得到较好的发展[③]。再加上后来大规模的劳动力外流，乡镇经济更是难以支撑整个县域的经济发展。尽管大规模劳动力外出务工获得了工资性收入，但收入大多用于县城购房居住，没有形成完整的县域产业体系。因此，除了沿海经济发达地区，县一级非农产业的发展大部分都集中在县城。

① 江苏省拥有 21 个“千亿县”，其部分县域经济和社会发展不仅好于大多数县域经济，甚至好于部分城市经济，而其人口减少县的增加反映出人口流动偏向于进入城市。

② 澎湃新闻：赛迪顾问 | 县域经济发展面临的五大问题及解决之道。网址为 https://www.thepaper.cn/newsDetail_forward_15820231。

③ 随着 1997 年取消对乡镇工业园区的土地供应，到 2005 年农村综合改革取消各项农业税费，乡镇因为缺乏工业和农业的税收来源，很难去复制之前东部沿海发展模式。

（二）城乡要素双向流动机制尚不健全

长期以来，城市偏向的发展战略、市民偏向的分配制度、重工业偏向的产业结构，导致更多资源向城市集中[①]。在当前城乡分治的情况下，县级行政单元的主要任务和职能是领导乡村，而城市建设与发展是城市政府的职能，城乡二者之间缺乏直接的联系，城乡之间的资源要素流通不畅。党的二十大报告中指出："坚持农业农村优先发展，坚持城乡融合发展，畅通城乡要素流动。"因此，建立健全城乡要素畅通流动政策体系和体制机制，推动城市要素向乡村回流，系统性重构人、地、产、村定位、资产属性和交易方式，其势已成，其时已至。

（三）县域民生短板较为突出

党的十八大以来，尽管国家在县域公共服务设施与民生服务方面，已经进行了大量的投入，但县域公共服务供给与人民群众日益增长的美好生活需要相比，仍有较大差距。随着人口大量涌入县城，新增的公共服务、市政设施、环境设施等需求，正在考验着县城的承载力，尤其对于欠发达地区等财政收支严重不平衡的县城，民生"短板"将会更加突出，共享发展任务也将会更加艰巨。此外，由于农村资源要素市场的封闭性、城乡产业布局的非协调性、城乡生产设施的非均衡性与城乡民生保障的非共享性[②]，城乡发展不平

---

① 乔陆印，刘彦随.新时期乡村振兴战略与农村宅基地制度改革［J］.地理研究，2019，38（03）：655–666.

② 经济日报：双轮驱动建设农业强国。网址为 http://paper.ce.cn/pc/content/202302/20/content_269126.html。

衡和农村发展不充分问题依然突出，以推进城乡融合发展和乡村振兴为契机，着力补齐乡村民生短板，将是推进县域高质量发展的重要着力点。

四、县域协调发展亟需进一步发力

（一）东强西弱

中西部地区县域经济无论是从地区 GDP、地方财政收入还是县域 GDP 占全国县域 GDP 的比重看，与东部地区相比都存在较大差距。例如，2022 年，东部、中部、西部地区县域平均 GDP 分别为 449.5 亿元、283.7 亿元、147.4 亿元，东部地区分别是中部、西部地区的 1.6 倍和 3.0 倍。东部地区经济强县的数量较多，已经普遍完成了从农业县到工业县的经济转型，而中西部地区虽然不乏经济强县，但是县域经济总体发展水平较低，多数县仍然是人口净流出的农业县，还处在工业化过程中[①]。

（二）南北差距大

南方和北方分别有 959 个和 907 个县。从经济总量看，2022 年南方县域和北方县域 GDP 分别为 28.4 万亿元和 17.9 万亿元，南方比北方多 10.5 万亿元；南方县域和北方县域 GDP 占全国县域 GDP 的比重分别为 61.4% 和 38.6%，南方县域比北方高 22.8 个百分点。从发展指数看，2022 年，在 181 个引领发展型县中，位于南方的有 132 个，占比超七成，位于北方的占比仅为 27.1%。“千亿县”分布南北差距同样较大，53 个“千亿县”中有 43 个分

---

① 安永军 . 以公共服务供给为中心：中西部农业县的功能转型［J］. 文化纵横，2023（02）:121-128.

布在南方，仅有 10 个分布在北方。从重点战略区域看，无论是从经济规模还是产业发展方面，黄河流域县域经济发展水平远低于长江经济带，京津冀地区县域经济发展更是滞后于长三角地区。例如，黄河流域和长江经济带县域数量相差无几，然而，长江经济带县域 GDP 却比黄河流域的高 8 万亿元，“千亿县”数量也多出 36 个，规模以上企业数量是黄河流域的 2 倍。

（三）区域内发展不均衡

从重点战略区域看，黄河流域入海口县域 GDP 总量和均值分别是源头的 19 倍和 9 倍，第二产业占比相差 6 个百分点；长江经济带上下游县域 GDP 总量和均值最高的分别是最低的 4 倍和 7.5 倍，第二产业占比更是相差了 15 个百分点。分省份看，广东省县域高度分化，珠三角 9 个城市经济总量占整个广东的比重为 82%，而粤西、粤东、粤北地区 12 个城市经济总量只占 18%。人均经济数据更是相差甚远，广东省排名最低的县人均 GDP 只有深圳人均 GDP 的十分之一左右。从不同机构的研究成果看，江苏省为百强县数量最多的省份，而苏南地区又在江苏省名列第一，县域经济全国排名前十的县市有一半以上在苏南，而排名前五的县市又有一半在苏州。

五、特殊县域发展需要进一步重视

（一）160 个重点帮扶县

脱贫攻坚战全面胜利后，832 个贫困县脱贫摘帽，但是西部地区的部分县经济社会总体发展水平相对较低，仍旧面临规模性返贫的风险。为了突出重点帮扶，倾斜支持增后劲，中央在西部 10 个省份确定 160 个国家乡村振兴重点帮扶县，这些地区面临着增强自我发展能力和做大做强帮扶产业的重要挑战。

（二）132 个陆地边境县

边境城镇远离国内中心市场，是信息、技术、人才、资金等经济要素流动的末梢，陆地边境县的 86.4% 在少数民族地区，边境地区常住少数民族人口占边境地区常住总人口的近一半。除少数口岸城市外，绝大部分边境城镇经济发展水平较差、经济体量较小、产业初级低端、产业链条短，产业发展支撑较弱，公共服务存在短板，人口外流趋势严重，尤其是东北边境地区呈现出显著的人口外流现象[①]。

（三）多省交界县

交界区域一般存在较大的行政壁垒，容易在经济发展、要素流通等方面造成诸多问题。多省交界地区县（市）因为地理边缘化很容易导致行政治理和政策治理边缘化，不仅难以获得省内大力支持，更难以分享省会城市的发展红利，很多三省交界地区县（市）经济发展水平低于全国县域经济发展水平。

六、重点功能区支持政策亟待完善

粮食主产区和生态涵养区是我国典型的重点功能区，如何平衡和发展重点功能区中的县域经济，完善配套的补偿和激励政策，是重点功能区县域发展亟待解决的问题。

---

① 按照“七普”数据计算，2010—2020 年，东北边境县减少 143 万人。

（一）粮食主产区

粮食主产区县是保障我国粮食安全的“压舱石”，第一产业在县域经济中占比较大，但由于粮食产业收益相对较低，对粮食主产区经济社会发展贡献较小，粮食大县大都成了“农业大县、工业小县、财政穷县”[①]。例如，2021年，河南省、山东省、河北省的第一产业占比均为12% ~ 15%，农业县占比分别达到了32.4%、19.2%、53.4%；而第二产业占比却只有40% ~ 43%[②]，低于工业较为发达的浙江省9 ~ 13个百分点。粮食生产与区域发展的目标并未实现同步，保护耕地成为粮食主产区县工业化、城镇化的紧约束[③]。粮食安全是“国之大者”，需要各区域、各城镇、各类县共同承担、协同发力，要通过完善配套支持政策，保障粮食主产区县的粮食生产与经济发展目标同步实现。

（二）生态涵养区

生态涵养区承载着我国生态环境保护、物种基因库及生物多样性维持的可持续发展使命，国家重点生态功能区域内的县市在一定程度上与禁止开发区域属性的地区没有本质区别。以黄土高原丘陵沟壑水土保持生态功能区为例，该地区尚有1.7%的村未通公路，通村公路中水泥路占比低于全国平均水平6个百分点，约为70%；50.9%的农村家庭没有完成厕所改造，未实现集

---

① 康涌泉．基于粮食安全保障的粮食主产区利益补偿制度研究［J］．河南师范大学学报（哲学社会科学版），2013，40（04）：74-76.

② 2021年河南省、山东省、河北省第一产业占比分别为13.7%、12.5%和14.8%，第二产业占比分别为42.4%、40.9%和40.0%，浙江省第二产业占比为49.2%。

③ 田建民．粮食安全长效机制构建的核心——区域发展视角的粮食生产利益补偿调节政策［J］．农业现代化研究，2010，31（02）：187-190.

中处理生活垃圾、生活污水的村占该地区的比重分别为 39.7% 和 88.4%；67% 的村没有幼儿园、托儿所，没有卫生室的村和没有执业（助理）医师的村占该地区的比重分别为 13.1% 和 50.1%[①]。国家重点生态功能区域内的限制开发政策意味着该地区无法享受资源开发和城镇化建设带来的红利，这给刚刚脱贫地区的经济发展设置了阻碍，从这个意义上说，完善针对生态涵养区县的利益补偿机制和配套政策，促进生态功能区县与全国同步实现共同富裕，既是客观要求，也是必然要求。

然而，面对功能区定位与当地经济发展的冲突，无论是在国家层面还是在区域层面，相应的配套政策和补偿机制都不健全或者执行不到位。处于重点功能区的各县（市），在保障粮食安全和生态保护方面承担了较强的服务功能，并由此付出了相应的机会成本，错失了经济发展机遇。遗憾的是，在现有区域政策框架下，这种成本绝大部分由所在功能区自行承担，而其他功能区在享受服务的同时，却没有为此付出相应的代价和补偿。这必然导致重点功能区因缺少内生动力和外来补偿与激励而发展缓慢，并形成与其他功能区之间的巨大差距。因此，亟需健全与重点功能区贡献相匹配的政策文件和补偿机制。

---

① 数据来源:《第三次全国农业普查主要数据公报（第三号）》。

第七章
县域高质量发展愿景和展望

立足我国县域发展实际，坚持目标导向和问题导向相结合，从人口、经济、公共服务、绿色发展、县城建设和城乡融合等方面，提出我国县域中长期发展的战略目标和展望。

一、战略愿景

县域是实施乡村振兴战略的主战场，是推进城乡融合发展的基本单元，是实施扩大内需战略、培育完整内需体系的战略基点，也是以中国式现代化全面推进中华民族伟大复兴的关键支撑和突出短板弱项所在。要统筹推进县域与全国、县域与城市、东部地区与中西部和东北地区、区域重大战略与非重大战略、不同类型县域、特殊类型县域与非特殊类型县域、县域内城镇村协同发展，着力补齐农产品主产区、生态功能区、边境地区、资源枯竭型地区、革命老区、欠发达地区等县域发展短板弱项，从解决“有没有”的问题向解决“好不好”的问题转变，全面提升县城、中心镇镇区对县域经济发展的支撑能力和辐射带动能力，着力完善县城、中心镇镇区城市功能和特色优势产业平台功能，加快推进县乡村功能衔接互补水平，着力改善县域人居环境和发展环境，在全国范围内基本建成特色各异、富有活力的以县城为枢纽、以小城镇为节点的县域经济体系，以县域高质量发展助力中华民族伟大复兴。

（一）县域是全面推进城乡融合发展的基本单元

县域兼具城市性与农村性，既是乡村振兴的主战场，也是城市体系末梢的承载地。县城作为城市与乡村的中间连接体，是城市之尾、农村之首，县域发展涵盖了县城、乡镇、村庄多个发展层次。把县域作为城乡融合发展的重要切入点和最为基础、重要的环节，是新发展阶段构建新型工农城乡关系的重要战略举措。要以全面提升县城、中心镇镇区辐射带动乡村发展、农业农村现代化和城乡融合发展能力为目标，着力完善县城和中心镇服务“三农”功能，推进医疗、教育、文化部门人员“县聘乡用”，推进城镇型市政基础设施、公共服务设施、环境基础设施、产业配套设施等向村庄延伸覆盖，因地制宜推动平台、资源、服务下沉，促进县城、乡镇、村庄的功能衔接互补，打通城乡之间要素平等交换、双向流动的通道。

（二）县域是解决发展不平衡不充分问题的重要阵地

当前，我国发展最大的不平衡是城乡发展不平衡，最大的不充分是农村发展不充分。把县域作为城乡融合发展的重要切入点，是解决城乡发展不平衡、农村发展不充分的重要途径。要以新发展理念为引领，以更宽广的视野、更创新的思路、更开放的办法，全要素、全产业链、全地域谋划和发展县域经济。要推进空间布局、产业发展、基础设施等县域统筹，把城乡关系处理好，一体设计、一并推进。以规划建设一体化促进城乡空间融合、产业融合、设施融合、公共服务融合，形成以县城为中心、以乡镇为节点、以农村为腹地的城乡融合发展空间体系。开展以县域为主体的城乡融合发展试验区建设，支持一批区位优越、产业基础良好、资源环境承载能力较强、集聚人口规模较大的县域发展，逐步打造一批引领我国县域高质量发展的标杆和示范。

（三）县域是扎实推进共同富裕的关键场域

从县域高质量发展全景透视看，县域已成为我国共同富裕目标实现的突出短板，推进县域高质量发展是缩小城乡差距、区域差距、收入差距，扎实推进共同富裕的重要抓手和突破口。要探索建立“中心城市—县城—中心镇—中心村”联动发展机制，畅通要素在区域之间、城市之间、城乡之间双向流动的制度性通道，支持和推动不同区域、不同类型县域结合自身禀赋条件和产业发展基础，主动加快“入链”“入群”“结对”，形成中心城市和城市群带动、强弱结对、流域结对等区域协调发展、互助互促发展等新模式。要在完善县城和中心镇功能、促进县乡村功能衔接互补、城乡融合发展等方面持续发力，有序推进城乡公共服务体系与公共基础设施一体化，逐步消除资源流动制度性障碍，强化县城拉动县域经济增长的引擎作用和推动城乡融合发展的纽带功能。

（四）县域是扩大内需战略落地落实的重要区域

当前，大多数县域经济发展滞后于城市，基础设施和公共服务不足，居民收入低于全国平均水平，投资和消费都具有巨大潜力。2021 年县域社会消费品零售总额达 15.2 万亿元，占全国社会消费品零售总额的比重达 34.5%，远低于同期县域人口占全国总人口比重（52.4%），县域消费需求潜力巨大。

把发展县域经济作为扩大内需的重点，有利于补上国民经济高质量发展短板。要以建设高效规范、公平竞争、充分开放的全国统一大市场为目标，率先在县域内加快清理废除妨碍统一市场和公平竞争的各种规定和做法，推动生产要素在区域、城乡之间更加高效、更加科学的配置。以县域为基本单元推动城乡二元结构改革，破除妨碍城乡要素平等交换、双向流动的制度壁垒，全面补齐县域人居环境、消费环境、消费基础设施等短板弱项，促进发展要素、各类服务更多下乡，有效增强国内大循环的内生动力和可靠性。

二、基本思路

以习近平新时代中国特色社会主义思想为指导，深入贯彻落实党的二十大精神，坚持以推动县域高质量发展为目标，立足县域发展实际，统筹县城生产、生活、生态、安全需要，统筹考虑不同区域、不同类型县域、区域重大战略和非重大战略、特殊类型县域和非特殊类型县域特点，坚持精准施策、靶向发力，着力强化县域发展要素保障，因地制宜补齐县域高质量发展短板弱项，全面提升县城和中心镇区公共服务品质、就业支撑能力、带动乡村能力和绿色低碳发展水平，以县域高质量发展全面促进城乡融合发展、全面解决城乡发展不平衡不充分问题、全面推进扩大内需战略落地落实，扎实推进共同富裕，为加快构建新发展格局、以中国式现代化全面推进中华民族伟大复兴提供有力支撑。

（一）着力提升县城和中心镇带动县域发展能力

要尊重县城和中心镇发展规律，立足县城和中心镇功能定位，顺应人口变动趋势，按照“适度超前、提质增效”原则，大力提升公共服务品质，更好地满足农民到县城和中心镇就业安家、服务“三农”的需要。要以推进县城和中心镇产业配套设施提质增效为重点发力方向，围绕产业平台功能提升，不断加强标准厂房、共性技术研发仪器设备、质量基础设施、仓储集散回收设施等建设，支持符合条件的县城、中心镇建设产业转型升级示范园区、农产品加工产业园区，促进工业向园区集中集聚发展，促进农村一二三产业融合发展。支持县域健全商贸流通网络，因地制宜建设具备运输仓储、集散分拨等功能的物流配送中心，发展物流专业市场，打造工业品和农产品分拨中转地，服务县域产业发展。

（二）着力推进县乡村功能衔接互补

立足县城和乡村公共服务和基础设施供需差距，有序推进城镇公共服务向乡村覆盖、基础设施向乡村延伸。积极建设城乡学校共同体，深化“县管校聘”改革，推进县域内义务教育优质均衡发展。建设紧密型县域医共体，推动城市优质医疗资源向县域下沉。健全县乡村衔接的养老服务网络，发展乡村互助式养老服务。因地制宜推动供水供气供热管网向城郊乡村和规模较大中心镇延伸，推动县乡村（户）道路联通，促进城乡道路客运一体化。建设联结城乡的冷链物流、电商平台、农贸市场网络，建设重要农产品仓储设施和城乡冷链物流设施，全面打通城乡之间的流通壁垒。推动城市资金、技术、人才、产业等向农村地区转移，促进一二三产业融合发展。

（三）着力强化县域高质量发展要素保障

要在资金投入、土地指标分配、干部配备等方面给予县域更多倾斜，全面提升县域高质量发展的能力和动力。以县域为单位有序推动全域土地综合整治，探索更加灵活的建设用地供地模式，按照有序盘活存量、适度提高增量的原则，一方面有序有效盘活存量低效用地，另一方面适度增加县城、中心镇、设施农业等产业用地、民生用地指标供给，探索建立农村集体经营性建设用地与国有土地在县城“同价同权”入市制度。建立健全可持续的县城和中心镇建设投融资机制，中央预算内资金、政府专项债和企业债、政策性开发性金融工具等要适度向县城和中心镇倾斜。

三、前景展望

（一）县域人口变动

人是县域高质量发展的关键要素，推动县域高质量发展，要全面把握人口变动规律和趋势，提出前瞻性、全局性的应对举措。

1. 县域人口仍将持续流向城市群和都市圈

“人随产业走、人往高处走”是人口流动的基本逻辑。从国际经验看，人口不断地从低收入地区流向高收入地区、从中小城市流向城市群和都市圈地区是一般性规律。我国城市群、都市圈及区域中心城市优质公共资源富集、产业特别是高端产业高度集聚，人口集聚的“马太效应”将更加凸显，人口向具有集聚优势的城市群、都市圈、中心城市迁移的态势不会改变。当前，我国非农产业劳动生产率是农业的4倍多，城镇居民人均可支配收入是农村居民人均可支配收入的2.5倍，农村人口占多数的县域与城市群、都市圈、中心城市之间的基础设施和公共服务差距甚大。这些客观规律和现实都表明，未来很长一段时期内，人口从劳动生产率低的县域向劳动生产率高的城市群和都市圈持续流出，仍是大势所趋。

2．大城市周边县域人口将持续增加

随着城市群和都市圈在交通通勤、公共服务、产业协同等方面的进一步完善，城市群和都市圈内部、具有低成本优势的县将成为流动人口的重要集聚空间。虽然当前我国多数都市圈的核心城市“虹吸效应”仍然明显，但随着都市圈发展成熟，逐渐转为以“外溢效应”为主导，资金、技术、产业、人口等将不断向低成本的周边县溢出，这些县逐渐发展成为大城市的卫星城。未来很长一段时期内，城市群和都市圈周边县将吸引人口持续流入。对 2010—2020 年都市圈周边县人口增长进行趋势拟合，到 2025 年和 2035 年，29 个都市圈县域人口将分别增至 3.1 亿人和 3.2 亿人左右，占全国人口比重将长期处于 20% 以上。而一些处于偏远地带的县域，尤其是一些“袖珍县”，由于区位偏远、年轻人大量流失、老龄化严重、产业支撑不足等因素，发展机遇较少，人口将维持现状甚至持续流失。

3．县城将成为就近城镇化的重要载体

近年来，农民到县城买房子、向县城集聚的现象很普遍，到县城就医、农民子女到县城就学的趋势也愈加明显。随着国内外环境的变化以及城市生活压力加大，我国农民工回流趋势在加快。国家统计局数据显示，2019 年 40 周岁以下农民工回流比例为 22%，40 ~ 45 周岁的比例为 67%，农民工回流趋势加快推动部分县城人口较快增长。当前，中央和地方都把推进县城建设作为城镇化重点工作，如中央办公厅、国务院办公厅明确提出全面落实取消县城落户限制政策，江西等省份出台针对性措施吸引各类生产要素向县城流动聚集，江苏等省份提出支持大中城市疏解产业向县域延伸，完善县城产业服务功能，促进产业向园区集中等。对 2015—2021 年县城常住人口增速以及

吸纳新增城镇人口的比重进行趋势拟合，结果表明①，在不考虑区划调整的情况下，到2025年，县城人口总规模将达到2.7亿人，占全国城镇人口比重为28%，到2035年，县城人口总规模将达到3.06亿人，占全国城镇人口比重将增至30%左右。可以预见，未来很长一段时期内，县城集聚人口规模将持续增大。

4. 县域养老负担将持续加重、生育水平持续走低

根据第六次和第七次全国人口普查数据，无论从规模占比还是增速上，我国县域65岁及以上老龄人口都高于全国平均水平。随着1962—1977年第二轮生育高峰时出生人口逐渐老龄化，以及年轻人不断流入大城市，县域常住人口中45 ~ 60岁人口占比高于全国同年龄段人口占比，可以预见，未来10 ~ 20年，县域人口老龄化将快于全国，更早进入65岁人口占比超过20%的重度老龄化社会。由此也带来老年抚养比攀升，养老负担持续加重。受生育观念、生养成本、政策激励等多种因素影响，在未来很长一段时期内，压低和抬升生育水平的因素共存。一方面，由于婚嫁、生育、养育、教育成本高昂，女性面临的工作和家庭冲突显著抑制了生育意愿，也导致了婚育推迟现象。尽管我国多次放宽计划生育政策，但每次制度放宽所创造的生育红利均呈规律性递减趋势，都在改革第二年经历小幅上扬后进入下滑通道。另一方面，从世界人口发展的规律来看，婚育推迟大多会得到一定程度的补偿，因此，婚育推迟也累积了被推迟的生育潜能。综合判断，“十四五”时期生育意愿低迷、婚育观念转变等因素的影响在短期内仍将持续压低生育水平，但随着婚育推迟的补偿以及生育支持配套措施的出台，“十四五”末期或

① 根据中国社科院和联合国人口司预测，到2025年我国城镇化率将达68%，到2035年将达约74.4%，对应到2025年和2035年城镇人口分别为9.66亿人和10.42亿人，比2021年分别增加约0.52亿人和1.28亿人。

“十五五”时期生育水平可能会出现一定程度的回升。

（二）县域经济发展

县域经济是国民经济的基础单元，进入新发展阶段，需要站在以中国式全面推进中华民族伟大复兴战略高度，以前瞻性思维把握县域经济发展规律和趋势，推动县域经济高质量发展。

1. 县域经济的“基石地位”将更加稳固

县域经济规模将持续稳定增长，2011—2022 年县域 GDP 持续保持稳定增长态势，从 24.1 万亿元增长至 46.29 万亿元，年均增速达到 6.1%。随着国家持续推动以县城为重要载体的城镇化建设以及乡村振兴战略的深入推进，基础设施、产业平台、公共服务设施等方面的投资将进一步拉动县域经济发展，预计县域经济总量将长期保持稳定增长态势。国家高度重视粮食安全，县域是保障我国粮食生产和农产品供给的主战场，规划至 2030 年将建设完成 12 亿亩高标准农田，持续推动国家级现代农业产业园建设和农业一二三产业融合发展，因此县域作为保障国家粮食安全、保障人民群众“菜篮子”“果篮子”等的“压舱石”地位将进一步夯实。2022 年县域第二产业增加值占全国的比重达四成，全国约五成规模以上工业企业分布在县域，随着全国统一大市场、构建新发展格局等国家重大战略的实施，县域以其低成本优势将承担更多东南沿海、特大超大城市和城市群中心城市的产业转移，从产业发展规律和国家政策引导综合判断，县域工业在全国工业体系的地位将进一步提升。

2. 县域经济要以培育“单项冠军”为主攻方向

我国 1 866 个县域的资源禀赋、发展路径、所处阶段千差万别，因此，县域经济发展必须立足自身条件，充分发挥低成本要素优势，走特色化、差异化的发展路径，县域产业的培育和壮大更要聚焦区域产业链分工的细分领域和基础配套环节做精做细，在国际国内产业细分领域单项生产方面打造竞争优势。县域工业企业多且以中小企业为主，工信部评选出的首批 100 家国家级中小企业特色产业集群中，有 39 个位于县域。随着新一代工业互联网技术下沉和县域产业转型升级加速推进，国家将培育专精特新、单项冠军、链主等具有核心竞争力的头部企业作为推动县域经济高质量发展的重要抓手，为此，国家出台了一系列促进中小企业发展的政策文件，支持地方实施领航企业培育工程。市场需求和政策引导将为县域培育“单项冠军”提供更多机遇和政策红利，有条件的县域要更加注重构建“链主 + 配套”的生产组织体系，打造立县兴县的特色产业，促进大中小企业紧密协作，进一步筑牢县域实体经济根基。

3. 服务业将成为县域吸纳就业的“主导力量”

目前，县域服务业相对第一产业、第二产业而言发展滞后，其增加值占全国服务业增加值的比重仅约三成，而县域常住人口规模却占全国总人口的 52.4%，服务业发展规模与人口规模比重之间还有较大的不匹配性，县域服务业尚有较大发展潜力，尤其是人口持续流入的大城市周边县域。2023 年 8 月，商务部等 9 部门联合印发了《县域商业三年行动计划（2023—2025 年）》，明确提出要打造一批县域商业“领跑县”，县域消费基础设施建设水平将大幅提升，县域消费经济也将快速增长。随着电子商务和数字经济持续下沉至县乡村，以乡村小视频、直播带货为代表的新型消费业态在县域服务业体系中的地位日益凸显。此外，新一代信息技术与制造业的深度融合使制造业信息化、智慧化、自动化程度越来越高，从国家消费政策导向、县域服务业发展潜力、消费基础设施建设等多重因素综合判断，随着县城商业设施建设水平的不断完善和农村电子商务的广泛应用，县域服务业的发展潜力将被激发，服务业必然是未来县域经济带动就业的主导力量。

（三）县域公共服务

完善公共服务供给，是县域高质量发展的重要体现和推动城乡融合发展重要任务，要立足县域人口变动趋势，前瞻性、全局性研判公共服务供需关系和供需特征。

1. 推进县域公共服务优质共享是必然选择

党的十九大明确指出，我国社会主要矛盾已经转化为人民日益增长的美好生活需要和不平衡不充分的发展之间的矛盾。党的二十大报告提出，全面建设社会主义现代化国家，最艰巨最繁重的任务仍然在农村。目前，城乡之间公共服务依然存在较大差距，有些县域可能还十分突出。推进公共服务优质共享是破解不平衡不充分的发展问题的关键举措和重要任务，尽管从短期看，提供公共服务给地方政府带来的收益没有基础设施来得大，但从长期看，公共服务优质共享具有多方面的效应。因此，在推动县域公共服务优质共享方面需要进一步发力，尤其要在教育、医疗卫生和养老托育及人力资本投入方面做出重大制度性安排。一方面让农村人口可以同等享受县城基本公共服务，另一方面要加大农村地区投资，完善公共服务供给类型、品质，让广大农村人口在家门口就能享受到高质量的教育、医疗、养老等公共服务。通过推进县域公共服务优质共享，促进区域协调发展、城乡融合发展和共同富裕。

2. 推进县域公共服务供给多元化是必然要求

公共服务不仅是民生福祉的基础保障，也是社会发展的动能来源。近年来，县域公共服务投入不断加大，设施条件不断改善，但相对于群众多层次多样化需求而言，仍然存在供给不足、质量不高、发展不均衡等突出问题，托育、教育、医疗、养老等方面的服务质量和水平与群众期待还有不小差距。进一步提高县域公共服务质量，意味着公共服务供给将从完善基本公共服务体系转变为追求高质量的多元供给，从追求“数量”发展转变为追求“质量”发展。强化公共服务供给需要充分发挥有效市场和有为政府作用，提高公共服务供给的层次性和精准性，鼓励引导民营机构与社会资本参与县域公共服务供给。进一步优化县级财政支出结构，将公共财政支出向农村教育、医疗、养老、托育等重点领域倾斜，鼓励支持社会力量重点加强养老、托育、教育、医疗等领域普惠性服务供给。发挥政府引导作用，引导社会资金参与县城建设，扩大县域普惠性非基本公共服务供给，使县域公共服务供给内容更丰富、获取更便捷、主体更多元。

3. 推进县域公共服务标准化是基本方向

国家基本公共服务标准是民生保障的底线标准，由于发展基础、历史欠账等因素的影响，导致城乡、区域、群体之间的基本公共服务存在较大差距，尤其是县域公共服务水平相对滞后。推动县域公共服务均等化，不是简单的平均化，而是保障城乡居民得到基本公共服务的机会均等，以标准化体系和健全的保障机制，优化公共资源的配置，完善公共服务供给保障措施，实现城乡区域间基本公共服务大体均衡，城乡居民享有基本公共服务的可及性显著提高。以标准化高质量推进基本公共服务均等化，根据各地区发展实际，兼顾各地发展的阶段性特征和财政承受能力，有序开展加大保障和改善民生的工作力度，以缩小城乡间、区域间、群体间的基本公共服务差距为方向，实现服务水平与经济社会发展相适应。加快推进义务教育、医疗卫生、养老托育、社会服务等重点公共服务资源向基层延伸、向农村覆盖、向边远地区和生活困难群众倾斜，推进基本公共服务均等化、普惠化、便捷化。

4. 信息技术是县域公共服务均等化的重要保障

随着新一轮科技革命深入发展，互联网、大数据、云计算等新技术在公共服务领域得到广泛应用，互联网与公共服务深度融合，促进了公共服务数字化智能化个性化发展，大大提升了公共服务效能。数字技术从能力、效率、公平等方面改变着公共服务供给方式，不断拓展城市公共服务外延、提升城市公共服务的效率和质量，改善了人民生活品质，成为城市公共服务发展的重要推动力量。在未来一段时期内，县域要更加注重公共服务供给的数字技术赋能作用，充分运用大数据、人工智能等前沿科技，打造智慧服务平台，加快推进智慧医疗、智慧教育、智慧城市建设，实现公共服务资源与需求的精准匹配，全面提高公共服务投资利用效率。

（四）县域绿色发展

要着力破解县域绿色化低碳化发展难题，加快推动县域发展方式向绿色低碳转型，以高品质生态环境支撑高质量发展。

1. 更加注重县域生产方式向绿色低碳转型

县域是我国经济发展和社会治理的基本依托，县域经济发展质量是决定地区碳排放的主导因素。当前，我国县域经济规模与碳排放规模不匹配，清洁能源利用水平和能源资源利用效率仍较低。一方面，县域地区秸秆、薪柴等非商品能源在农村生活用能中占比仍较高，农村生产生活方式较为落后，清洁能源利用水平仍较低。另一方面，在能耗“双控”的背景下，我国县域能耗强度高于全国总体水平，其能耗强度控制水平与大中城市相比仍有一定差距。推进县域高质量发展，要以推进县域生产低碳化为目标，着力破解县域产业绿色化、低碳化发展难题，以高品质生态环境和能耗效率支撑高质量发展。要以资源节约、环境友好为导向，构建绿色低碳循环发展的县域经济体系，统筹推动县城产业结构绿色转型，推动能源清洁低碳安全高效利用，引导非化石能源消费和分布式能源发展。要立足县域实际，有序推进屋顶分布式光伏发电，遏制“两高”项目盲目发展，提高能耗投入产出效率，全面实现县域经济社会发展的绿色化、低碳化。

2. 更加注重县域蓝绿生态空间打造

县域是我国生态文明建设的主阵地，具有地域范围广、人口规模大、森林覆盖率高、生态资源丰富等诸多禀赋优势。当前，县域空气质量和地表水质量均优于全国城市平均水平，同时，县域还拥有规模庞大、固碳能力强的森林、草原、农田、湿地，是达成碳中和的重要区域，一旦县域生态环境治理取得重大突破，将成为对我国生态环境治理的最大贡献区。在碳达峰碳中和背景下，要充分发挥县域生态环境禀赋优势，以高质量推进碳达峰碳中和为目标，协同推进降碳、减污、扩绿、增长，统筹县城生产、生活、生态空间，依托山水林田湖草等自然基底建设生态绿色廊道，利用周边荒山坡地和污染土地开展国土绿化，推进县域生态绿道和绿色游憩空间等建设，完善县域生态绿地系统，着力解决农村和农业领域的土地污染问题，建设与资源环境承载能力相匹配、与重大风险防控相结合的蓝绿生态空间格局。

3. 更加注重县域人居环境质量提升

当前，我国县域生活垃圾、污水处理能力较弱，区域间县域生活垃圾、污水治理和再生水利用水平差异明显。要以推进以县城为重要载体的城镇化建设为契机，聚焦城乡人居环境质量提升，完善以县城为依托、以乡镇为支点、以村居为补充的县域垃圾收集处理体系和污水收集处理系统，全面提升县域人居环境质量。要立足县域实际，因地制宜建设生活垃圾分类处理系统，开展建设与清运量相适应的垃圾焚烧设施工作，健全城乡统筹的生活垃圾分类和处理体系，加快补齐县域生活垃圾焚烧处理设施短板。要借全面推进乡村振兴之势，聚焦农业面源污染治理和农村居民点污染治理，将农业农村污染治理作为打好污染防治攻坚战的标志性战役，加快推进农村环境基础设施建设，推动污染治理设施向乡镇、农村延伸，全面加速农业绿色发展进程，全面提升农村生态环境质量，为乡村振兴和城乡融合发展营造良好生态环境。

（五）县城规划建设

作为我国城镇体系中“城尾乡头”，县城是新型城镇化的重要载体，要顺应国家政策导向，聚焦县城新老居民和返乡农业转移人口诉求，着力建设更加宜居、高效、智慧的县城。

1. 更加重视提升公共服务设施供给质量

随着县域人口向县城集聚以及农民工在县城买房趋势日益突出，人们对县城医疗、教育等公共服务数量和质量供给需求不断增强。从第六次、第七次全国人口普查数据中的人口数据看，县域较全国将更早进入中度、重度老龄化社会，养老服务设施需求将急剧增长。同时，幼儿、中小学生人口也呈向县城集聚态势，对基础教育、托育、体育、文化等公共服务的需求日益增加。在未来一段时期内，县城建设要更加重视医疗、教育、养老、托育、文化、体育等公共服务设施建设和品质提升。在医疗设施方面，要着力推进县级医院（含中医院）提标改造、依托县级医院建设县级急救中心、推进县级疾控中心建设，配齐疾病监测预警、实验室检测、现场处置等设备。在教育方面，要着力推进义务教育学校扩容增位，按照办学标准改善教学和生活设施；大力发展公办幼儿园，引导扶持民办幼儿园提供普惠性服务。在养老方面，要着力扩大普惠养老床位供给，推进公共设施适老化改造。在托育方面，要着力发展普惠性托育服务，支持社会力量发展综合托育服务机构和社区托育服务设施，支持有条件的幼儿园开设托班招收 2 ~ 3 岁幼儿。在文化体育方面，根据需要完善公共图书馆、文化馆、博物馆等场馆功能，建设全民健身中心、公共体育场、健身步道、社会足球场地、户外运动、体育公园等设施，完善绿色便捷的体育健身新载体。

2. 更加重视数字化智慧化设施建设

党的二十大报告提出，要加快发展数字经济，促进数字经济和实体经济深度融合。《中共中央 国务院关于做好 2023 年全面推进乡村振兴重点工作的意见》提出深入实施数字乡村建设行动，推动数字化应用场景研发推广。随着县域城镇化、城乡融合、乡村振兴的不断推进，物联网、地理信息、智能设备等现代信息技术与县乡村生产生活深度融合。而县城作为县域数字经济发展的基础设施建设和服务的主要承载地，在智慧化数字化设施建设方面需要加大建设投入力度，以满足县域数字经济的蓬勃发展需求。要加大第五代移动通信（5G）网络基站建设力度，加快实现县城全覆盖。要着力推进城市数据一网通用，建设国土空间基础信息平台，合理建设“城市数据大脑”。加快推进市政公用设施及建筑等物联网应用、智能化改造，部署智能交通、智能电网、智能水务等感知终端。推行公共服务一网通享，促进学校、医院、养老院、图书馆等公共服务机构资源数字化，提供全方位即时性的线上公共服务。适时有序推广远程教育、远程医疗、智慧出行、智慧街区、智慧社区、智慧楼宇、智慧商圈、智慧安防和智慧应急等数字应用场景。

3. 更加注重提升县城的宜居性和吸引力

提升县城人居环境宜居性和吸引力，对于《关于推进以县城为重要载体的城镇化建设的意见》落地落实至关重要，县城建设要聚焦人民群众对美好生活的需求。更加注重提升县城宜居性，围绕完善城市功能、厚植人文底蕴以及生活出行更加便利、设施韧性更加可靠，构建15分钟便民生活圈。更加重视县城绿色廊道建设，打造街心绿地、湿地和郊野公园，提高居住区绿化水平，提高县城生态系统服务功能和自维持能力。着力完善老城区及城中村等重点区域污水收集管网，推进雨污分流改造，在缺水地区和水环境敏感地区推进污水资源化利用，提升环境基础设施建设水平，提升生态环境质量和环境治理能力。要加强生活污水治理厂网配套、污泥集中焚烧无害化处理等设施建设，促进污水污泥资源化利用。要加快推动非化石能源消费和以电代煤、以气代煤和公共交通工具的电动化替代，推广屋顶光伏等分布式能源应用，促进工业、建筑、交通等领域绿色低碳转型，推进产业园区循环化改造，支持鼓励建设超低能耗和近零能耗建筑，全面提升县城人居环境的宜居性和吸引力。

（六）城乡融合发展

推动高质量发展的关键制约因素是城乡发展的不平衡和农村发展的不充分，要把县域作为城乡融合发展的重要切入点，统筹谋划、一体设计、一并推进。

1. 更加注重城乡统筹规划布局

推进县域城乡融合发展，需坚持强弱项、补短板、抓重点的原则，实现以人为本的新型城镇化高质量推进和以农业农村现代化为总目标的乡村振兴战略全方位实施。要更加注重城乡优势互补、协调发展，顺应城乡发展中的重大结构性、趋势性、转折性变化，制定城乡发展规划和年度实施计划，充分发挥规划对县域城乡融合发展的指导约束作用，形成科学合理的城镇化格局、农业发展格局、生态安全格局。既要改变传统城镇化的单一布局，也要摒弃以乡村为中心的发展理念。综合考虑城乡演变规律、集聚特点和产业分布，按照主体功能定位，统筹安排城乡生态、农业、城镇等空间，强化城乡一体设计，优化城乡产业发展、基础设施、公共服务设施等布局。只有坚持统筹城镇和乡村发展，促进二者双向交流、联动推进，以规划引领城乡融合高质量发展，实现人才、资源和战略的统一，才能走出一条中国特色的城乡融合发展之路，构建起“内生为源、外生联动”的新型城乡关系。

2. 更加注重促进城乡要素自由流动

改革开放以来，我国要素市场培育取得了重要进展，土地、资本、劳动力、技术、数据等要素的市场配置能力显著增强，但与商品和服务市场相比，要素市场化程度仍然相对滞后，特别是城乡间要素流动的体制机制障碍仍然存在，土地供需错配、城市人才入乡不畅、数据要素产权不清晰等问题突出，影响了市场在资源配置中的决定性作用的发挥，成为协同推进新型城镇化战略和乡村振兴战略的突出短板。推进县域城乡融合发展，要坚持以供给侧结构性改革为主线，全面提高城乡间要素协同配置效率，进一步推动户籍制度改革、土地要素市场化改革、利率市场化改革，以及技术、管理等要素市场化改革，实现由市场决定要素价格。分领域看，要更加注重推动经营性土地要素市场化配置，促进劳动力要素城乡双向畅通有序流动，提高直接融资比重，推动资本要素服务县域商业和乡村产业，大力发展技术、数据等新型要素市场。要着力破除人、地、钱等要素在城乡自由流动的体制机制障碍，围绕人口流动、产业发展等历史趋势，协同推进城乡联动式要素改革，改变过去单一要素“单兵突进”的模式，重视发挥要素协同配置效应。

3. 更加注重县域经济实力和城乡融合发展的协同性

发展壮大县域经济，能够带动城乡人口、资源、环境等要素优化配置，是推动县域城乡融合发展的基础和支撑。然而，当前县域经济发展面临工业增长乏力、农业产业化不足的双重困境，多数县城产业结构与资源禀赋优势不匹配，发展效率偏低，就业吸纳和“三农”带动力弱。要以城区、镇区为主要节点，以农业农村资源为依托，加快推进一二三产业融合发展，推动乡村产业振兴，支持返乡农民工创业和在乡农民就地就近就业，拓展农民增收空间。大力发展农产品产地初加工和精深加工，推进加工产能向城镇和园区集聚发展，把产业链主体留在县域。注重建设县域商业体系，促进产业集群集聚，增强产业支撑能力，提振农村消费，实现城乡经济良性循环。

4. 更加注重城乡建设的协同性与一体化

城乡建设既是实施乡村振兴战略的重要任务，也是新型城镇化建设的重要内容。一方面，长期以来我国基础设施建设的重心在城市，乡村建设相对滞后，导致城乡基础设施互联互通程度较低，公共服务水平差距较大；另一方面，部分县城仍然存在产业配套设施薄弱、公共服务设施标准低、市政公用设施覆盖能力不够等突出短板，综合承载能力不强，难以发挥县城的增长极和动力源作用。一些地区城乡建设不协调、不同步，基础设施和公共服务衔接配套程度较低，支撑县域经济发展能力不够。推动县域城乡融合发展，要做到城乡建设一体化，以城市更新行动和乡村建设行动为抓手，统筹县域城镇和村庄建设规划，优化城乡建设规模和密度，推行大空间分散与小区域集中相结合的基础设施布局，全方位改善城乡公共服务和人居环境品质，促进县域内城乡建设整体提升和均衡发展。

5. 更加注重实现城乡居民共同富裕

脱贫攻坚任务完成后，我国历史性地解决了绝对贫困问题，进入通过高质量发展促进城乡居民收入均衡化和全体人民共同富裕的新阶段。尽管城市居民之间及农民之间在共同富裕的路上也有大量工作需要做，但共同富裕的难点和重点主要转向了城镇居民和农民之间的共同富裕。促进城乡居民收入均衡化，不是通过限制或干涉城镇居民收入增长，从而人为拉平收入差距，而是要尽快提高城乡低收入人口的收入，赋予低收入人口以同等方式享受经济发展成果的机会和权利，同时扩大中等收入群体，并规范财富积累机制。推动县域城乡融合发展，核心在于通过城乡联动式发展，畅通城乡产业链供应链，健全城乡流通网络，盘活农村资产并在县域内统筹配置，发展壮大新型集体经济，建立促进农民收入持续增长的长效机制。

第八章
推动县域高质量发展的举措

县域是推进乡村振兴和城乡融合发展的基本单元，是以中国式现代化全面推进中华民族伟大复兴的主战场和关键所在。推动县域高质量发展，必须立足于不同区域、不同类别、不同阶段县域发展实际，坚持问题导向和目标导向相结合，靶向发力、精准施策，奋力谱写中国式现代化建设县域新篇章，助力中华民族伟大复兴。

一、启动县域高质量发展能力提升行动

（一）将县域高质量发展上升为国家战略

一是要以更好发挥县域在支撑中国式现代化、构建新发展格局中的重要作用为目标，统筹各种资源、调动各方力量，稳妥、有序、系统、高效地推进县域高质量发展，并与乡村振兴战略、区域协调发展战略同等对待，上升为国家战略。二是健全县域高质量发展推进机制，在国家层面成立县域高质量发展领导机构，负责制定县域高质量发展的各项相关政策，并指导监督各

项政策具体落实；在省级层面建立省负总责、市（州）统筹协调、县（市、区）具体落实的各负其责、协同推进机制，确保各项政策落地落细；三是建立分类指导的县域高质量发展考核体系，结合县域主体功能定位和类型（尤其是在农产品主产区县、生态功能区县、陆地边境县等），完善考核指标体系，健全县域经济监测评价机制，更好地发挥考核“指挥棒”作用，激励各县（市、区）竞相发展，同时，要建立健全容错纠错机制，让广大干部在推动县域高质量发展中放开手脚、勠力前行。四是加强重大问题研究，县域高质量发展是一个复杂的系统工程，支持、推动国家和省级智库等成立县域高质量发展研究中心，加强县域高质量发展理论和政策研究。

（二）补齐县域高质量发展政策短板

高质量发展是全面建设社会主义现代化国家的首要任务，县域经济作为国民经济的基础单元，是实现高质量发展的重要支撑。近年来，党中央、国务院和有关部委先后印发了《关于县域创新驱动发展的若干意见》（国办发〔2017〕43号）、《新发展阶段浙江嘉善县域高质量发展示范点建设方案》（发改地区〔2022〕1529号）、《县域商业三年行动计划（2023—2025年）》等21个文件，各省市也陆续出台了《关于加快县域经济发展和城镇建设的若干意见》《关于推动县域经济高质量发展的若干政策措施》等一系列指导、支持县域经济发展的政策文件，有力激发了各地加快发展县域经济的积极性。但从县域高质量发展目标和面临的问题看，政策供给上还需补齐不少短板。一是尽快出台分区分类指导的县域高质量发展文件，按照“宜水则水、宜山则山，宜粮则粮、宜农则农，宜工则工、宜商则商”总原则，进一步明确不同主体功能区、不同类型县域战略定位、总体思路、发展方向、重点任务和支持政策，积极探索富有地域特色的高质量发展新路径、新模式。二是出台能更好支撑区域重大战略落地的县域发展政策，聚焦京津冀协同发展、长江经济带发展、粤港澳大湾区建设、长三角一体化发展、黄河流域生态保护和高质量发展等区域发展战略落地落实，立足各区域县域发展实际，进一步明确各区域县域发展总体思路、方向和重点任务，支持县（市）融入区域创新链、产业链、供应链、资本链、人才链，构建研发在中心城市、制造在县域，头部在城市、链条在县域，融资在城市、投资在县域的融通格局，全面提升城市对县域发展的辐射带动能力，促进区域协同发展。三是出台促进区域重大战略协同发展政策，推进与不同区域产业对接、信息互通、科创资源共享，增强区域发展互动性和政策互补性。

（三）加快编制县域高质量发展规划

要树立“全国一盘棋”的思想，通过制定县域高质量发展规划，鼓励和引导更多投资者、企业家放心进入县域。一是制定全国县域高质量发展规划，进一步明确县域在构建新发展格局中的战略定位、发展原则、发展思路、重点任务和保障措施，提高政策文件协同度、产业发展整体度、科创资源共享度、基础设施联通度、营商环境公平度，引导各区域、各类别县域差异发展、特色发展、协调发展。二是鼓励各省（市）制定省级县域高质量发展规划，加大省域产业互动和资源整合力度，完善省域产业链布局，增强对产业链、价值链和创新链的自主控制能力。加强全省创新政策协调，消除创新政策、资金、空间的碎片化问题，完善创新人才引进和流动机制、创新要素流动收益机制、创新链条的全面服务支撑体系，为创新活动创造良好的内在支撑条件和外在良性环境。三是鼓励各重点战略区域制定跨行政区县域高质量发展规划，以提高县域经济与重点战略区域发展融合度为方向，完善跨区域重大基础设施，逐步实现中心城市、节点城市以及周边县域的互补互促、耦合联动，全面强化县域对国家重点战略支撑作用。

（四）扩大县域高质量发展示范点范围

一是加强对浙江嘉善县域高质量发展示范点的建设跟踪、指导，聚焦重点领域和关键环节，系统梳理嘉善推动县域高质量发展的好做法和好经验，及时总结提炼一批创新价值高、实用性强、示范意义突出的理论成果、实践成果、制度成果。二是结合嘉善试点进展和成效，适时做好县域高质量发展示范点扩围工作，优先将发展基础好、地方意愿强、有开展试点工作经验的部分县市纳入县域高质量发展示范点建设名单，打造一批教育强县、科技强县、工业强县、农业强县和旅游名县和专业功能名县。三是推动县域高质量发展交流互鉴，做好浙江嘉善示范点、江苏省科技镇长团、浙江省“山海协作”工程、福建省“山海协作”工程、山东省县域经济科学发展试点、广东省“百县千镇万村高质量发展工程”等不同省市推进县域高质量发展的经验做法交流互鉴工作，对于适合向全国县域复制推广的成熟经验，以印发制度创新经验清单、召开工作现场会等方式进行集中推广；对于可供各地结合自身实际、因地制宜参考借鉴的成功做法，综合利用各类媒体平台，大力宣传推介。

二、实施县域内生发展动力培育计划

（一）启动发展引擎再造工程

城镇承载力不够、功能不全、品质不高是影响县域吸引高端人才和优质企业、投融资主体等发展要素入驻的关键制约因素。培育县城内生增长动力，要以开展“百县千镇万村提质”为抓手，着力打造县域发展引擎。一是开展“百县提质”行动，对全国 1866 个县城进行一次系统体检，聚焦关键问题和短板，以建设服务县域经济、服务农民的区域中心为目标，每年重点支持100个以上县（市）开展“百县提质”活动。二是开展“千镇赋能”行动，每年重点支持1000个以上区位优势较好、经济实力较强、未来潜力较大的中心镇（不含县城关镇）提级扩能，优化公共服务资源配置，补齐服务“三农”的短板，推进电商物流服务联通、农产品冷链物流配送、加工物流中心建设，增强对周边的辐射带动力和县域发展的支撑力。三是实施“万村整治”工程，深入学习借鉴浙江“千村示范、万村整治”工程经验，每年重点支持10 000个以上中心村进行人居环境综合整治，完善农村道路、供水保障、清洁能源、防汛抗旱、农产品仓储保鲜和冷链物流、线上线下结合的村级综合服务平台等设施，守住乡村文化根脉，建设宜居宜业和美乡村。四是实施城乡融合提速行动，一体谋划县镇村产业发展、基础设施建设、公共服务配套、生态系统保护和修复等，健全城乡一体的规划建设管理制度，统筹配置空间资源和发展要素，促进县乡村功能衔接互补。

（二）启动经济体系构建工程

因地制宜发展小城镇，促进特色小镇规范健康发展，构建以县城为枢纽、以小城镇为节点的县域经济体系。一是推动县域产业特色化发展，实施县域特色产业升级行动，加大对特色农产品主产区财政、金融、土地等要素支持力度，做好“土特产”文章，推动县域优势特色产业集群化、链条化发展，支持培育一批特色农产品精深加工企业、建设一批特色农业产业园和农业产业强镇。推动专精特新企业县域全覆盖，加大对县域内优势企业的政策支持和要素保障力度，引导企业依托核心技术、自主品牌等培育专精特新企业，打造县域发展支柱产业、承接适宜产业转移，打造一批特色专业园区。实施县域消费提质行动，以推进县域商业“领跑县”建设为契机，加快完善以县城为中心、乡镇为重点、村为基础的农村商业体系，支持县域依托文化旅游资源和农村闲置资源，培育文化体验、休闲度假、养生养老、数字农业等新业态。二是支持县域经济平台建设，推动省级开发区县域全覆盖，按照“一县一区、一区多园”基本思路，扎实推进县域产业园区整合，并支持其升级为省级园区，支持国家级高新区、经开区托管联办县域园区，鼓励跨县域合作共建开发区。推动县域产业园区管理去行政化改革，支持符合条件的开发区开发运营企业在境内外上市、发行债券融资。推进镇级农业平台建设，以农业产业强镇、中心镇为重点，加快布局创建一批县市级、省级和国家级现代农业示范园区，加强土地、资金和人才等要素保障，使之成为科技与经济相结合的桥梁和纽带，引领区域现代农业发展，加速打造中国特色农业现代化进程的新引擎。三是培育壮大县域经济经营主体，保障县域民营企业与国有、集体企业在土地利用和供应方面享有同等待遇，加大对农民合作社、家庭农场、涉农企业等经营主体用地、融资等支持力度，引导其与农户构建稳定的利益分配机制，加大对农民职业技能培训和创业兴业扶持力度。四是鼓励和引导市场化资源下沉，加快推动平台经济下沉，鼓励和引导更多实体企业、电商头部企业、直播带货头部主播等参与县域经济发展。五是着力提升县域通达便捷性，强化县域与国家重点战略区域、区域综合交通枢纽、重要国省干线联系便捷性，全面完善县域路网体系，畅通县域经济连接城市群、都市圈和大中城市的物流链、资金链、人才链。

（三）开展科技创新赋能行动

实施创新驱动发展战略，基础在县域，活力在县域，难点也在县域。要聚焦县域创新发展短板弱项，强化科技与县域经济社会发展有效对接，打通从科技强、产业强到经济社会发展强的通道。一是实施“千校千县”牵手计划，建议由教育部、科技部等部委牵头，起草“千校千县”牵手计划，搭建县校合作平台，畅通“产学研”“产教”融合渠道，推动高等院校、科研院所等更好地服务县域经济发展。二是推行“科技镇长团”制度，借鉴江苏省“科技镇长团”试点经验，每年从北京大学、清华大学、中国人民大学、中国农业大学、浙江大学、华中农业大学、华中科技大学、哈尔滨工业大学、中国科学技术大学等100所大学，选派一批共2 000名博士、教授到全国1 000个县（市）的2 000个乡镇任职，共建“科技小院”、研究生工作站和工程技术研究中心等各类创新平台，打通科教资源与县域经济发展的“隔膜”，有效提升县域企业自主创新能力和产业竞争力。三是持续深入开展“万企帮万村”活动，巩固拓展“万企帮万村”成果，鼓励和支持更多的民企、国企、央企，尤其是国家级、省级农业产业化龙头企业等参与到乡村振兴中来，在县域发展粮食全产业链，推进涉农重点实验室、技术创新中心、企业技术中心、工程研究中心等创新平台落户县域。

（四）实施营商环境提升行动

一是开展县域营商环境评估，坚持“以评促建”“以评促改”，有序开展全国县域营商环境评估工作，推动县域营商环境改革和优化，打造公平竞争、预期稳定的市场环境，服务周到、便利高效的政务环境，多元保障、融资顺畅的金融环境，遵法守纪、公平正义的法治环境，诚实守信、遵约践诺的信用环境。二是推进县域营商环境升级，持续深化政务服务标准化、规范化、便利化建设，支持县域开展国家区块链创新应用试点，拓展跨区域数据共享，打造“区域协同万事通”重大应用场景，推动国家知识产权局在有条件县市设立商标业务受理窗口。支持有条件县市开展全国行政执法协调监督工作体系建设试点，推进县域“大综合一体化”行政执法监管数字应用，深化乡镇（街道）“一支队伍管执法”，构建完善“金字塔型”行政执法队伍体系。三是打造低成本发展平台，完善县域供水、供电、供气、交通、通信和新基建等设施配套，有效降低企业用地、用水、用气、融资、交易等发展成本，让企业轻装上阵。

三、实施县域发展要素重点支持计划

（一）开展干部能力提升专项行动

一是及时开展政策宣讲活动，基于县域干部对上级政策理解不透、不到位问题，建议在政策文件印发的第一时间，由对政策文件负有解释权的相关部门通过网上解读、线上培训、专题讲座等形式，做好政策宣讲和解读工作，避免地方在落实文件过程中，出现政策执行不到位或者因怕犯错误而选择“不主动作为”的情况发生，全面提高政策文件的实施效果。二是鼓励各省市建立健全柔性引才制度，围绕县域主导产业需求，探索全省统筹、市引县用、县引企用、人才共享等更为灵活的人才使用方式和编制使用方式，提升县域可用专业技术人才规模和质量。三是推动人才交流任职，推动中央部委、省级部门、高校、央企、地方国企与县域干部双向任（挂）职交流，实施专家服务基层项目和县域人才高级研修项目。加大县域干部跨地区交流任职力度，选派中西部地区优秀干部到东部地区挂职交流，大力选拔使用优秀年轻干部，推动东部沿海地区优秀干部和专业人才到中西部挂职交流。

（二）加强县域发展用地保障

一是推进土地节约集约利用，根据中央办公厅、国务院办公厅文件关于县城的分类，建立差别化精准化的县域建设用地供应模式和集约节约策略。完善土地准入制度，加强项目生成阶段的节约集约用地审查，健全规划许可制度和选址论证制度，合理确定项目用地规模和开发强度，完善供后监管和执法督查机制。构建存量建设用地再开发政策体系，优化“增存挂钩”制度，健全全域土地综合整治等农村存量建设用地盘活制度。在全国范围内评选土地集约节约利用示范县，用好创建示范平台，发挥创建指标对地方政府的“指挥棒”“红绿灯”作用，明确负面清单和支持政策，树立一批节约集约水平处于前列的示范县（市），引导各地提高资源节约集约利用水平。二是加大县域用地指标分配数量，优化新增建设用地计划指标和城乡建设用地增减挂钩指标分配，适度增加县域发展用地指标供给，切实保障重大产业项目、农村基础设施建设、县城城镇化补短板强弱项等项目合理用地需求，重点支持农产品加工、物流仓储、产地批发市场或小微创业园、农业科技园区、休闲旅游等产业融合发展。三是持续深化项目审批制度改革，有序推行“用地规划许可、工程规划许可、人防工程报建、建筑施工许可”等并联审批制度，有效破解企业落地过程中的难点痛点堵点问题，提高县域项目落地速度。

（三）完善县域投融资支持政策

一是设立县域高质量发展专项基金，中央财政设立县域高质量发展专项基金，重点支持县域特色产业发展、基础设施和公共服务设施建设、更新改造和质量提升。二是赋予县域适度灵活使用财政资金权限，允许县级政府集中使用中央惠农资金，集中力量解决县域发展瓶颈问题。对县域经济发展成效较好且政府债务风险管控有力的县，加大一般债券和专项债券的倾斜力度，支持城镇和农业农村基础设施等重点领域补短板项目。三是实施县域“投融资平台”提质行动，推行县域投融资平台整合或“以市带县”模式，推动县域国有特色资源变资产、资产变资金、资金变资本改革，加快优质经营性资产注入和非营利性公益资产剥离，提升平台公司信用评级，增强国有平台融资、化债和发展能力。四是成立以服务县域发展为主责主业的政策性或股份制金融机构，建立健全以政策主导为主的农业保险体系，成立政策性农业保险公司，建立农业保险基金，鼓励商业性农业保险公司在县域设点。

四、实施特殊类型县域专门支持计划

特殊类型县主要指欠发达地区、革命老区、边境地区、生态退化地区、资源型地区、老工业城市等地区所辖县，以及不在上述地区的国家乡村振兴重点帮扶县。这些地区是我国城乡区域协调发展中的短板地区、生态文明建设中的脆弱地区、促进边疆巩固的重点地区，面临更加复杂的环境条件和更为艰巨的发展任务。加大对特殊类型县支持力度，有利于维护国家国防安全、粮食安全、生态安全、能源安全、产业安全，确保他们在中国式现代化建设进程中不掉队、赶得上。

（一）尽快出台支持特殊类型县发展的指导性文件

及时总结评估《“十四五”特殊类型地区振兴发展规划》实施效果、存在主要困难和突出问题，建议由国家发展改革委牵头起草支持特殊类型县发展的专门文件，部署一批关系特殊类型县更好维护国家国防安全、粮食安全、生态安全、能源安全、产业安全的重大政策、重大改革、重大工程和重大项目，进一步完善新时代支持特殊类型县高质量发展的政策体系，加快研究制定分类支持这些县域高质量发展的配套政策文件，细化支持各类型地区发展的政策举措。

（二）进一步压实各省市政府属地责任

各省市要成立专门机构，加强对本省市特殊类型县发展的组织领导，明确责任分工，完善工作机制，制定实施方案，细化落实重点任务，组织编制《××省（市）特殊类型县振兴专项规划》，明确重要任务和改革举措，加强与《“十四五”特殊类型地区振兴发展规划》以及本省市“十四五”时期经济社会发展目标任务的衔接，确保将《××省（市）特殊类型县振兴专项规划》明确的各项目标任务和政策措施落到实处。

（三）建立特殊类型县专门支持机制

将推进特殊类型县高质量发展，纳入支持赣南等原中央苏区振兴发展、生态保护补偿工作、采煤沉陷区综合治理等部际联席会议制度，健全省级推进机制，统筹推进国家、省市规划确定的重大事项落地。各级发展改革部门要加强综合协调和服务，及时跟踪国家和省（市）规划实施进展情况，重大事项及时向部际联席会议、国务院报告。

（四）建立发达省（市）与特殊类型地区对口帮扶机制

鼓励和支持东部发达地区与欠发达地区、革命老区、边境地区、生态退化地区、资源型地区、老工业城市建立对口合作机制，促进结对城市优势互补、互惠互利、共谋发展，支持特殊类型县巩固拓展脱贫攻坚成果，衔接推进乡村振兴和新型城镇化，激发内生动力和发展活力。

（五）充分发挥社会组织作用

以实施《社会组织助力乡村振兴专项行动方案》为契机，鼓励和支持更多的社会资源进一步向特殊类型县聚集，形成统一的《全国性社会组织、东部省（直辖市）社会组织与特殊类型县结对帮扶名单》，引导社会组织结合自身优势和工作实际，立足特殊类型县资源禀赋和基础条件，有针对性地开展产业、就业、教育、健康、养老、消费帮扶或多样化帮扶，助力特殊类型县高质量发展。选树一批社会组织参与县域高质量发展的先进典型，强化示范带动，推动形成社会组织助力县域高质量发展的良好局面。

五、启动强弱县“结对帮扶”专项行动

（一）推动央地结对帮扶

一是制定实施进一步加强央地结对帮扶的指导意见，全面动员机关企事业单位青年干部参与结对帮扶县域高质量发展工作，推动形成组团式、宽领域、全覆盖的结对帮扶人才队伍。二是鼓励青年干部基层挂职锻炼，充分发挥部委青年理论水平高、政策水平高、学习能力强的优势，每年选派不少于100名科级、处级、司局级干部到中西部地区县乡挂职，服务县域高质量发展。三是充分发挥工会、共青团、妇联等群团组织，以及各民主党派、工商联、无党派人士等优势和积极作用，形成人人关心支持、全社会共同参与县域高质量发展的良好氛围。四是选派县域干部进部委挂职锻炼，每年从西藏、青海、新疆、广西、内蒙古、湖南等中西部省区选择不少于1000名科级以上干部到部委挂职锻炼，提升政策理解能力和工作能力。

（二）推动省际结对帮扶

一是推动重点战略区内县域结对帮扶，将结对帮扶工作纳入重点战略区域规划实施效果考核。二是推动东部发达省份组织本行政区域内经济较发达县（市）与中西部省份县（市）结对，推进省际人才交流、劳务协作、产业帮扶、消费协作等，携手推动县域高质量发展，探索乡镇结对、村村结对、企村结对、社会组织结对、学校结对、医院结对等帮扶新模式。三是建立健全省内纵向支持、横向帮扶、内部协作相结合的机制，推动建立县际结对帮扶机制以及省直机关事业单位、省属国有企业、高校、科研院所等组团帮扶县域发展机制，积极推进本行政区域内结对帮扶工作，鼓励共建产业转移合作园区，促进全省区域协调发展、同步实现现代化。四是健全省领导同志定点联系县、市领导同志挂钩联系中心镇和欠发达乡镇、县领导同志联系村机制，指导和督促各项工作落实。

（三）推动流域上下游结对帮扶

一是由流域地区共同上一级政府牵头，加快建立“成本共担、效益共享、合作共治”的流域内上下游横向生态保护补偿机制，按照“谁获益，谁补偿”“谁污染，谁赔偿”的原则，明确补偿方、受偿方及补偿方式、补偿标准。二是流域上下游地区共同商定补偿方式，鼓励相关县市选择以资金补偿、对口协作、产业转移、人才培训、共建园区等补偿方式，建立跨区域结对帮扶长效机制，携手实现高质量发展。三是建议由水利部、生态环境部等牵头，开展流域上下游结对帮扶试点，在积累总结经验的基础上，逐步扩大流域上下游结对帮扶范围，适时开展跨省份的流域横向生态补偿工作，不断增强横向生态保护补偿机制的政策效能。

（四）推动碳汇供需县结对帮扶

一是加快开展县域 GEP[①] 核算，探索构建县域水权交易、农村闲置资源盘活、森林康养、保水渔业、生态制造、全域旅游、生态产品品牌构建等方面的价值转化路径，将生态产品价值核算结果作为县域间开展碳汇合作、结对帮扶重要依据。二是制定县域碳汇开发及交易管理办法，制定并发布县域碳汇供需大县名单。三是鼓励碳汇供需大县选择以对口协作、产业转移、人才培训、共建园区等补偿方式，建立县际结对帮扶长效机制，携手实现高质量发展。四是建议由国家发展改革委、生态环境部等牵头，开展碳汇供需县结对帮扶试点，在积累总结经验的基础上，逐步扩大碳汇供需结对帮扶范围，携手推进县域高质量发展。

① GEP 的全称为 Gross ecosystem product，中文名称生态系统生产总值。

附　　录

附表 1　2022 年长江经济带 GDP 千亿元以上规模县（市）列表

所属省份	县（市）	GDP / 亿元
安徽省	肥西县	1 068.4
江苏省	昆山市	5 006.7
	江阴市	4 754.2
	张家港市	3 302.4
	常熟市	2 774.0
	宜兴市	2 236.7
	太仓市	1 653.6
	如皋市	1 479.3
	溧阳市	1 416.2
	丹阳市	1 407.9
	启东市	1 391.1
	海安市	1 379.8
	泰兴市	1 366.7
	如东县	1 314.6
	沭阳县	1 308.5

续附表 1

所属省份	县（市）	GDP / 亿元
江苏省	靖江市	1 226.2
	邳州市	1 157.2
	兴化市	1 085.2
	东台市	1 050.5
	高邮市	1 014.8
	沛县	1 012.2
	仪征市	1 002.9
江西省	南昌县	1 280.4
浙江省	慈溪市	2 521.6
	义乌市	1 835.5
	诸暨市	1 658.8
	余姚市	1 513.6
	乐清市	1 502.0
	温岭市	1 306.8
	海宁市	1 247.0
	桐乡市	1 209.7
	瑞安市	1 197.9
湖北省	仙桃市	1 013.1
湖南省	长沙县	2 114.4
	浏阳市	1 772.5
	宁乡市	1 227.1
贵州省	仁怀市	1 706.7

数据来源：根据各县（市）2022 年国民经济和社会发展统计公报、各县（市）统计年鉴、政府工作报告等公开数据整理。

附表 2　2022 年长三角地区 GDP 千亿元以上规模县（市）列表

所属省份	县（市）	县域 GDP / 亿元
安徽省	肥西县	1 068.4
江苏省	昆山市	5 006.7
	江阴市	4 754.2
	张家港市	3 302.4
	常熟市	2 774.0
	宜兴市	2 236.7
	太仓市	1 653.6
	如皋市	1 479.3
	溧阳市	1 416.2
	丹阳市	1 407.9
	启东市	1 391.1
	海安市	1 379.8
	泰兴市	1 366.7
	如东县	1 314.6
	沭阳县	1 308.5
	靖江市	1 226.2
	邳州市	1 157.2
	兴化市	1 085.2
	东台市	1 050.5
	高邮市	1 014.8
	沛县	1 012.2
	仪征市	1 002.9
浙江省	慈溪市	2 521.6
	义乌市	1 835.5

续附表 2

所属省份	县（市）	县域 GDP / 亿元
浙江省	诸暨市	1 658.8
	余姚市	1 513.6
	乐清市	1 502.0
	温岭市	1 306.8
	海宁市	1 247.0
	桐乡市	1 209.7
	瑞安市	1 197.9

数据来源：根据各县（市）2022 年国民经济和社会发展统计公报、各县（市）统计年鉴、政府工作报告等公开数据整理。

附表 3　大城市周边县列表

所属省份	县（市）	数量
河北省	安国市、安平县、柏乡县、承德县、赤城县、大厂回族自治县、定州市、丰宁满族自治县、阜平县、高邑县、固安县、行唐县、怀来县、晋州市、井陉县、涞水县、临城县、灵寿县、滦平县、内丘县、宁晋县、平山县、曲阳县、三河市、深泽县、深州市、无极县、香河县、辛集市、新乐市、兴隆县、元氏县、赞皇县、赵县、正定县、涿鹿县、涿州市	37
山西省	定襄县、方山县、古交市、交城县、静乐县、岚县、娄烦县、平定县、祁县、清徐县、寿阳县、文水县、五台县、昔阳县、阳曲县、盂县	16
内蒙古自治区	科尔沁左翼后旗	1
辽宁省	昌图县、长海县、灯塔市、东港市、法库县、抚顺县、阜新蒙古族自治县、盖州市、黑山县、开原市、康平县、辽阳县、台安县、调兵山市、铁岭县、瓦房店市、新民市、岫岩满族自治县、彰武县、庄河市	20
吉林省	敦化市、扶余市、蛟河市、舒兰市、榆树市	5
黑龙江省	巴彦县、宾县、勃利县、大箐山县、方正县、海林市、桦南县、兰西县、林口县、木兰县、南岔县、庆安县、尚志市、汤原县、铁力市、通河县、五常市、延寿县、依兰县、肇东市、肇源县	21

续附表 3

所属省份	县（市）	数量
江苏省	常熟市、丹阳市、江阴市、靖江市、句容市、昆山市、溧阳市、启东市、如皋市、太仓市、泰兴市、扬中市、仪征市、宜兴市、张家港市	15
浙江省	安吉县、常山县、长兴县、淳安县、慈溪市、德清县、海宁市、海盐县、嘉善县、建德市、开化县、兰溪市、龙游县、宁海县、平湖市、浦江县、三门县、嵊州市、天台县、桐庐县、桐乡市、象山县、新昌县、余姚市、诸暨市	25
安徽省	长丰县、巢湖市、当涂县、定远县、肥东县、肥西县、广德市、含山县、和县、绩溪县、来安县、郎溪县、庐江县、宁国市、全椒县、寿县、舒城县、天长市、桐城市、无为市、歙县、休宁县、枞阳县	23
福建省	安溪县、大田县、德化县、东山县、福清市、古田县、华安县、惠安县、金门县、晋江市、连江县、罗源县、闽侯县、闽清县、南安市、南靖县、平和县、平潭县、石狮市、仙游县、永春县、永泰县、尤溪县、云霄县、漳平市、漳浦县、诏安县	27
江西省	安义县、都昌县、丰城市、奉新县、高安市、进贤县、井冈山市、靖安县、莲花县、南昌县、鄱阳县、上栗县、遂川县、铜鼓县、万载县、永新县、永修县、余干县	18
山东省	昌邑市、东阿县、东平县、肥城市、高密市、惠民县、胶州市、莱西市、莱阳市、莱州市、乐陵市、临邑县、平度市、平阴县、齐河县、商河县、五莲县、新泰市、阳信县、沂源县、招远市、诸城市、邹平市	23
河南省	长葛市、登封市、巩义市、孟州市、汝州市、尉氏县、温县、武陟县、新密市、新郑市、伊川县、荥阳市、禹州市、原阳县、中牟县	15
湖北省	巴东县、大悟县、大冶市、恩施市、汉川市、红安县、洪湖市、嘉鱼县、建始县、来凤县、利川市、麻城市、神农架林区、团风县、仙桃市、咸丰县、孝昌县、竹山县、竹溪县	19
湖南省	安化县、安仁县、保靖县、茶陵县、长沙县、桂东县、衡东县、衡山县、花垣县、醴陵市、涟源市、浏阳市、龙山县、汨罗市、宁乡市、平江县、韶山市、双峰县、桃江县、湘潭县、湘乡市、湘阴县、炎陵县、攸县、资兴市	25
广东省	博罗县、大埔县、佛冈县、鹤山市、开平市、龙门县、饶平县、台山市、新丰县	9

续附表 3

所属省份	县（市）	数量
广西壮族自治区	宾阳县、大化瑶族自治县、大新县、都安瑶族自治县、扶绥县、横州市、灵山县、隆安县、马山县、平果市、浦北县、上林县、上思县、天等县、忻城县	15
重庆市	城口县、垫江县、丰都县、奉节县、彭水苗族土家族自治县、石柱土家族自治县、巫山县、巫溪县、秀山土家族苗族自治县、酉阳土家族苗族自治县、云阳县、忠县	12
四川省	安岳县、崇州市、大邑县、大竹县、丹棱县、都江堰市、广汉市、合江县、华蓥市、会东县、会理市、简阳市、金堂县、开江县、乐至县、邻水县、隆昌市、芦山县、泸县、茂县、彭州市、蓬溪县、蒲江县、邛崃市、仁寿县、什邡市、万源市、汶川县、武胜县、宣汉县、岳池县、中江县	32
贵州省	长顺县、道真仡佬族苗族自治县、福泉市、惠水县、金沙县、开阳县、龙里县、黔西市、清镇市、松桃苗族自治县、桐梓县、瓮安县、务川仡佬族苗族自治县、息烽县、习水县、修文县、沿河土家族自治县、正安县、织金县	19
云南省	安宁市、澄江市、峨山彝族自治县、富民县、华宁县、会泽县、泸西县、陆良县、禄丰市、禄劝彝族苗族自治县、弥勒市、巧家县、石林彝族自治县、嵩明县、武定县、寻甸回族彝族自治县、宜良县、易门县	18
陕西省	佛坪县、富平县、泾阳县、岚皋县、蓝田县、洛南县、眉县、宁陕县、平利县、三原县、太白县、武功县、兴平市、柞水县、镇坪县、周至县、紫阳县	17
新疆维吾尔自治区	昌吉市、福海县、阜康市、和静县、吉木萨尔县、托克逊县、乌鲁木齐县、五家渠市	8
合计		420

附表 4　专业功能县列表

所属省份	县（市）	数量
河北省	安平县、安新县、霸州市、柏乡县、博野县、沧县、昌黎县、成安县、大厂回族自治县、大城县、大名县、阜平县、高碑店市、高阳县、馆陶县、广宗县、河间市、怀来县、鸡泽县、井陉县、景县、巨鹿县、乐亭县、蠡县、临城县、临西县、临漳县、灵寿县、孟村回族自治县、南皮县、内丘县、无极县、玉田县、正定县	34

续附表 4

所属省份	县（市）	数量
山西省	安泽县、保德县、代县、定襄县、汾阳市、浮山县、古县、广灵县、和顺县、河津市、河曲县、洪洞县、侯马市、怀仁市、霍州市、稷山县、绛县、交城县、交口县、介休市、黎城县、临县、临猗县、灵石县、陵川县、山阴县、襄汾县、应县、左云县	29
内蒙古自治区	巴林右旗、巴林左旗、察哈尔右翼后旗、察哈尔右翼中旗、陈巴尔虎旗、鄂托克旗、根河市、杭锦旗、霍林郭勒市、突泉县、土默特左旗、镶黄旗、兴和县	13
辽宁省	昌图县、桓仁满族自治县、建平县、喀喇沁左翼蒙古族自治县	4
吉林省	长白朝鲜族自治县、公主岭市、和龙市、珲春市、蛟河市、梅河口市、伊通满族自治县、永吉县、镇赉县	9
黑龙江省	安达市、拜泉县、宝清县、北安市、丰林县、海林市、呼玛县、桦川县、嘉荫县、林口县、讷河市、五常市	12
江苏省	宝应县、常熟市、东台市、高邮市、建湖县、金湖县、靖江市、沛县、泗阳县、响水县、盱眙县、张家港市	12
浙江省	苍南县、东阳市、缙云县、乐清市、临海市、龙港市、平阳县、青田县、瑞安市、嵊泗县、松阳县、桐庐县、温岭市、武义县、仙居县、新昌县、义乌市、永嘉县、永康市、玉环市	20
安徽省	东至县、凤台县、凤阳县、广德市、和县、界首市、泾县、利辛县、灵璧县、南陵县	10
福建省	安溪县、福安市、光泽县、华安县、建宁县、将乐县、连城县、罗源县、明溪县、宁化县、邵武市、顺昌县、尤溪县	13
江西省	安义县、安远县、德兴市、分宜县、丰城市、高安市、共青城市、贵溪市、湖口县、吉安县、吉水县、乐平市、南城县、宁都县、新干县、永丰县、永修县	17
山东省	博兴县、曹县、昌乐县、昌邑市、成武县、东阿县、高青县、高唐县、冠县、广饶县、海阳市、桓台县、嘉祥县、胶州市、金乡县、巨野县、莱阳市、利津县、临清市、临朐县、龙口市、宁津县、栖霞市、荣成市、乳山市、无棣县、沂南县、邹平市	28

续附表 4

所属省份	县（市）	数量
河南省	安阳县、博爱县、长垣市、范县、方城县、潢川县、辉县市、获嘉县、郏县、兰考县、临颍县、灵宝市、鲁山县、洛宁县、渑池县、民权县、内黄县、宁陵县、淇县、荥阳市、禹州市、柘城县、正阳县	23
湖北省	安陆市、巴东县、黄梅县、建始县、蕲春县、沙洋县、团风县、咸丰县、宣恩县、宜都市、英山县、枝江市	12
湖南省	安仁县、安乡县、保靖县、城步苗族自治县、衡阳县、花垣县、江华瑶族自治县、耒阳市、冷水江市、醴陵市、涟源市、祁东县、湘乡市、永顺县、沅江市	15
广东省	博罗县、封开县、广宁县、鹤山市、惠东县、惠来县、蕉岭县、雷州市、南澳县、平远县、紫金县	11
广西壮族自治区	巴马瑶族自治县、苍梧县、富川瑶族自治县、恭城瑶族自治县、靖西市、荔浦市、灵川县、隆林各族自治县、蒙山县、南丹县、象州县	11
海南省	昌江黎族自治县、澄迈县、定安县、乐东黎族自治县、临高县、陵水黎族自治县	6
重庆市	巫山县、巫溪县	2
四川省	白玉县、布拖县、苍溪县、长宁县、大邑县、大英县、峨眉山市、富顺县、古蔺县、夹江县、开江县、乐至县、邻水县、米易县、冕宁县、沐川县、屏山县、青川县、汶川县、雅江县、盐亭县、营山县、中江县	23
贵州省	安龙县、册亨县、丹寨县、德江县、都匀市、独山县、凤冈县、贵定县、赫章县、黄平县、凯里市、黎平县、荔波县、六枝特区、湄潭县、桐梓县、望谟县、正安县	18
云南省	安宁市、沧源佤族自治县、楚雄市、洱源县、凤庆县、个旧市、鹤庆县、红河县、金平苗族瑶族傣族自治县、景东彝族自治县、景谷傣族彝族自治县、景洪市、开远市、弥渡县、墨江哈尼族自治县、牟定县、镇沅彝族哈尼族拉祜族自治县	17
西藏自治区	安多县、昂仁县、八宿县、巴青县、班戈县、边坝县、察隅县、丁青县、贡嘎县、贡觉县、加查县、江孜县、拉孜县、类乌齐县、洛隆县、芒康县、米林县、墨竹工卡县、南木林县、普兰县、琼结县、曲松县、仁布县、萨迦县、索县、谢通门县	26

续附表 4

所属省份	县（市）	数量
陕西省	白水县、彬州市、扶风县、府谷县、合阳县、黄陵县、黄龙县、佳县、泾阳县、靖边县、礼泉县、陇县、洛川县、蒲城县、岐山县、千阳县、潼关县、永寿县、子长市	19
甘肃省	东乡族自治县、敦煌市、甘谷县、皋兰县、瓜州县、广河县、合水县、和政县、华亭市、徽县、泾川县、景泰县、礼县、两当县、临潭县、临洮县、临夏市、临夏县、灵台县、碌曲县、岷县、山丹县、文县、武山县、镇原县、庄浪县	26
青海省	称多县、共和县、贵南县、互助土族自治县、化隆回族自治县、湟源县、尖扎县、茫崖市、门源回族自治县、祁连县	10
宁夏回族自治区	泾源县、灵武市、西吉县、永宁县	4
新疆维吾尔自治区	阿克苏市、阿拉尔市、阿拉山口市、阿瓦提县、巴里坤哈萨克自治县、博湖县、博乐市、布尔津县、策勒县、察布查尔锡伯自治县、昌吉市、伽师县、哈巴河县、和硕县、和田市、呼图壁县、霍城县、吉木乃县、精河县、库车市、库尔勒市、玛纳斯县、鄯善县	23
合计		447

附表 5　农产品主产区县列表

所属省份	县（市）	数量
河北省	安平县、泊头市、赤城县、磁县、大名县、定兴县、定州市、东光县、丰宁满族自治县、阜城县、高邑县、沽源县、故城县、广平县、海兴县、行唐县、黄骅市、康保县、涞源县、隆化县、隆尧县、卢龙县、滦南县、滦平县、滦州市、宁晋县、平泉市、平乡县、迁安市、迁西县、青龙满族自治县、青县、清河县、邱县、曲周县、饶阳县、任丘市、容城县、三河市、沙河市、涉县、深泽县、深州市、肃宁县、唐县、望都县、威县、围场满族蒙古族自治县、魏县、文安县、吴桥县、武安市、武强县、武邑县、献县、辛集市、新河县、新乐市、雄县、盐山县、易县、永清县、玉田县、枣强县、张北县、正定县、涿鹿县、遵化市	68

续附表 5

所属省份	县（市）	数量
山西省	长子县、大宁县、繁峙县、高平市、壶关县、岢岚县、灵丘县、柳林县、娄烦县、宁武县、平陆县、平顺县、平遥县、沁水县、沁县、沁源县、清徐县、曲沃县、芮城县、山阴县、石楼县、寿阳县、天镇县、万荣县、闻喜县、武乡县、夏县、襄垣县、孝义市、新绛县、兴县、阳城县、阳高县、阳曲县、翼城县、应县、永济市、右玉县、榆社县、垣曲县、原平市、泽州县、左权县	43
内蒙古自治区	阿荣旗、敖汉旗、察哈尔右翼前旗、察哈尔右翼中旗、达尔罕茂明安联合旗、达拉特旗、磴口县、额尔古纳市、鄂托克前旗、鄂温克族自治旗、丰镇市、杭锦后旗、和林格尔县、喀喇沁旗、开鲁县、科尔沁右翼前旗、科尔沁右翼中旗、科尔沁左翼后旗、科尔沁左翼中旗、凉城县、林西县、莫力达瓦达斡尔族自治旗、奈曼旗、宁城县、清水河县、商都县、土默特右旗、土默特左旗、托克托县、翁牛特旗、乌拉特前旗、乌兰浩特市、乌审旗、武川县、锡林浩特市、新巴尔虎右旗、新巴尔虎左旗、牙克石市、伊金霍洛旗、扎赉特旗、扎兰屯市、扎鲁特旗、正蓝旗、准格尔旗	44
辽宁省	北票市、北镇市、昌图县、朝阳县、法库县、凤城市、阜新蒙古族自治县、海城市、黑山县、建昌县、建平县、喀喇沁左翼蒙古族自治县、开原市、康平县、凌海市、凌源市、盘山县、清原满族自治县、绥中县、台安县、铁岭县、瓦房店市、西丰县、新宾满族自治县、新民市、兴城市、义县、彰武县、庄河市	29
吉林省	长岭县、大安市、德惠市、扶余市、公主岭市、蛟河市、梨树县、柳河县、农安县、前郭尔罗斯蒙古族自治县、舒兰市、双辽市、延吉市、伊通满族自治县、榆树市	15
黑龙江省	安达市、巴彦县、宝清县、宾县、杜尔伯特蒙古族自治县、富裕县、甘南县、海伦市、集贤县、克东县、兰西县、龙江县、萝北县、密山市、讷河市、嫩江市、青冈县、庆安县、泰来县、汤旺县、望奎县、五常市、延寿县、依安县、友谊县、肇东市、肇州县	27
江苏省	滨海县、丹阳市、东海县、东台市、丰县、阜宁县、灌南县、灌云县、海安市、涟水县、邳州市、如东县、如皋市、射阳县、沭阳县、泗洪县、睢宁县、泰兴市、新沂市、兴化市	20
浙江省	慈溪市、岱山县、德清县、海盐县、嘉善县、江山市、开化县、龙游县、新昌县、诸暨市	10

续附表 5

所属省份	县（市）	数量
安徽省	长丰县、砀山县、定远县、肥东县、阜南县、固镇县、怀宁县、怀远县、霍邱县、来安县、郎溪县、利辛县、临泉县、灵璧县、蒙城县、明光市、潜山市、青阳县、寿县、泗县、濉溪县、太和县、太湖县、望江县、涡阳县、五河县、萧县、休宁县、宿松县、颍上县、枞阳县	31
福建省	长汀县、福鼎市、福清市、建瓯市、闽侯县、闽清县、南安市、南靖县、浦城县、清流县、上杭县、松溪县、武平县、霞浦县、永安市、政和县	16
江西省	崇仁县、定南县、丰城市、高安市、横峰县、会昌县、吉安县、金溪县、进贤县、乐安县、芦溪县、庐山市、南昌县、彭泽县、铅山县、瑞昌市、瑞金市、上高县、石城县、泰和县、万年县、武宁县、峡江县、新干县、信丰县、兴国县、修水县、宜丰县、弋阳县、于都县、玉山县、樟树市	32
山东省	安丘市、单县、东明县、高密市、胶州市、莒南县、莒县、鄄城县、莱西市、兰陵县、梁山县、临朐县、临沭县、临邑县、宁阳县、平度市、平邑县、平原县、齐河县、青州市、庆云县、曲阜市、商河县、莘县、寿光市、泗水县、郯城县、滕州市、微山县、汶上县、武城县、夏津县、新泰市、阳谷县、阳信县、沂水县、沂源县、鱼台县、禹城市、郓城县、诸城市、邹城市	42
河南省	宝丰县、长葛市、郸城县、邓州市、封丘县、扶沟县、固始县、滑县、淮滨县、潢川县、辉县市、济源市、浚县、林州市、临颍县、鹿邑县、栾川县、罗山县、泌阳县、南乐县、南召县、内乡县、平舆县、濮阳县、淇县、杞县、沁阳市、清丰县、确山县、汝南县、汝阳县、汝州市、商水县、上蔡县、社旗县、沈丘县、嵩县、睢县、遂平县、台前县、太康县、汤阴县、唐河县、通许县、卫辉市、尉氏县、武陟县、舞钢市、舞阳县、西华县、西平县、息县、淅川县、夏邑县、襄城县、项城市、新安县、新蔡县、新县、新乡县、新野县、新郑市、修武县、鄢陵县、延津县、叶县、伊川县、宜阳县、义马市、荥阳市、永城市、虞城县、禹州市、原阳县、柘城县、镇平县、正阳县、中牟县	78

续附表 5

所属省份	县（市）	数量
湖北省	安陆市、巴东县、长阳土家族自治县、赤壁市、崇阳县、大悟县、大冶市、当阳市、恩施市、公安县、谷城县、广水市、监利市、建始县、江陵县、京山市、老河口市、利川市、罗田县、麻城市、南漳县、蕲春县、潜江市、沙洋县、神农架林区、石首市、松滋市、随县、天门市、通城县、武穴市、浠水县、仙桃市、咸丰县、孝昌县、兴山县、宣恩县、阳新县、宜城市、宜都市、应城市、远安县、云梦县、枣阳市、枝江市、钟祥市	46
湖南省	安化县、茶陵县、常宁市、长沙县、慈利县、道县、东安县、洞口县、桂阳县、汉寿县、衡东县、衡南县、衡山县、衡阳县、华容县、嘉禾县、蓝山县、耒阳市、澧县、醴陵市、涟源市、临澧县、临湘市、浏阳市、龙山县、隆回县、汨罗市、南县、宁乡市、宁远县、平江县、祁东县、祁阳市、邵东市、邵阳县、石门县、双峰县、绥宁县、桃江县、桃源县、武冈市、湘潭县、湘乡市、湘阴县、新化县、新邵县、新田县、溆浦县、宜章县、永兴县、攸县、岳阳县、中方县、资兴市	54
广东省	博罗县、大埔县、德庆县、高州市、海丰县、鹤山市、化州市、怀集县、开平市、乐昌市、连州市、廉江市、龙门县、陆河县、罗定市、普宁市、四会市、遂溪县、台山市、吴川市、五华县、新兴县、信宜市、徐闻县、阳春市、阳山县、阳西县、英德市、郁南县	29
广西壮族自治区	北流市、博白县、岑溪市、大化瑶族自治县、大新县、桂平市、合浦县、横州市、乐业县、荔浦市、灵山县、柳城县、龙胜各族自治县、龙州县、隆安县、陆川县、鹿寨县、罗城仫佬族自治县、平乐县、平南县、凭祥市、浦北县、全州县、容县、融安县、上林县、藤县、田东县、田林县、武宣县、象州县、兴安县、兴业县、阳朔县、永福县、昭平县、钟山县	37
海南省	澄迈县、东方市、琼海市、屯昌县、万宁市、文昌市、五指山市	7
重庆市	城口县、云阳县	2
四川省	安岳县、苍溪县、崇州市、大邑县、大竹县、丹巴县、丹棱县、德昌县、珙县、汉源县、合江县、洪雅县、会理市、犍为县、简阳市、剑阁县、江安县、江油市、井研县、筠连县、开江县、阆中市、乐至县、邻水县、泸定县、泸县、美姑县、绵竹市、南部县、南江县、蓬溪县、平昌县、蒲江县、青神县、邛崃市、渠县、仁寿县、荣县、三台县、射洪市、通江县、威远县、武胜县、西昌市、西充县、小金县、兴文县、宣汉县、盐边县、盐亭县、盐源县、仪陇县、荥经县、营山县、岳池县、中江县、资中县、梓潼县	58

续附表 5

所属省份	县（市）	数量
贵州省	岑巩县、赤水市、大方县、道真仡佬族苗族自治县、开阳县、六枝特区、麻江县、纳雍县、盘州市、普安县、普定县、清镇市、晴隆县、仁怀市、三穗县、思南县、绥阳县、天柱县、威宁彝族回族苗族自治县、习水县、兴仁市、兴义市、沿河土家族自治县、余庆县、玉屏侗族自治县、贞丰县、镇远县	27
云南省	昌宁县、澄江市、大理市、德钦县、洱源县、富源县、广南县、华坪县、会泽县、建水县、兰坪白族普米族自治县、梁河县、龙陵县、泸水市、泸西县、鲁甸县、陆良县、禄丰市、禄劝彝族苗族自治县、罗平县、蒙自市、勐腊县、弥勒市、南华县、宁洱哈尼族彝族自治县、丘北县、师宗县、施甸县、石屏县、双江拉祜族佤族布朗族傣族自治县、水富市、腾冲市、通海县、威信县、香格里拉市、祥云县、新平彝族傣族自治县、宣威市、寻甸回族彝族自治县、盐津县、砚山县、姚安县、宜良县、彝良县、永德县、元江哈尼族彝族傣族自治县、元谋县、元阳县、云龙县、云县、镇雄县	51
西藏自治区	白朗县、比如县、波密县、察雅县、错那县、工布江达县、康马县、朗县、林周县、尼木县、聂荣县、曲水县、桑日县、申扎县、扎囊县、左贡县	16
陕西省	城固县、长武县、澄城县、淳化县、大荔县、丹凤县、定边县、凤县、扶风县、富平县、富县、甘泉县、韩城市、泾阳县、岚皋县、蓝田县、麟游县、乾县、清涧县、山阳县、商南县、神木市、石泉县、武功县、西乡县、兴平市、旬阳市、旬邑县、延川县、延长县、洋县、宜君县	32
甘肃省	成县、崇信县、高台县、金塔县、靖远县、静宁县、康乐县、康县、临泽县、陇西县、玛曲县、民乐县、民勤县、宁县、秦安县、清水县、庆城县、渭源县、西和县、永昌县、永靖县、榆中县、玉门市、漳县、正宁县	25
青海省	达日县、大通回族土族自治县、德令哈市、都兰县、贵德县、海晏县、河南蒙古族自治县、民和回族土族自治县、同仁市、乌兰县、兴海县、循化撒拉族自治县	12
宁夏回族自治区	贺兰县、灵武市、平罗县、青铜峡市、盐池县、中宁县	6

续附表 5

所属省份	县（市）	数量
新疆维吾尔自治区	拜城县、昌吉市、福海县、呼图壁县、胡杨河市、霍城县、喀什市、可克达拉市、轮台县、尼勒克县、奇台县、青河县、沙湾市、沙雅县、石河子市、双河市、铁门关市、尉犁县、温宿县、乌苏市、新和县、新星市、新源县、焉耆回族自治县、伊宁市、伊宁县	25
合计		883

附表 6　重点生态功能区县列表

所属省份	县（市）	数量
河北省	承德县、赤城县、丰宁满族自治县、阜平县、沽源县、怀安县、怀来县、康保县、宽城满族自治县、涞源县、灵寿县、滦平县、青龙满族自治县、曲阳县、尚义县、顺平县、围场满族蒙古族自治县、蔚县、兴隆县、阳原县、易县、赞皇县、张北县、涿鹿县	24
山西省	保德县、大宁县、汾西县、河曲县、吉县、岢岚县、临县、柳林县、偏关县、蒲县、神池县、石楼县、五寨县、隰县、乡宁县、兴县、永和县、中阳县	18
内蒙古自治区	阿巴嘎旗、阿尔山市、阿拉善右旗、阿拉善左旗、阿鲁科尔沁旗、阿荣旗、巴林右旗、察哈尔右翼后旗、察哈尔右翼中旗、达尔罕茂明安联合旗、东乌珠穆沁旗、多伦县、额尔古纳市、额济纳旗、鄂伦春自治旗、鄂温克族自治旗、根河市、固阳县、化德县、开鲁县、科尔沁右翼中旗、科尔沁左翼后旗、科尔沁左翼中旗、克什克腾旗、库伦旗、莫力达瓦达斡尔族自治旗、奈曼旗、清水河县、四子王旗、苏尼特右旗、苏尼特左旗、太仆寺旗、翁牛特旗、乌拉特后旗、乌拉特中旗、西乌珠穆沁旗、镶黄旗、新巴尔虎右旗、新巴尔虎左旗、牙克石市、扎兰屯市、扎鲁特旗、正蓝旗、正镶白旗	44
辽宁省	本溪满族自治县、桓仁满族自治县、宽甸满族自治县、新宾满族自治县	4
吉林省	安图县、长白朝鲜族自治县、敦化市、抚松县、和龙市、桦甸市、珲春市、集安市、蛟河市、靖宇县、临江市、通榆县、汪清县	13

续附表 6

所属省份	县（市）	数量
黑龙江省	北安市、勃利县、大箐山县、东宁市、方正县、丰林县、抚远市、富锦市、甘南县、海林市、呼玛县、虎林市、桦南县、嘉荫县、林口县、萝北县、密山市、漠河市、木兰县、穆棱市、南岔县、嫩江市、宁安市、庆安县、饶河县、尚志市、绥滨县、绥芬河市、绥棱县、孙吴县、塔河县、汤旺县、汤原县、铁力市、通河县、同江市、五常市、五大连池市、逊克县、延寿县	40
浙江省	常山县、淳安县、景宁畲族自治县、开化县、龙泉市、磐安县、庆元县、遂昌县、泰顺县、文成县、云和县	11
安徽省	霍山县、绩溪县、金寨县、泾县、旌德县、祁门县、潜山市、青阳县、石台县、太湖县、歙县、休宁县、黟县、岳西县	14
福建省	华安县、屏南县、寿宁县、泰宁县、武夷山市、永春县、永泰县、柘荣县、周宁县	9
江西省	安福县、安远县、崇义县、大余县、定南县、浮梁县、广昌县、井冈山市、靖安县、黎川县、莲花县、龙南市、芦溪县、南丰县、全南县、上犹县、石城县、遂川县、铜鼓县、万安县、婺源县、修水县、寻乌县、宜黄县、永新县、资溪县	26
山东省	费县、临朐县、蒙阴县、平邑县、曲阜市、五莲县、沂水县、沂源县	8
河南省	光山县、卢氏县、罗山县、内乡县、商城县、桐柏县、西峡县、淅川县、新县	9
湖北省	巴东县、保康县、长阳土家族自治县、大悟县、丹江口市、房县、鹤峰县、红安县、建始县、来凤县、利川市、罗田县、麻城市、南漳县、神农架林区、通城县、通山县、五峰土家族自治县、浠水县、咸丰县、孝昌县、兴山县、宣恩县、英山县、郧西县、竹山县、竹溪县、秭归县	28
湖南省	安化县、保靖县、茶陵县、辰溪县、城步苗族自治县、慈利县、东安县、凤凰县、古丈县、桂东县、洪江市、花垣县、会同县、吉首市、嘉禾县、江华瑶族自治县、江永县、靖州苗族侗族自治县、蓝山县、临武县、龙山县、泸溪县、麻阳苗族自治县、宁远县、汝城县、桑植县、石门县、双牌县、绥宁县、通道侗族自治县、新化县、新晃侗族自治县、新宁县、新田县、炎陵县、宜章县、永顺县、沅陵县、芷江侗族自治县、资兴市	40

续附表 6

所属省份	县（市）	数量
广东省	大埔县、丰顺县、和平县、蕉岭县、乐昌市、连南瑶族自治县、连平县、连山壮族瑶族自治县、连州市、龙川县、陆河县、南雄市、平远县、仁化县、乳源瑶族自治县、始兴县、翁源县、新丰县、信宜市、兴宁市、阳山县	21
广西壮族自治区	巴马瑶族自治县、大化瑶族自治县、德保县、东兰县、都安瑶族自治县、凤山县、富川瑶族自治县、灌阳县、环江毛南族自治县、金秀瑶族自治县、乐业县、凌云县、龙胜各族自治县、罗城仫佬族自治县、马山县、蒙山县、那坡县、融水苗族自治县、三江侗族自治县、上林县、天等县、天峨县、西林县、忻城县、阳朔县、资源县	26
海南省	白沙黎族自治县、保亭黎族苗族自治县、琼中黎族苗族自治县、五指山市	4
重庆市	城口县、奉节县、彭水苗族土家族自治县、石柱土家族自治县、巫山县、巫溪县、秀山土家族苗族自治县、酉阳土家族苗族自治县、云阳县	9
四川省	阿坝县、巴塘县、白玉县、宝兴县、北川羌族自治县、布拖县、丹巴县、道孚县、稻城县、得荣县、德格县、峨边彝族自治县、甘洛县、甘孜县、黑水县、红原县、金川县、金阳县、九龙县、九寨沟县、康定市、雷波县、理塘县、理县、炉霍县、泸定县、马边彝族自治县、马尔康市、茂县、美姑县、木里藏族自治县、南江县、宁南县、平武县、普格县、青川县、壤塘县、若尔盖县、色达县、石棉县、石渠县、松潘县、天全县、通江县、万源市、旺苍县、汶川县、喜德县、乡城县、小金县、新龙县、雅江县、盐源县、越西县、昭觉县	55
贵州省	册亨县、赤水市、从江县、关岭布依族苗族自治县、赫章县、黄平县、剑河县、江口县、锦屏县、雷山县、荔波县、罗甸县、平塘县、榕江县、三都水族自治县、施秉县、石阡县、台江县、望谟县、威宁彝族回族苗族自治县、习水县、沿河土家族自治县、印江土家族苗族自治县、镇宁布依族苗族自治县、紫云苗族布依族自治县	25

续附表 6

所属省份	县（市）	数量
云南省	大关县、大姚县、德钦县、福贡县、富宁县、贡山独龙族怒族自治县、广南县、剑川县、金平苗族瑶族傣族自治县、景东彝族自治县、景洪市、兰坪白族普米族自治县、泸水市、麻栗坡县、马关县、勐海县、勐腊县、孟连傣族拉祜族佤族自治县、南涧彝族自治县、宁蒗彝族自治县、屏边苗族自治县、巧家县、双柏县、绥江县、巍山彝族回族自治县、维西傈僳族自治县、文山市、西畴县、西盟佤族自治县、香格里拉市、盐津县、漾濞彝族自治县、永平县、永仁县、永善县、永胜县、玉龙纳西族自治县、镇沅彝族哈尼族拉祜族自治县	38
西藏自治区	班戈县、察隅县、措美县、措勤县、错那县、当雄县、丁青县、定结县、定日县、改则县、岗巴县、革吉县、贡觉县、吉隆县、嘉黎县、江达县、康马县、浪卡子县、类乌齐县、隆子县、洛扎县、墨脱县、尼玛县、聂拉木县、普兰县、日土县、萨嘎县、双湖县、亚东县、札达县、仲巴县	31
陕西省	白河县、凤县、佛坪县、汉阴县、黄龙县、佳县、岚皋县、留坝县、洛南县、略阳县、米脂县、勉县、宁强县、宁陕县、平利县、清涧县、石泉县、绥德县、太白县、吴堡县、吴起县、西乡县、洋县、宜川县、柞水县、镇安县、镇巴县、镇坪县、志丹县、周至县、子长市、子洲县、紫阳县	33
甘肃省	阿克塞哈萨克族自治县、宕昌县、迭部县、古浪县、合作市、和政县、华池县、环县、会宁县、积石山保安族东乡族撒拉族自治县、静宁县、康乐县、康县、两当县、临潭县、临夏县、碌曲县、玛曲县、民乐县、民勤县、庆城县、山丹县、肃北蒙古族自治县、肃南裕固族自治县、天祝藏族自治县、通渭县、文县、夏河县、永昌县、永登县、张家川回族自治县、镇原县、舟曲县、庄浪县、卓尼县	35
青海省	班玛县、称多县、达日县、甘德县、刚察县、格尔木市、河南蒙古族自治县、久治县、玛多县、玛沁县、门源回族自治县、囊谦县、祁连县、曲麻莱县、天峻县、同德县、兴海县、玉树市、杂多县、泽库县、治多县	21
宁夏回族自治区	海原县、泾源县、隆德县、彭阳县、同心县、西吉县、盐池县	7

续附表 6

所属省份	县（市）	数量
新疆维吾尔自治区	阿合奇县、阿克陶县、阿勒泰市、阿瓦提县、巴楚县、北屯市、博湖县、博乐市、布尔津县、策勒县、额敏县、福海县、富蕴县、伽师县、巩留县、哈巴河县、和田县、吉木乃县、柯坪县、昆玉市、洛浦县、麦盖提县、民丰县、墨玉县、尼勒克县、皮山县、且末县、青河县、若羌县、莎车县、疏附县、疏勒县、塔城市、塔什库尔干塔吉克自治县、特克斯县、图木舒克市、托里县、温泉县、乌恰县、乌什县、新源县、叶城县、英吉沙县、于田县、裕民县、岳普湖县、泽普县、昭苏县	48
合计		641

附表 7　陆地边境县列表

所属省份	县（市）	数量
内蒙古自治区	阿巴嘎旗、阿尔山市、阿拉善右旗、阿拉善左旗、陈巴尔虎旗、达尔罕茂明安联合旗、东乌珠穆沁旗、额尔古纳市、额济纳旗、二连浩特市、科尔沁右翼前旗、满洲里市、四子王旗、苏尼特右旗、苏尼特左旗、乌拉特后旗、乌拉特中旗、新巴尔虎右旗、新巴尔虎左旗	19
辽宁省	东港市、宽甸满族自治县	2
吉林省	安图县、长白朝鲜族自治县、抚松县、和龙市、珲春市、集安市、临江市、龙井市、图们市	9
黑龙江省	东宁市、抚远市、呼玛县、虎林市、鸡东县、嘉荫县、萝北县、密山市、漠河市、穆棱市、饶河县、绥滨县、绥芬河市、孙吴县、塔河县、同江市、逊克县	17
广西壮族自治区	大新县、东兴市、靖西市、龙州县、那坡县、宁明县、凭祥市	7
云南省	沧源佤族自治县、福贡县、富宁县、耿马傣族佤族自治县、贡山独龙族怒族自治县、河口瑶族自治县、江城哈尼族彝族自治县、金平苗族瑶族傣族自治县、景洪市、澜沧拉祜族自治县、龙陵县、陇川县、泸水市、绿春县、麻栗坡县、马关县、芒市、勐海县、勐腊县、孟连傣族拉祜族佤族自治县、瑞丽市、腾冲市、西盟佤族自治县、盈江县、镇康县	25

续附表 7

所属省份	县（市）	数量
西藏自治区	察隅县、错那县、定结县、定日县、噶尔县、岗巴县、吉隆县、康马县、浪卡子县、洛扎县、墨脱县、聂拉木县、普兰县、日土县、萨嘎县、亚东县、札达县、仲巴县	18
甘肃省	肃北蒙古族自治县	1
新疆维吾尔自治区	阿合奇县、阿克陶县、阿拉山口市、阿勒泰市、阿图什市、巴里坤哈萨克自治县、博乐市、布尔津县、察布查尔锡伯自治县、额敏县、福海县、富蕴县、哈巴河县、和布克赛尔蒙古自治县、和田县、霍城县、霍尔果斯市、吉木乃县、可克达拉市、木垒哈萨克自治县、皮山县、奇台县、青河县、塔城市、塔什库尔干塔吉克自治县、托里县、温泉县、温宿县、乌恰县、乌什县、叶城县、伊吾县、裕民县、昭苏县	34
合计		132

附表 8　人口减少县列表

所属省份	县（市）	数量
河北省	磁县、康保县、南宫市、尚义县、深州市、吴桥县	6
山西省	汾西县、浑源县、绛县、临县、偏关县、闻喜县、兴县、阳高县、左云县	9
内蒙古自治区	阿尔山市、察哈尔右翼后旗、察哈尔右翼中旗、达尔罕茂明安联合旗、磴口县、东乌珠穆沁旗、额尔古纳市、鄂伦春自治旗、鄂温克族自治旗、固阳县、科尔沁右翼中旗、科尔沁左翼后旗、科尔沁左翼中旗、凉城县、满洲里市、苏尼特右旗、乌拉特后旗、五原县、新巴尔虎右旗、牙克石市、扎兰屯市、正蓝旗、卓资县	23
辽宁省	本溪满族自治县、大石桥市、灯塔市、调兵山市、抚顺县、海城市、黑山县、桓仁满族自治县、宽甸满族自治县、辽阳县	10
吉林省	安图县、长白朝鲜族自治县、大安市、东丰县、东辽县、敦化市、抚松县、和龙市、桦甸市、辉南县、集安市、蛟河市、靖宇县、梨树县、临江市、柳河县、龙井市、磐石市、前郭尔罗斯蒙古族自治县、乾安县、双辽市、洮南市、通化县、通榆县、图们市、汪清县、伊通满族自治县、永吉县、榆树市、长岭县、镇赉县	31

续附表 8

所属省份	县（市）	数量
黑龙江省	安达市、巴彦县、拜泉县、北安市、勃利县、富裕县、甘南县、海林市、海伦市、呼玛县、虎林市、桦川县、桦南县、鸡东县、嘉荫县、克东县、克山县、兰西县、林甸县、林口县、龙江县、明水县、木兰县、穆棱市、讷河市、宁安市、青冈县、庆安县、尚志市、绥棱县、孙吴县、塔河县、泰来县、汤原县、铁力市、望奎县、五常市、五大连池市、延寿县、依安县、依兰县、肇东市、肇州县	43
江苏省	沭阳县	1
浙江省	苍南县、浦江县、嵊泗县	3
安徽省	巢湖市、当涂县、和县、霍邱县、望江县、枞阳县	6
江西省	德安县、浮梁县、铅山县	3
山东省	费县、惠民县、乐陵市、临沭县、临邑县、栖霞市、乳山市、郯城县、夏津县	9
河南省	泌阳县	1
湖北省	沙洋县、天门市	2
湖南省	茶陵县、道县、洪江市、花垣县、津市市、南县、祁阳市、溆浦县、宜章县、沅江市、资兴市	11
广东省	大埔县、东源县、揭西县、连平县、陆丰市、陆河县、平远县、饶平县、兴宁市、紫金县	10
广西壮族自治区	北流市、苍梧县、合山市	3
海南省	白沙黎族自治县	1
四川省	高县、金川县、九寨沟县、理县、美姑县、木里藏族自治县、蓬安县、平武县、青川县、叙永县、仪陇县	11
云南省	宾川县、德钦县、富源县、华宁县、禄丰市、麻栗坡县、孟连傣族拉祜族佤族自治县、永平县	8
西藏自治区	岗巴县、江达县、聂拉木县	3

续附表 8

所属省份	县（市）	数量
陕西省	凤县、扶风县、华阴市、佳县、泾阳县、陇县、略阳县、眉县、岐山县、吴堡县、旬阳市、延川县、柞水县	13
甘肃省	古浪县、康县、夏河县、永登县	4
青海省	天峻县、同德县	2
宁夏回族自治区	隆德县	1
新疆维吾尔自治区	霍城县、奎屯市、托里县	3
合计		217